DER SELBSTVERSORGER-KÜCHENGARTEN

CHRISTIAN

DER SELBSTVERSORGER-KÜCHENGARTEN

CHRISTIAN

INHALTSVERZEICHNIS

VORWORT

»Der Selbstversorger-Küchengarten« ist ein Buch für alle, die davon träumen, einen Küchengarten anzulegen – oder vielleicht auch erst einmal ein Beet voller Blumen und Gemüse. Es ist
aber auch ein Buch für diejenigen, die bereits einen (Küchen-)Garten haben und gerne mehr
wissen möchten, sich inspirieren lassen wollen oder Bestehendes überdenken möchten. Kurz
gesagt, dieses Buch richtet sich an all diejenigen, die Interesse am Gärtnern haben. Es ist ein
Buch, das den Traum vom Küchengarten realisierbar macht und die Anlage und Umsetzung
praktisch darstellt: vom ersten Spatenstich bis zur letzten Beerenernte. Es ist aber auch eine
persönliche Erzählung über einen »lebendigen« Garten, der von einem Team an Redakteuren
der dänischen Zeitschrift »Isabellas« angelegt und über ein Jahr begleitet wurde – und damit
die Geschichte eines Jahres im Garten, die spannend und lehrreich zugleich ist.

Das Buch entstand in enger Zusammenarbeit mit Pernille Sparsø, der Eigentümerin des Gartens. Sie hat mit größtem Enthusiasmus und enormer Energie dazu beigetragen, dass dieses
Projekt glückte. Viele gute Ratschläge hat Susie Helsing
Nielsen, die Gartenexpertin der Zeitschrift »Isabellas«,
gegeben. Sie hat das gesamte Vorhaben begleitet und
die Entwicklung des Gartens mit ihrem umfassenden
fachlichen Können intensiv unterstützt und zum Gelingen dieses Buches beigetragen. Gartenfotograf Niels
Christian Jensen dokumentierte das gesamte Projekt.
In beißender Kälte und brütender Hitze fing er mit seiner Kamera Jahreszeiten, Licht, Pflanzen, Stimmungen
und nicht zuletzt die Seele des Gartens ein. Er dokumentierte einen Traum, der in Erfüllung ging. Niels
Jensen verstarb kurz nachdem er die fantastischen Bil-
der aufgenommen hatte. So konnte er die Früchte seiner Arbeit leider nicht mehr ernten! Ihm gebührt herz-
lichster Dank. Für alle, die ihn kannten, spiegeln seine
Fotos seine Persönlichkeit wider und sind ein Zeugnis
seiner Kreativität und seines Engagements.

VOM TRAUM ZUR WIRKLICHKEIT

»Der Selbstversorger-Küchengarten« begann mit einem Traum in der Zeitschriftenredaktion von »Isabellas«. Ein Traum, der vom Anlegen eines ökologischen Küchengartens handelte, einem sowohl schönen als auch ertragreichen Garten. Ein Nutz- und ein Ziergarten voller Gemüse, Früchte und Blumen. Ein Garten, der selbstverständlich viel Arbeit bereitet, aber seinen Besitzern auch viele fantastische Augenblicke beschert, wenn alles keimt und wächst, die Ernte einsetzt, die Blumen sprießen und die Sonne scheint. Kurz gesagt, ein Garten, in dem alle Anstrengungen belohnt werden: mit unschätzbaren Erfahrungen, nützlichem Wissen, tiefer Freude und einem großen Genuss für alle Sinne! Der Traum der Redakteure ging in Erfüllung, als sie Pernille Sparsø trafen, eine treue Leserin des Magazins, die sofort auf den Küchengartentraum einging.

Eine enge Freundin hatte Pernille einige Jahre zuvor dazu gebracht, sich einen Nutzgarten anzuschaffen – mit der Zusicherung einer unglaublich positiven Wirkung auf Körper und Seele. Platziert zwischen in langen Jahren gewachsenen Gärten fand Pernille ein kleines, mit viel Unkraut überwuchertes Grundstück: Ein kleiner Garten in der Gartenanlage von Solsiden in Gentofte, nördlich von Kopenhagen gelegen. Im ersten Augenblick für eine Gartennovizin wie Pernille ein völlig unüberschaubares Projekt, aber mit Hilfe von Freundinnen und dem körperlichen Einsatz ihres Liebsten bewältigte sie das seit Jahre gewachsene, meterhohe Unkraut. Ausgestattet mit einem Haufen Gartenbüchern und Magazinen warf sie sich auf das, was sich später als eine alles überschattende Leidenschaft erweisen sollte: ihren ökologischen Nutzgarten.

DER GARTEN RUND UMS JAHR
Von Februar bis Januar

Nach dem ersten Treffen mit Pernille war sich das Team der »Isabellas« schnell einig, sich den Traum zu erfüllen und Pernilles Nutzgarten ein ganzes Jahr hindurch zu beobachten – und natürlich kräftig mitzuarbeiten. Das gesamte Vorhaben sollte in der Zeitschrift »Isabellas« mit Fotos und Berichten dokumentiert werden. Alles begann im Februar, als die ersten Vorbereitungen für die neue Gartensaison getroffen werden mussten. Zu dem Zeitpunkt, an dem die Erzählung ihren Anfang nimmt, hatte Pernille also bereits einen großen Teil des Gartens angelegt (siehe Skizze Seite 9). Sollten Sie daran interessiert sein, einen Nutzgarten anzulegen, und soll

dabei der Garten in diesem Buch als Vorbild dienen, ist zu berücksichtigen, dass dies etwa ein Jahr dauern wird. So kann beispielsweise Spargel erst Ende April gepflanzt werden, und viele Stauden, Zwiebeln und Feldfrüchte werden erst im Laufe des folgenden Jahres wachsen und blühen, je nachdem, welche Pflanzen im Vorjahr in den Boden gesetzt wurden. Der Pflanzenführer ist hier eine sehr gute Unterstützung, er gibt Auskunft darüber, wann was gesät oder gepflanzt wird und wie alles gepflegt werden muss. Als Pernille mit der Arbeit begann, waren sowohl die Gartenberaterin Susie Helsing Nielsen als auch der Fotograf Niels Jensen zur Stelle.

»ISABELLAS« SCHÖNER KÜCHENGARTEN
Eine Übersicht

Als das Zeitschriftenteam den Garten Solsiden Nummer 16 in Gentofte zum ersten Mal besuchte, hatte Pernille hier bereits einige Jahre gearbeitet. Sie hatte den Garten in kleine, übersichtliche Beete eingeteilt, jedes genau so groß, dass es gut bearbeitet werden konnte, ohne hinein treten zu müssen. Sie hatte außerdem einen Fußweg aus Bruchsteinen, einen Komposthaufen und eine Terrasse angelegt. Darüber hinaus hatte sie Sauerampfer, Beerensträucher und Kirschapfelbäume angepflanzt, Gewürzkräuterbeete angelegt sowie eine Reihe mehrjähriger Feldfrüchte und Stauden gepflanzt. Rosen hatten sogar ein eigenes Beet, einen Platz, den ganzen Tag über

Mit der richtigen Planung und regelmäßiger Gartenarbeit gelingt der Traum vom Küchengarten.

in der Sonne liegt. Auch Sonnenblumen waren von Anfang an üppig vertreten, sie dienten als Gartenschmuck und lockten zudem viele nützliche Tiere an.

Dabei ist Planung die halbe Ernte! Eine durchdachte Zusammenstellung der Pflanzen ist enorm wichtig für ihr gutes Gedeihen. Eine gute Komposition von Obst, Gemüse, Kräutern, Stauden und Sommerblumen für jedes einzelne Beet ist im Kapitel »Die Beete des Gartens – Pflanze für Pflanze« (Seite 222) nachzulesen. Auf der groben Skizze (Seite 9) ist die Aufteilung und Bepflanzung der Gartenbeete festgehalten, wie sie im Februar geplant war. In der Westhälfte des Gartens wachsen mehrjährige Pflanzen in drei festen Beeten, das große Rosen- und Staudenbeet, eingefasst von Lavendel (Beet 7), außerdem das Gewürzkräuterbeet (Beet 6) sowie ein Erdbeerbeet (Beet 3). Zudem gibt es vier Beete (Beet 1, 2, 4, 5) mit unterschiedlichen Gemüsepflanzen, von denen einige überwintert haben, während neue im Laufe von April bis Oktober gepflanzt wurden. In der Osthälfte des Gartens wurde der Komposthaufen eingerichtet, zwei Staudenbeete (Beet 8 und 13), ein Himbeerbeet (Beet 9) und ein Beet mit Beerensträuchern (Beet 10), alle Pflanzen sind ebenso wie die Rosen mehrjährig dauerhaft. Außerdem musste unbedingt ein Platz geschaffen werden, an dem die Früchte der Gartenarbeit in aller Ruhe und entspannt genossen werden können – so wurde eine gefliese Terrasse angelegt (Beet 12). In den Beeten 11a und 11b stehen Gewürzkräuter.

Sie können entweder den Gartenplan exakt übernehmen, oder aber nur einzelne Elemente. Alles Wissenswerte zu den Pflanzen, die in diesem Buch verwendet werden, finden Sie im Kapitel »Pflanzenführer« (Seite 226). Sollten Sie Pflanzen mit in Ihren Garten aufnehmen, die in diesem Buch nicht erwähnt sind, lassen Sie sich am besten im Fachhandel beraten.

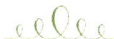

DER GARTEN IM FEBRUAR

Im Kapitel »Gartenbeete – Pflanze für Pflanze« ist beschrieben, welche Pflanzen auf den einzelnen Beeten verteilt wurden.

BEET 8
Stauden

BEET 9
Himbeeren und Kompost

BEET 10
Rhabarber, Beerensträucher, Rosen, Topinambur

BEET 11A + B
Gewürzkräuter

BEET 12
Terrasse, Klematis, Rosenspalier, Brombeerhecke

BEET 13
Stauden, Sauerampfer, Rosen, Johannisbeeren, Randbepflanzung mit Lavendel

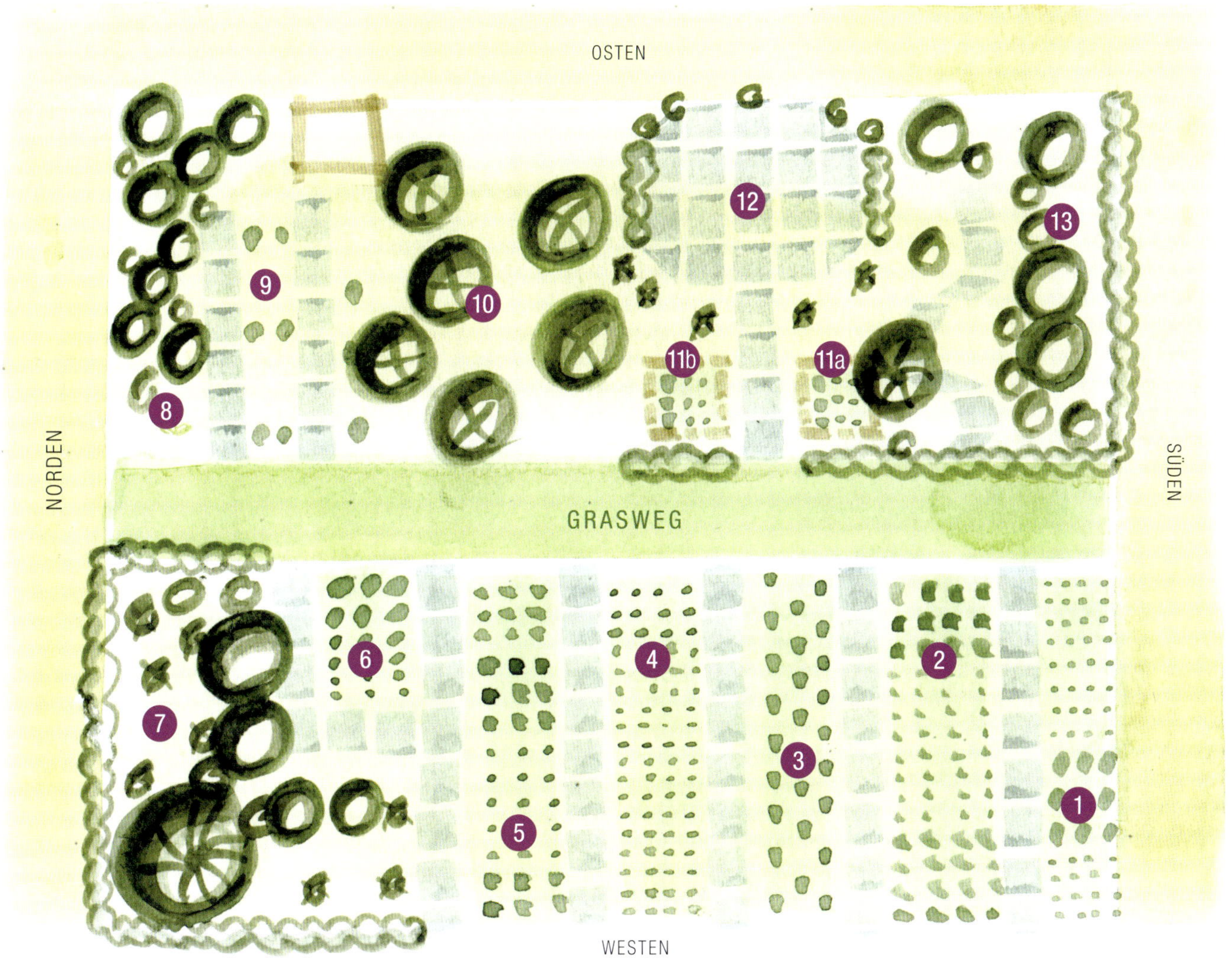

OSTEN
12
13
9
10
11b
11a
8
NORDEN
SÜDEN
GRASWEG
6
4
2
7
3
1
5
WESTEN

BEET 7
Stauden, Rosen, Kirschapfelbäume, Randbepflanzung mit Lavendel

BEET 6
Gewürzkräuter (nur teilweise angelegt)

BEET 5
Salat, Hackfrüchte

BEET 4
Kartoffeln

BEET 3
Erdbeeren

BEET 2
Kohl und Gründünger

BEET 1
Spargel, Knoblauch, Schnittlauch, Gründünger

ÖKOLOGISCH GÄRTNERN?!
Über die Prinzipien eines Gartens

Der Küchengarten wurde nicht durchgängig ökologisch bewirtschaftet, dies würde bedeuten, dass sowohl Pflanzen, Samen, Erde und Gründünger bereits aus ökologischem Anbau stammen müssten. Zudem empfiehlt dieses Buch die Verwendung von Pferdemist, dessen Zusammensetzung nicht eindeutig klar ist. Der Garten wird jedoch nach ökologischen Prinzipien bewirtschaftet, auf eine Balance zwischen Boden, Pflanzen und Tieren wird Wert gelegt. Alle Komponenten müssen zusammenpassen und aus einer ganzheitlichen Perspektive betrachtet und gepflegt werden. In einem nach ökologischen Prinzipien bewirtschafteten Garten sind alle chemischen Mittel verboten, sowohl Spritzmittel für Pflanzen als auch Kunstdünger. Der Gartenboden sollte niemals unbedeckt sein, sondern immer entweder bepflanzt oder mit einer Mulchschicht aus Pflanzen, Kompost, Stroh, Pferdemist, Laub oder dergleichen abgedeckt sein. Nützlingen wird ein artgerechter Überlebensraum geboten: Nahrung und entsprechende Unterschlupfmöglichkeiten im gesamten Jahr ziehen sie quasi »automatisch« an. Zu den nützlichen Mitbewohnern gehören beispielsweise Würmer und Mikro-/Makroorganismen, die das Bodenleben beeinflussen, ebenso wie Insekten, Vögel, Amphibien und Igel. Darüber hinaus sind eine durchdachte Mischkultur, ein regelmäßiger Fruchtwechsel, kontinuierliches Mulchen, die Gabe von organischem Dünger und Wässerung des Bodens beste Garanten für einen prachtvollen und gesunden Garten. Entsprechende Hinweise werden in den einzelnen Kapiteln gegeben. Ist die Bodenqualität nicht eindeutig belegt, sollte eine Bodenanalyse vorgenommen werden.

GUT ZU WISSEN
Vor dem Beginn

Soll ein Nutzgarten angelegt werden, muss zunächst ermittelt werden, in welcher Himmelsrichtung das Grundstück ausgerichtet ist und welche Stellen in der Sonne, im Halbschatten oder Schatten liegen. Soll der Küchengarten aus diesem Buch als Vorbild dienen, sollte das gesamte Areal am besten mit Schnüren eingerahmt und gekennzeichnet werden. Bevor das Pflanzen beginnt, sollte der Boden mit einem Sauzahn – einem sichelförmig gebogenen Zinken – oder einer Heugabel gelockert (nicht graben und wenden) und das Unkraut mitsamt Wurzeln entfernt werden. Steine und alles, was nicht in ein Beet gehört, werden aufgesammelt und entfernt. Unkraut wie Quecke und Giersch muss äußerst sorgfältig entfernt werden, ein kleinster Wurzelrest sichert sein Überleben! Die Unkräuter können durchaus auch das Wachstum anderer Pflanzen hemmen, ist es erst einmal dazu gekommen, ist die Beseitigung des Unkrauts eine sehr beschwerliche Angelegenheit! Jede neu gesetzte Pflanze muss gut gewässert werden. Der beste Zeitpunkt, um zu pflanzen, ist im Herbst, aber auch im Frühjahr kann gepflanzt werden, das erfordert jedoch ein sorgfältiges Wässern, denn die Pflanzen konnten während des Winters keine Wurzeln bilden. Zwiebeln sollten sofort nach dem Kauf im Herbst gesetzt werden. Das Vorkeimen von Pflanzen im (Gewächs-)Haus und in Mistbeeten sowie das direkte Säen oder Einpflanzen ins Freiland erfolgt üblicherweise von April bis in den Herbst. Wenn es zu spät zum Vorkeimen ist, können vorgezogene Pflanzen gekauft und direkt eingepflanzt werden.

WIE DAS BUCH RICHTIG BENÜTZT WIRD
Kapitel für Kapitel

Das Buch ist in zwölf Hauptkapitel gegliedert, eines für jeden Monat. In jedem Kapitel wird, unter Berücksichtigung der aktuellen Jahreszeit, all das, was jetzt in einem Nutzgarten passieren sollte, beschrieben. Das Buch beginnt im Februar, wenn die ersten Frühjahrsvorbereitungen anstehen. Für jedes Kapitel gibt es ein großes Übersichtsfoto des Gartens im aktuellen Monat sowie eine Pflanzzeichnung, so lässt sich die Entwicklung des Gartens und der einzelnen Beete im Verlauf eines Jahres bestens nachverfolgen. Jedes Monatskapitel schließt mit einer detaillierten Übersicht über all das, was im konkreten Monat wichtig ist und was im Garten getan werden muss. Das Buch ist also zweigliedrig aufgebaut: Am Anfang eines jeden Kapitels wird die Arbeit im Garten beschrieben. Am Ende eines jeden Kapitels werden die einzelnen Beete betrachtet: Welche Arbeiten sind jetzt und hier erforderlich, was blüht und gedeiht in den Rabatten, was muss unbedingt erledigt werden? Kurzum: ein Handbuch zu allem Wesentlichen im Garten. Dabei ist es unerheblich, ob sofort ein kompletter Küchengarten angelegt werden soll oder erst mit einem Stauden- oder Gewürzkräuterbeet begonnen wird. Das Buch kann auch einfach der Inspiration dienen. Wenn Sie nur einzelne Elemente des Gartens umsetzen möchten, helfen Ihnen der Pflanzenkalender (Seite 224), der Pflanzenführer (Seite 206) und das Kapitel »Die Beete des Gartens« (Seite 222).

PFLANZENFÜHRER UND GARTENGLOSSAR
Praktische Hilfe

Der Pflanzenführer (S. 226) ist eine hervorragende Unterstützung beim Anlegen eines Nutzgartens. In dem Überblick werden alle Pflanzen, die in einem Nutzgarten Platz finden sollten beschrieben: Stauden, Sträucher, Bäume, Gemüsesorten, Gewürzkräuter und vieles mehr. Mit seinen wertvollen Tipps und Hinweisen lässt sich auch ein romantischer Landgarten aufbauen. Die Ratschläge des Pflanzenführers, auf dem der vorgestellte Garten basiert, orientieren sich am Konzept des klassischen, englischen Gartenstils, werden sie – bezüglich der Pflanzenwahl, der guten Nachbarschaften und Verträglichkeiten – berücksichtigt, sind bereits die besten Voraussetzungen für ein erfolgreiches Gärtnern gegeben. Jede Pflanze des Pflanzenführers ist mit ihrem lateinischen Namen genannt, tauchen Fragen auf, erleichtert das die Suche nach Antworten – im Internet oder dem Gartenfachhandel. In diesem Teil des Buches können alle wichtigen Informationen über die einzelnen Pflanzen nachgelesen werden, bevor sie gepflanzt werden, beispielsweise Aussaatzeitpunkt, Nährstoffbedarf und Pflege. Im Pflanzenführer sollte immer nachgeschaut werden, wenn etwas unklar ist. Egal, ob ein gesamter Garten nach dem Vorbild des Gartens in diesem Buch angelegt werden soll oder lediglich einzelne Beete –, der Pflanzenführer ist eine wichtige Voraussetzung dafür, dass alles glückt. Auch Pflanzen, die im einzelnen Kapitel nicht genauer beschrieben sind, sind im Pflanzenführer zu finden. Am Ende des Buches werden in einem Glossar Begriffe rund um das Gärtnern und den Garten erklärt. Im Gartenglossar (Seite 246) können sowohl Wörter, Begriffe als auch Arbeitsgänge nachgelesen werden.

FEBRUAR

Die ersten Arbeiten im Küchengarten sind vor allem den Vorbereitungen auf das kommende Gartenjahr gewidmet: Pflanzen müssen vorgekeimt, Himbeeren und Klematis beschnitten und der letzte Topinambur ausgegraben werden. Und die ersten Frühjahrsboten strecken schon ihre farbigen Köpfe hervor.

DAS IST IM FEBRUAR ZU TUN

AUSSERDEM ZU TUN:

• Unkraut jäten

• den Anblick von Christrosen, Winterlingen und

   Schneeglöckchen genießen

• Dahlienknollen kaufen

FALLS DER GARTENPLAN AUS DIESEM BUCH ÜBERNOMMEN WIRD:

• Ab sofort kann Rucola gesät werden – bis in den September

   hinein!

‹ *Jetzt wird der letzte Topinambur ausgegraben und eine leckere Suppe daraus bereitet.*

DER GARTENTRAUM BEGINNT

Gerade noch hat der Schnee den gesamten Garten in eine eisige, weiße Decke gehüllt, und nun haben Plusgrade und Nieselregen das Winterkleid endgültig schmelzen lassen. Der Boden ist aufgetaut, und es ist wieder möglich, Topinambur auszugraben. Dem Kalender zufolge ist es zwar noch Winter, aber die langen Sprösslinge des Knoblauchs sagen etwas anderes: Erst im Oktober des letzten Jahres gesetzt, sind sie mittlerweile kräftig gewachsen.

Doch nicht nur den Gartenbesitzer lockt es bei den ersten Sonnenstrahlen in den Garten, auch Ackerschnecken und Spanische Wegschnecken machen sich auf den Weg zu den Resten des Topinamburs aus dem Vorjahr. Das milde Wetter lockt sie an die Erdoberfläche, und sie sind hungrig! Davon zeugen bereits zu Jahresbeginn unübersehbare Nagespuren an den Tulpensprösslingen. Einen erfreulicheren Anblick bie-

ten da Krokusse und Schneeglöckchen, die bereits in voller Blüte stehen.

Nur eine starke Frostperiode kann den Schnecken jetzt noch den Garaus machen, denn Frost vertragen sie überhaupt nicht. Und sie meiden Orte, an denen Golderdbeeren wachsen. Nützliche Pflanzen also, auch wenn Golderdbeeren keinesfalls mit den schmackhaften Erdbeeren verwechselt werden dürfen! Neben Schnecken sind in dieser Jahreszeit auch viele Mäuse im Garten, sie haben unübersehbar im Schuppen überwintert, davon zeugen ihre Hinterlassenschaften. Von Blumenzwiebeln und Knollen, die im Schuppen gelagert wurden, waren deshalb nur noch ein paar Reste übrig.

Als eine der ersten Tätigkeiten für die neue Saison werden die Herbsthimbeeren und die Klematis beschnitten. Beim Zurückschneiden der Klematispflanzen muss darauf geachtet werden, dass nur jene geschnitten werden, die vom Spätsommer bis in den Herbst hinein blühen (Klematis der Gruppe 3). Es ist schon äußerst beeindruckend, wie ein solch trockener Pflanzenstock mehrere Meter hoch und üppig wachsen kann!

Pflanzkartoffeln sollten nun im Haus zum Vorkeimen in Eierkartons gelegt werden. Das Kartoffelbeet wird derweil mit einer Plastikplane abgedeckt, die Erde erwärmt sich so besser. Auch Knollensellerie und Winterporree werden jetzt zum Vorkeimen ausgesät. Der Schnittlauch zeigt bereits erste feine grüne Triebe. Tagetes können nun ebenfalls ausgesät werden. Außerdem sollte im Februar Stroh für den Spargel besorgt werden, das als Mulchschicht die kleinen grünen Keimlinge schützt, die schon bald aus dem Boden spitzen werden.

‹ Blick auf den Garten aus der nordöstlichsten Ecke. Da der Schnee geschmolzen ist, sind schon einzelne Beete zu erkennen.   *› Im Topf blühen die feinsten zarten Christrosen.*

Es ist schwer vorstellbar, dass dieses eher düstere, traurig wirkende Gelände in den kommenden Monaten im schönsten Grün explodieren wird und die schmackhaftesten Gemüse und Beeren sowie die herrlichsten Blumen der Welt scheinbar hervorzaubert!

SO SIEHT DER GARTEN IM FEBRUAR AUS

Die einzelnen Beete des Küchengartens sind durch markierte Fußwege unterteilt, so ist der gesamte Garten gut zu überblicken und an jedem Beet kann von allen Seiten gearbeitet werden, ohne die bepflanzten Flächen zu betreten. Der Großteil des Gartens verbirgt sich noch unter einer Winterdecke, aber erste Kräuter und Frühjahrsblüher spitzen bereits hervor.

OSTEN

NORDEN

SÜDEN

WESTEN

DIE BEETE IM FEBRUAR

Auf den folgenden Seiten sind die Bepflanzungen sowohl der vergangenen als auch der bevorstehenden Gartensaison für jedes einzelne Beet im Monat Februar beschrieben. Zur Übernahme dieser Gestaltungsvorschläge finden sich weitergehende Informationen im Kapitel »Die Beete des Gartens – Pflanze für Pflanze« (Seite 222), der Pflanzenführer auf Seite 226 informiert detailliert über die einzelnen Pflanzen. Hier sollte beachtet werden, dass Pflanzen, die mit einem * markiert sind, bereits vor Beginn des Gartenprojektes gesät oder gepflanzt wurden.

BEET 1: Das Spargelbeet* wird mit Stroh gemulcht, hier sind schon erste grüne Keimlinge von Knoblauch* und Schnittlauch* zu sehen. Gründüngung* aus dem Vorjahr liegt noch als Mulchschicht auf dem Boden.

BEET 2: In das Kohlbeet wurde Pferdemist eingebracht, Grünkohl* ist noch zu ernten, auch hier liegt noch Gründüngung* aus dem Vorjahr als Mulchschicht auf dem Boden.

BEET 3: Im Erdbeerbeet* wachsen kleine Pflanzen in drei Reihen, auch hier wurde Pferdemist aufgebracht und Laub zur Abdeckung des Beetes verwendet.

BEET 4: Das Kartoffelbeet ist mit Pferdemist und einer Laubschicht bedeckt, im Februar erhält es eine Plastikabdeckung.

BEET 5: Wo später Salat, Zwiebeln und Hackfrüchte wachsen sollen, liegen derzeit noch Pferdemist und eine Laubschicht.

BEET 6: Erste Gewürzkräuter* wachsen. Im Jahresverlauf werden sie zu einem stattlichen Gewürzkräuterbeet heranwachsen.

BEET 7: In diesem mit Lavendel* eingefassten Beet wachsen Rosen* und Stauden*, in der Ecke steht ein Kirschapfelbaum.

BEET 8: Das Staudenbeet* liegt noch brach.

BEET 9: Die Himbeersträucher* werden jetzt beschnitten.

BEET 10: Hier wachsen Beerensträucher*, die ersten Rhabarbertriebe schauen auch schon hervor. Der Topinambur an den Beeträndern wird ausgegraben.

BEET 11A + B: Die kleinen Gewürzkräuterbeete* liegen noch unter einer schützenden Mulchdecke.

BEET 12: Die Terrasse ist eingefasst von einem Rosenspalier*, Brombeerhecken*, Lavendel*, Thymian* und mehreren Rosenbüschen*. Die Klematis wird jetzt beschnitten.

BEET 13: Ein kleiner Weg windet sich am Flieder* entlang hin zu den Johannisbeersträuchern* und Stauden* im Südteil des Gartens. Der vordere Gartenteil wird von Lavendel* eingegrenzt.

Winterlingsköpfe schauen aus der Laubschicht, die die Erde noch bedeckt, hervor – ein erstes Blumensträußchen für daheim!

DAS IST IM FEBRUAR ZU TUN

STROH ZUM MULCHEN DER SPARGEL-PFLANZEN BESORGEN *Beet 1*

Jetzt muss Stroh zum Mulchen der Spargelpflanzen besorgt werden, hier kann auch Einstreu aus einem Pferdestall verwendet werden, so bekommen die Pflanzen schon eine erste Portion Stickstoff. Beim Einrichten des Beetes muss darauf geachtet werden, dass kein ausdauerndes Unkraut mehr im Boden ist, denn die sehr langen Wurzeln der Spargelpflanzen würden sich unweigerlich damit verflechten. Da die Spargelwurzeln dicht unter der Erdoberfläche liegen, kann dort das Unkraut später nicht gejätet werden, ohne die Wurzeln zu verletzen. Eine Mulchschicht aus Erde und Stroh bietet hier die beste Lösung zum Schutz der Pflanzen.

DEN LETZTEN TOPINAMBUR AUSGRABEN *Beet 10*

Mit Topinambur verhält es sich wie mit Kartoffeln. Er wird ausgegraben und einfach dann geerntet, wenn man ihn benötigt. Es ist fast unmöglich, Topinambur auszurotten, deshalb dürfen unbesorgt alle Knollen geerntet werden, selbst wenn im

Frühjahr noch keine neuen Triebe zu sehen sind. Falls einige Topinamburpflanzen zum Einsetzen aufgehoben werden, sollten Knollen mit einer möglichst glatten Oberfläche ausgewählt werden. Geht man jedes Jahr so vor, werden die Knollen mit der Zeit glatter und sind dann einfacher zu reinigen.

HERBSTHIMBEEREN UND KLEMATIS BESCHNEIDEN *Beet 9, 12*

Jedes Jahr – spätestens im März – muss die Klematis auf eine Höhe von 10 bis 20 cm über der Erde abgeschnitten werden, dann kann die Pflanze von unten nachwachsen und Blüten in Augenhöhe bilden. Werden die trockenen Triebe nicht beschnitten, wächst die Klematis insgesamt sehr hoch und ist lediglich an der Spitze üppig und schön, die restlichen Pflanzenteile bleiben kahl. Es dürfen allerdings ausschließlich diejenigen Klematispflanzen zurückgeschnitten werden, die vom Spätsommer bis in den Herbst hinein blühen (Klematis der Gruppe 3).

Die herbsttragenden Himbeerpflanzen bilden ihre Früchte an den Trieben desselben Jahres aus. Deshalb müssen im Februar alle alten Zweige zurückgeschnitten werden, sodass Platz für neue, fruchttragende Triebe ist.

DAS KARTOFFELBEET MIT EINER PLASTIK-PLANE ABDECKEN *Beet 4*

Das Kartoffelbeet wird mit einer transparenten Plastikplane abgedeckt, so kann sich die Erde gut erwärmen. Das Vorwärmen des Beetes ist jedoch nur dann erforderlich, wenn die Kartoffeln sehr früh geerntet werden sollen.

‹ *Gewürzkräuterbeet mit einer schützenden Winterdecke, bald wird es hier wieder blühen.*

› *Der Garten von Nordwesten aus betrachtet. Der Komposthaufen ist noch mit Plastiksäcken abgedeckt.*

Das kann jetzt geerntet werden

1. So sieht Topinambur nun aus.

2. Der Grünkohl passt zu dieser Jahreszeit wunderbar auf den Mittagstisch.

3. Auch Thymian überlebt den Winter, kleine Büschel können in Erbsen- und Nudelgerichten verwendet werden.

4. Der erste Rhabarberschössling findet seinen Weg durch die Winterdecke ans Tageslicht.

PFLANZKARTOFFELN, KNOLLENSELLERIE UND WINTERPORREE VORKEIMEN

Pflanzkartoffeln können im Haus in Eierkartons vorgekeimt werden. Kartoffeln müssen nicht unbedingt vorgekeimt werden, aber es beschleunigt das Wachstum und fördert eine frühere Ernte. Je mehr Licht die Kartoffeln während des Vorkeimens erhalten, desto kräftiger werden die Keimlinge. Kleine, dichte, dunkelgrüne Keimlinge sind optimal, sie knicken nicht ab, wenn sie in die Erde gelegt werden. Kartoffelbeete sollten zwischen jeder neuen Pflanzung mindestens drei Jahre ruhen, um Krankheiten zu vermeiden. Regelmäßiges Gießen ist wichtig.

Winterporreesamen werden in einem Behälter mit feuchter Saaterde verteilt. Die Samen werden leicht in die Erde gedrückt und dann mit einer dünnen Lage Sand oder Humus bedeckt. Die Aussaat muss behutsam gewässert, an einem hellen Ort bei 16 – 20 °C aufgestellt und während der Keimperiode leicht feucht gehalten werden. Sobald die Samen gekeimt haben, sollte die Erde zwischen dem Gießen immer wieder gut trocknen. Nach dem letzten Frost dürfen die Pflänzchen ins Freie.

Knollenselleriesamen brauchen viel Zeit für ihre Entwicklung, es ist durchaus sinnvoll, die Aussaat im Haus vorkeimen zu lassen und erst später auszupflanzen. Die entwickelten Keimlinge werden pikiert, sobald sich das zweite Blattpaar zu öffnen beginnt (das erste Blattpaar – also die Keimblätter – dient zur Nahrungsversorgung der Pflanze). Hierzu werden die Sämlinge einzeln in kleine Töpfe gesetzt. Die Erde sollte wasserdurchlässig sein, einen größeren Humusanteil haben und nährstoffreich sein, Lehm- oder Sandboden sind ungeeignet. Die jungen Pflanzen sollten windgeschützt stehen. Gelingt die Züchtung von Knollensellerie nicht, kann das unterschiedliche Gründe haben. So muss beim Umsetzen der Pflänzchen

Die ersten Knoblauchkeimlinge sind in Beet 1 zu sehen.

unbedingt darauf geachtet werden, dass sie auf keinen Fall zu tief eingepflanzt werden, damit sie Knollen ausbilden können. Knollensellerie hat hohe Ansprüche an den Boden: Er benötigt eine gut durchfeuchtete Humuserde ohne Unkraut, will stets gleichmäßig gewässert werden und braucht zahlreiche Mikronährstoffe, um nicht von innen her zu verfaulen. Das Beet wird ein- bis zweimal im Sommer mit Beinwell- oder Farnblättern abgedeckt – beide enthalten Kali, das ist die einfachste Art, richtig zu düngen und gleichzeitig den Feuchtigkeitsverlust der Erde gering zu halten. Zudem gibt es verschiedene organische Dünger, denen Tang oder Meeresalgen zugesetzt wurden. Die Knollen müssen vor dem ersten Frost geerntet werden.

Da Chili sehr viel Zeit für die Entwicklung vom Samenkorn bis zur ausgewachsenen Pflanze braucht, sollte er jetzt ausgesät werden.

TÖPFE UND SAATGEFÄSSE REINIGEN

Um gesunde Pflanzen zu züchten, werden saubere Saatgefäße benötigt. Benutzte Saatgefäße enthalten häufig schädliche Pilzsporen, die Samen und Pflanzen schädigen können. Dennoch müssen nicht jedes Jahr neue Töpfe gekauft werden, gut gereinigt können sie durchaus öfter verwendet werden.

TAGETES AUSSÄEN

Tagetes können bereits jetzt im Haus ausgesät werden. Sobald sie das zweite Blattpaar ausgebildet haben, werden sie pikiert und einzeln in Papiertöpfe gepflanzt. Tagetes mögen keinen Frost und sollten daher erst Mitte Mai ins Freiland gesetzt werden.

CHILI VORKEIMEN *Beet 12*

Chili sollte bereits im Februar vorkeimen, da er viel Zeit für die Entwicklung vom Samen zur ausgewachsenen Pflanze benötigt. Die Samen werden in feuchte Saat- oder Pflanzerde gelegt, leicht mit Erde bedeckt, gewässert und an einem warmen, hellen Ort aufgestellt.

TOPINAMBURSUPPE MIT KNUSPRIGEM SERRANOSCHINKEN

1 Zwiebel
500 g Topinambur
1 Kartoffel
150 g Knollensellerie
2 Zweige frischer Thymian
1 l Wasser
2 Würfel Bio-Gemüsebrühe
Salz und frisch gemahlener Pfeffer
6 Scheiben Serranoschinken
Kresse
Brot

Zwiebeln, Topinambur, Kartoffel und Knollensellerie schälen, in Scheiben schneiden und zusammen mit den Thymianzweigen in einen Topf geben. Wasser und Brühwürfel hinzufügen und bei niedriger Temperatur 30 Minuten kochen. Dann die Thymianzweige aus der Suppe herausnehmen und das Gemüse mit einem Pürierstab direkt im Kochtopf gleichmäßig zerkleinern. Mit Salz und Pfeffer abschmecken. Den Serranoschinken auf ein mit Backpapier ausgelegtes Blech in den auf 200 °C vorgeheizten Ofen geben und etwa 8 Minuten rösten, bis er schön knusprig ist. Die Suppe mit Kresse, dem Schinken und Brot servieren.

> *Topinambursuppe mit Topinambur aus eigener Ernte wärmt an einem kalten Februartag. Die Suppe mit knusprigem Serranoschinken und etwas Kresse servieren.*

‹ *Christrosen in Töpfen sind ein bezaubernder Anblick.*

MÄRZ

Das Frühjahr kündigt sich mit Krokussen, Narzissen und Tulpen an. Jetzt werden die gereinigten Töpfe zum Vorkeimen von Pflanzen bereitgestellt. Außerdem muss nun das erste Unkraut gejätet und welke Stauden zurückgeschnitten werden. Ein Mistbeet wird eingerichtet und bepflanzt.

DAS IST IM MÄRZ ZU TUN

AUSSERDEM ZU TUN:

• welke Stauden zurückschneiden

• Löwenzahn als Mulchmaterial einsammeln – oder essen!

FALLS DER GARTENPLAN AUS DIESEM BUCH ÜBERNOMMEN WIRD:

• Im Frühjahr werden Gewürzkräuter, Sommerblumen und Gemüse gesät, vorgekeimt und gepflanzt. Auch Rhabarber kann nun vorgekeimt werden – alternativ pflanzt man ihn im Herbst.

‹ Vorkeimen von Salatmischungen, Platterbsen und anderen Pflanzen

ZEIT, DEN GARTEN VORZUBEREITEN

Obwohl im Kalender nachzulesen ist, dass jetzt das Frühjahr beginnt, ist das Wetter im März meist doch sehr wechselhaft – es kann viel Sonnenschein, Regen und sogar noch Schneegestöber geben. Aber völlig unbeeindruckt von den Launen der Natur drängen jetzt alle Frühjahrsboten aus dem Boden empor ans Licht. Der Krokus widersteht heftigem Regen und Sturm, indem er seinen Kopf in Richtung Erde beugt, Narzissen und Tulpen hingegen wachsen unbeirrt in die Höhe.

Das Mistbeet aus haltbarem Lärchenholz und einem feinen Kreuzsprossenfenster zieht in den Garten ein (Beet 1). Zur Einrichtung des Mistbeetes wird zunächst so viel Erde ausgegraben, dass dort etwa vier Säcke frischer Pferdemist eingefüllt werden können. In Pferdehöfen der Umgebung wird der Mist in der Regel kostenlos abgegeben. Sobald er in das Beet gegeben wurde, muss gründlich gewässert werden, nach drei bis vier Tagen wird noch eine etwa 30 cm dicke Erdschicht darübergehäuft.

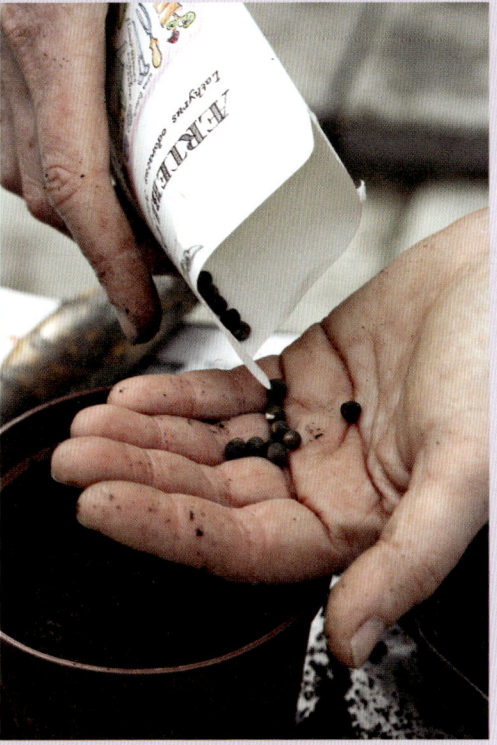

Jetzt werden Pflanzen ausgesät und vorgekeimt. Platterbsen werden vor ihrer Aussaat über Nacht eingeweicht.

› *Der Krokus hat sich im letzten Herbst in vielen Beeten großzügig ausgebreitet und leuchtet mittlerweile im gesamten Garten.*

Bei der Gartenarbeit immer wieder eine Pause einlegen – der erste Anblick der vielen Frühjahrsblumen, die nun in allen Farben blühen, kann nur jetzt genossen werden!

Bis die Erde eines Mistbeetes die optimale Zusammensetzung hat, braucht es Zeit und entsprechende Vorbereitung.

Beim ersten schönen Tag ist dann endlich die Zeit gekommen, in einem sonnigen Gartenwinkel das Frühjahr in vollen Zügen zu genießen und sich am Anblick der Frühjahrsblüher zu erfreuen. Das Mistbeet muss gewässert werden, dann wird eine Schicht Humuserde aufgebracht. Nach etwa zwei Wochen kann Gemüse eingesät werden. Wird die Erde ein wenig gelockert, strömt schon erhebliche Wärme aus dem Beet. Das Kohlbeet sollte auf jeden Fall mit Urgesteinsmehl bestreut werden, selbst wenn nicht sicher ist, ob die Erde kalkarm ist oder nicht. Da auch Erbsen – die dem Kohl Gesellschaft leisten sollen – kalkhaltige Erde mögen, ist das Urgesteinsmehl in jedem Fall sinnvoll. Der bereits im Februar vorgekeimte Winterporree wächst hervorragend, und die Kartoffeln entwickeln feine dicke Keime – die Vorfreude wächst zunehmend!

Die Rosen bekommen zur Stärkung Düngetabletten, sie sollen viele Blütenknospen entwickeln. Auch das Vorkeimen der Sommerblumen wird nun gezielt vorbereitet: Die gereinigten Töpfe werden mit Saat- und Pflanzerde gefüllt, gut gewässert und im Haus untergestellt. Platterbsensamen werden über Nacht eingeweicht. Die vorgeweichten Samen kommen in einen großen Topf, der mit einer transparenten Plastikfolie abgedeckt und in eine windgeschützte Ecke gestellt wird. Die Tagetes, die im Februar gesät wurden, haben mittlerweile das zweite Blattpaar entwickelt. Sie werden behutsam in einen Papiertopf, der mit einer Papiertopfpresse hergestellt wurde,

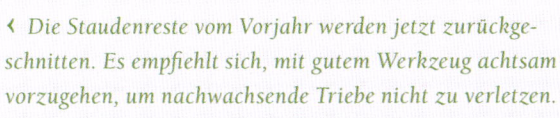

‹ *Die Staudenreste vom Vorjahr werden jetzt zurückgeschnitten. Es empfiehlt sich, mit gutem Werkzeug achtsam vorzugehen, um nachwachsende Triebe nicht zu verletzen.*

Im Frühjahr blüht das Duftveilchen Viola odorata. Die Blüten lassen sich kandieren und zum Verzieren von Torten verwenden.

umgetopft. Auf der Fensterbank gesellen sich inzwischen diverse Aussaaten zum Vorkeimen zueinander: Skabiose, Löwenmäulchen, Verbene, Ziertabak, Zitronen-, Apfelsinen-, Vanille- und Lakritztagetes, Buntschopfsalbei, Kapuzinerkresse, Glockenrebe, Freilandtomaten und Hörnchenkürbis. Ende März ist der Winterporree schon kräftig gewachsen und hat die Samenhüllen als spitzes Hütchen aufgesetzt – sehr dekorativ! Auch der Knollensellerie entwickelt sich gut.

Und dann – nach etwa zwei bis drei Wochen – ist es Zeit, das Mistbeet einzuweihen: Petersilie, Dill, Römersalat, Spitzkohl und Radieschen ziehen ins Frühbeet ein, jede Pflanzenreihe wird mit einem eigenen Namensschild versehen. Schnittlauch und Rhabarber sind auch schon beachtlich gewachsen.

Der Garten wirkt im März noch recht ruhig. Das Mistbeet wurde im Beet 1 eingerichtet, und über das Kartoffelbeet wurde eine Abdeckfolie gebreitet, so bleibt es warm. Bislang geben dem Garten lediglich die Frühjahrsblumen und die immergrünen Pflanzen etwas Farbe.

SO SIEHT DER GARTEN IM MÄRZ AUS

Im März werden Vorbereitungen für das bevorstehende Frühjahr getroffen: das Vorkeimen von Sommerblumen, das Beschneiden welker Pflanzen und das Einrichten eines Mistbeetes. Die Witterungsverhältnisse lassen Arbeiten im Freien im Moment noch kaum zu, so wird ein Großteil der notwendigen Aufgaben im Haus erledigt, und die meisten Beete liegen noch brach.

OSTEN

NORDEN

SÜDEN

WESTEN

DIE BEETE IM MÄRZ

Auf den folgenden Seiten sind die Bepflanzungen sowohl der vergangenen als auch der bevorstehenden Gartensaison für jedes einzelne Beet im Monat März beschrieben. Zur Übernahme dieser Gestaltungsvorschläge finden sich weitergehende Informationen im Kapitel »Die Beete des Gartens – Pflanze für Pflanze« (Seite 222), der Pflanzenführer auf Seite 226 informiert detailliert über die einzelnen Pflanzen. Hier sollte beachtet werden, dass Pflanzen, die mit einem * markiert sind, bereits vor Beginn des Gartenprojektes gesät oder gepflanzt wurden.

BEET 1: Im Spargelbeet wächst der erste Knoblauch* heran, später wird Gründünger* ausgesät. In das Mistbeet werden Petersilie, Dill, Römersalat, Spitzkohl und Radieschen gepflanzt.

BEET 2: Im Kohlbeet gibt es wenig zu tun, es wird lediglich etwas Urgesteinsmehl daraufgestreut. Es ist immer noch mit einer luftigen Schicht aus Pferdemist bedeckt.

BEET 3: Das Erdbeerbeet* ruht – gut abgedeckt mit Pferdemist oder einer Laubschicht.

BEET 4: Das Kartoffelbeet erwärmt sich langsam unter der Plastikplane, die im Februar ausgelegt wurde.

BEET 5: Noch ruht das Beet unter einer Decke aus Pferdemist und Laub, im Jahreslauf werden hier Zwiebeln, Salat, Hackfrüchte und Kräuter wachsen.

BEET 6: In diesem schmalen Beet werden bald unterschiedlichste Gewürzkräuter* wachsen.

BEET 7: Die Rosen, die im Blumenbeet stehen, bekommen eine Gabe Hühnerdung, die Stauden* werden zurückgeschnitten. Die ersten Frühjahrsblumen* spitzen aus der Erde hervor.

BEET 8: Falls nötig, werden noch welke Staudenteile zurückgeschnitten.

BEET 9: In diesem Beet gibt es noch nichts zu tun: Die Himbeersträucher* und der Kompost bleiben sich selbst überlassen.

BEET 10: Erste Rhabarbertriebe drängen aus der Erde hervor.

BEET 11A + B: Noch ist in diesen kleinen Beeten nicht viel zu sehen – bald werden hier viele Gewürzkräuter* heranwachsen.

BEET 12: Das Rosenspalier*, die Brombeerhecken* und die Rosenbüsche* sind noch unbelaubt.

BEET 13: Hier wachsen Sauerampfer*, Johannisbeersträucher* und Stauden* heran.

Im März wird das Säen und Pflanzen von Gemüse und Blumen vorbereitet. Eine Papiertopfpresse ist ein nützliches Werkzeug, um selbst kleine Papiertöpfe herzustellen. In den Saatkisten wachsen vorgekeimter Winterporree, Knollensellerie, Salatmischung und Sommerblumen. Rechts: Düngestäbchen werden in den Boden direkt um die Rosen herum gesteckt.

DAS IST IM MÄRZ ZU TUN

EIN MISTBEET EINRICHTEN *Beet 1*

Ein Mistbeet ist relativ einfach und preisgünstig aus Holz und einem alten Fenster zu bauen, Menschen, die handwerklich nicht ganz so geschickt sind, können ein solches Beet auch fertig kaufen. In einem Mistbeet können kleine Pflanzen schon erheblich eher im Frühjahr angepflanzt werden als in einem herkömmlichen Beet. Es ist wichtig, dass der Rahmen des Beetes leicht abfallend gebaut wird, damit das Regenwasser gut ablaufen kann. Im Idealfall sollten Mistbeete mit der Schräge Richtung Süden platziert werden, so kann die Sonne im Tagesverlauf möglichst lange hineinscheinen. Zunächst werden 50 – 70 cm Erde ausgehoben, das Loch wird mit einer etwa 40 – 50 cm dicken Pferdemistschicht bedeckt, die festgetreten und gründlich gewässert werden muss. Anschließend wird das Ganze mit einer 20 – 30 cm hohen Schicht reifem Kompost abgedeckt. Der Abstand zwischen der Erdschicht und der Rahmenkante sollte ungefähr 30 cm betragen. Sobald die Fenster geschlossen sind, beginnt der Pferdemist zu verrotten, dabei wird teils erhebliche Wärme freigegeben.

Auf einem Thermometer kann die Temperatur im Mistbeet beobachtet werden, liegt sie für mindestens 14 Tage bei etwa 20 °C, kann mit der Aussaat direkt in die Erde oder dem Einpflanzen der Papiertöpfchen, in denen die Keimlinge sprießen, begonnen werden. Sobald die Sonne scheint, muss das Beet gut gelüftet werden, damit die Pflanzen weder zu warm noch zu feucht stehen.

EIN MISTBEET BEPFLANZEN *Beet 1*

Die Petersilie gehört zu den am meisten verbreiteten Küchenkräutern in Europa und ist dementsprechend in vielen Gärten zu finden. Zusätzlich dienen ihre Blüten vielen nützlichen Insekten als Nahrungsquelle. Damit fördert Petersilie die Schädlingsbekämpfung im Gemüsegarten! Die zweijährige Pflanze bildet im ersten Jahr Blätter und blüht im Jahr darauf. Nach der Blüte sind die Blätter nicht mehr genießbar. Wird Petersilie jedes Jahr neu gesät, können immer die einjährigen Blätter geerntet werden; die blühenden Pflanzen bleiben als Insektennahrung stehen. Da das Küchenkraut mit sich selbst unverträglich ist, muss es jedes Jahr an einer anderen Stelle ausgesät werden. Dill hingegen stellt keine großen Ansprüche an den Boden, er wächst sehr gut in üblicher Gartenerde. Römersalat kann gut vorgekeimt werden, die Pflanzen werden dann einzeln im Frühbeet ausgesetzt. Ebenso können einige Radieschensorten bereits jetzt ausgesät werden. Die Aussaat braucht viel Wasser, das gibt ihnen kräftigen Geschmack.

› *Mit beschrifteten Schildchen an jeder Pflanze im Mistbeet ist eindeutig klar, was dort später geerntet werden kann. Links sind Porreekeimlinge – noch mit dem aufgebrochenen Samenhütchen – zu sehen.*

› *Im vor Wind und Wetter geschützten warmen Mistbeet können Keimlinge gut heranwachsen.*

1

2

Saatbehälter

1. und 4. Zur Herstellung kleiner Papiertöpfe ist eine Topfpresse unentbehrlich. Zeitungspapier wird in Stücke gerissen und rund um den Zylinder gelegt. Dann wird die runde Holzform daraufgesetzt und der Zylinder und die Form gut zusammengepresst. 2. Salatkeime im Saatbehälter. 3. Der Porree keimt hervorragend in einem Kasten aus Styropor. 5. Die Kartoffeln haben mittlerweile kräftige Keime bekommen.

3

4

5

TAGETES IN PAPIERTÖPFE PFLANZEN

Die kleinen Tagetespflanzen werden in Papiertöpfen vorgekeimt und sind bereit zum Umtopfen, wenn sie mindestens ein Blattpaar ausgebildet haben. Mit einem Pflanzstab wird ein Loch (etwa 1 cm Durchmesser) in die Erde gebohrt, die Pflänzchen vorsichtig aus dem Saatbehälter gehoben und voneinander getrennt. Die Wurzeln werden mit dem Pflanzstab behutsam in das Loch geschoben und dann Erde um die Wurzeln gehäufelt. Anschließend vorsichtig wässern, sodass die Erde die Wurzeln gut umschließen kann. Die beste Pflanzzeit ist bei bedecktem Himmel und feuchter Witterung.

ROSEN DÜNGEN *Beet 7, 12*

Organischer Dünger gewährleistet eine lang anhaltende und konstante Zuführung von Nährstoffen für die Pflanzen. So werden sie nicht überdüngt und bekommen keine Brandschäden, die die Rosen schwächen und dann einen Angriff von Schädlingen nach sich ziehen können. Rosendünger enthält größere Mengen an Stickstoff (N) und Kalium (K), beides sichert sowohl gutes Wachstum als auch viele Blüten. Ein Dünger mit einem höheren Stickstoffanteil bewirkt eine verstärkte Entwicklung von mehr Blättern und Blüten. Der Dünger wird auf den Wurzelbereich der Rosen gestreut und behutsam mit einer kleinen Harke in die Erde eingearbeitet. Im Laufe des Sommers wird etwa alle vier Wochen gedüngt.

LÖWENZAHN IM SALAT

Erste Löwenzahnblüten und -blätter können einer Mahlzeit eine Zusatzportion Vitamine geben. So sind beispielsweise die zarten neuen Löwenzahnblätter gesünder als Spinat, sie können allerdings auch etwas bitter sein, daher sollten sie stets mit anderen Salaten oder Gemüsesorten gemischt werden, so dominiert ihr Geschmack nicht zu sehr.

Die letzte Düngung wird Ende Juli vorgenommen – möglichst nicht später, damit die Rosen keine Frostschäden bekommen.

VORKEIMEN UND VERTEILUNG IN TÖPFEN

Zahlreiche Blumen und Gemüsesorten lassen sich gut vorkeimen, zum Beispiel Skabiosen, Löwenmäulchen, Verbenen, Kapuzinerkresse, Freilandtomaten und Hörnchenkürbis. Als Faustregel gilt, die Saaterde gut zu wässern, bevor der Samen darauf verteilt wird, und diesen dann mit einer dünnen Lage Erde oder Sand zu bedecken. Anschließend wird alles behutsam gegossen, sodass die Erde die Wurzeln gut umschließt. Der Saatbehälter sollte bei Zimmertemperatur an einem hellen Ort aufgestellt werden. Die Erde darf nie komplett austrocknen, sie wird feucht gehalten, bis der Samen keimt. Danach wird nur noch gewässert, wenn die Oberfläche leicht angetrocknet ist. Zu viel Wasser lässt die Samen verrotten.

KOHLBEETE MIT URGESTEINSMEHL BESTREUEN *Beet 2*

Urgesteinsmehl wird bevorzugt in Sand, saurem Boden oder Erde mit einem hohen Kaliumgehalt verwendet. Außer Kalk enthält Urgesteinsmehl auch Magnesium, einen wichtigen Pflanzennährstoff. Magnesium wird zur Produktion von Chlorophyll, dem grünen Farbstoff der Pflanzen, der auch für die Fotosynthese verantwortlich ist, gebraucht.

UNKRAUT JÄTEN

Sobald alle Pflanzen im Garten wachsen, wächst selbstverständlich auch das Unkraut mit! Denken Sie um: Erste Blüten und Blätter des Löwenzahns sind eine wunderbare Bereicherung des Speiseplans – eine Extraportion Vitamine gratis. Lassen sich die Wild- oder Unkräuter nicht aufessen, müssen sie gejätet werden und können als dünne Mulchschicht auf den Beeten ausgebracht werden, sie sollten jedoch noch keine Samen gebildet haben.

APRIL

Nun ist der Frühling wirklich im Küchengarten angekommen, überall wächst und blüht es. Jetzt ist es Zeit, die vorgekeimten Kartoffeln und Erbsen in den Boden zu legen, die Beete von den schützenden Winterdecken zu befreien – der Beetschutz wird komplett auf den Kompost gegeben – und die Himbeerruten hochzubinden.

DAS IST IM APRIL ZU TUN

AUSSERDEM ZU TUN:

• Brennnesselauszug zum Düngen herstellen

• Petersilie und Dill ins Freibeet setzen

• Gewürzkräuter und Liebstöckel (Maggikraut) pflanzen

**FALLS DER GARTENPLAN AUS DIESEM BUCH ÜBER-
NOMMEN WIRD:**

• Spargel, der im April gesät wird, kann drei bis vier Jahre
später geerntet werden. Topinambur wird entweder im April
oder im Herbst gepflanzt.

‹ *Neu gesäter Spitzkohl im
Mistbeet drängt ans Licht.*

ALLE HÄNDE VOLL ZU TUN

Mit den ersten Frühjahrsblumen des Gartens lassen sich wunderschöne Sträuße binden.

Jetzt ist der Frühling wirklich da: Die Bienen summen und fliegen geschäftig von einem Nektartöpfchen zum nächsten, die Osterglocken erstrahlen in ihren trompetenartigen Blütenröcken, und auch Perlhyazinthe, Waldhyazinthe sowie diverse Steinbrecharten geizen nicht mit Farben. Die Arbeitstage im Garten werden länger, denn alle Stauden- und Kräuterbeete müssen nun kontinuierlich bearbeitet werden. Die noch verbliebenen schützenden Winterdecken kommen auf den Kompost, und die letzten welken Stängel auf den Staudenbeeten werden zurückgeschnitten. Sehr fein zer-

kleinert können sie auch auf dem Boden verteilt werden und dienen dann hier als Mulchschicht oder werdender Kompost. Die Gewürzbeete werden für die Saat vorbereitet: Sie werden mit einem Sauzahn aufgelockert, Steine werden aufgesammelt. Die vorgekeimten Kartoffeln haben mittlerweile dicke grüne Keimlinge, sie werden jetzt in die Erde auf eine dünne Schicht halb verrotteten Kompost gesetzt und mit einem Folientunnel abgedeckt. Auf dem Fensterbrett im Haus wird Basilikum zur Aussaat vorbereitet.

Im Laufe des Aprils legen die Radieschen in dem Mistbeet kräftig an Größe zu, jetzt sollte noch eine weitere Reihe ausgesät werden. Die Himbeerruten werden hochgebunden und an dünnen Stahlseilen, die mit Haken an einem Drahtgestell befestigt sind, fixiert. Hier haben sowohl die Sommerhimbeeren als auch die späten Herbsthimbeeren ausreichend Platz. Außerdem werden jetzt auch die Sommerblumen ausgepflanzt und Grünkohl, Rotkohl, Rosenkohl und Freilandtomaten in größere Töpfe gesetzt – zur Vorbereitung auf die spätere Auspflanzung. In den Gemüsebeeten werden abwechselnd in Reihen Schalotten, Küchenzwiebeln und Rote Zwiebeln gesetzt und dazwischen Karotten gesät. Anschließend wird die Erde mit einer dünnen Schicht Grasschnitt bedeckt, um das Unkraut niedrig und Schädlinge

› *Ein guter Kompost ist ein Muss, wenn der Garten ökologisch bewirtschaftet wird. Hier wird aus vielen geeigneten Abfällen beste Komposterde gewonnen. Neben dem Kompost stehen Himbeersträucher, die an dem Drahtgestell emporranken sollen.*

*Die Hyazinthen stehen nun in voller Blüte und verbreiten
den herrlichsten Duft, die Tulpen leisten ihnen dabei Gesellschaft.*

fernzuhalten. In das Kohl- und Erbsenbeet werden als Vorkultur Mairübchen, Spinat und Steinkraut gesät. Im Mistbeet gedeihen Radieschen, Salat und Kohl. Selbst die Petersilie beginnt zu keimen, und bald können die ersten Radieschen des Jahres aus der Erde gezogen werden. Mark- und Zuckererbsensamen werden vor dem Aussäen über Nacht eingeweicht.

Im Garten gibt es jetzt wirklich viel zu tun: Die Lavendelbüsche müssen zurückgeschnitten werden und bekommen, ebenso wie der Thymian und der Salbei, etwas Urgesteinsmehl. Abgeschnittene Äste und Staudenreste werden nun gut zerkleinert auf den Kompost gegeben. Und es ist viel auszusäen: Pastinake, Rote Bete, Eichblattsalat, Salatmischungen, Koriander und eine Reihe Schmuckkörbchen neben die Erbsen. Die Kartoffeln haben kräftige grüne Spitzen entwickelt, und der Kirschapfelbaum trägt schwellende Knospen. Die ersten Spargelkeimlinge zeigen sich – hellgrün und saftig, das wird ein Genuss! Entlang der Beerensträucher werden einige Reihen des farbenprächtigen Mangolds gesät. In der Nähe des Komposts entsteht ein neuer Platz für Liebstöckel, er kann die Nährstoffe der Komposterde gut verwerten. Die vorgeweichten Erbsensamen werden in die Erde gelegt: Markerbsen um den Korbkegel herum und Zuckererbsen am Hühnerzaun. Zum Schutz vor Vögeln werden sie mit Zweigen abgedeckt.

Soll der Garten ökologisch bewirtschaftet werden, heißt das auch, dass Dünger und »Spritzmittel« selbst hergestellt

werden müssen. Dazu werden Brennnesselschösslinge und Beinwellblätter gesammelt und zerkleinert in eine Tonne mit Regenwasser gegeben. Die Pflanzen dürfen aber noch keine Samenstände entwickelt haben. Ein über die Tonne gespanntes Netz oder ein Gitter schützen Tiere davor, in der Jauche zu ertrinken. Die Brühe sollte einmal täglich umgerührt werden, einige Wochen später ist der Auszug fertig und kann verdünnt verwendet werden. Zur Geruchsbindung kann eine Handvoll Urgesteinsmehl über die Jauche gestreut werden.

*‹ Tulpe 'Blue Diamond'
und Waldhyazinthe
'Bluebells'*

*› Dieser Kegel aus Weidengeflecht,
der in einem der Blumenbeete steht,
dient der Kapuzinerkresse als Stütze.
Mit mehreren solcher Kegel in unterschiedlichen Höhen lässt sich der Garten
zudem wunderbar strukturieren.*

*Frühling im Garten – zahlreiche Frühjahrsblumen und kleine
Keimlinge schmücken den Garten. Die Blätter heben sich inzwischen deutlich von den Fußwegen und dem eher eintönigen Braungrau des Wintergartens ab. Das Holzdrahtgestell steht bereit
für die wachsenden Himbeersträucher, die Kartoffeln sind noch
unter der wärmenden Plastikplane verborgen und in den Blumenbeeten können die Pflänzchen an den Korbkegeln emporranken.*

SO SIEHT DER GARTEN IM APRIL AUS

Der doch eher noch etwas verschlafen wirkende Märzgarten wurde mittlerweile abgelöst von einem attraktiven Frühjahrsgarten, der alle Sinne anspricht. Farben explodieren, Blüten duften verführerisch, und die Vögel zwitschern um die Wette. Überall sprießen neue Pflanzen aus der Erde. Das Mistbeet quillt fast über an Keimlingen.

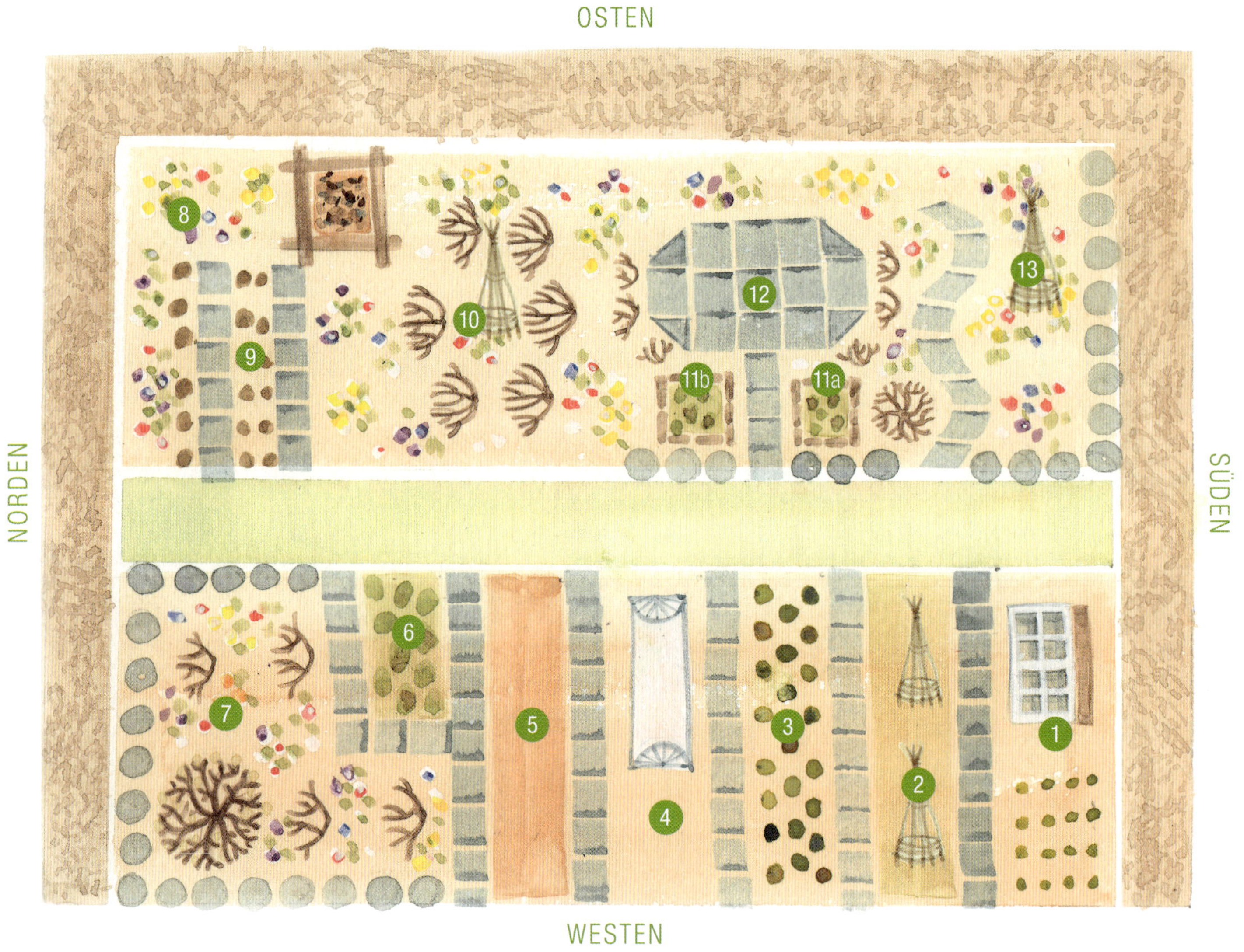

OSTEN

NORDEN

SÜDEN

WESTEN

DIE BEETE IM APRIL

Auf den folgenden Seiten sind die Bepflanzungen sowohl der vergangenen als auch der bevorstehenden Gartensaison für jedes einzelne Beet im Monat April beschrieben. Zur Übernahme dieser Gestaltungsvorschläge finden sich weitergehende Informationen im Kapitel »Die Beete des Gartens – Pflanze für Pflanze« (Seite 222), der Pflanzenführer auf Seite 226 informiert detailliert über die einzelnen Pflanzen. Hier sollte beachtet werden, dass Pflanzen, die mit einem * markiert sind, bereits vor Beginn des Gartenprojektes gesät oder gepflanzt wurden.

BEET 1: Hier wächst Knoblauch*, auch der Spargel* gedeiht gut. Petersilie und Dill werden ausgepflanzt. Im Mistbeet werden noch einmal Radieschen, Petersilie, Dill, Römersalat und Spitzkohl ausgesät. Zwischen Beet 1 und 2 wird Steinkraut/Duftsteinrich gepflanzt. Alles wird mit Grasschnitt bedeckt.

BEET 2: Mairübchen, Spinat und Steinkraut werden als Vorkultur für Erbsen und Kohl gesät. Erbsensamen werden in den Boden um den Korbkegel herum gelegt. Zwischen Beet 2 und 3 werden Zuckererbsen entlang des Hühnerzaunes gesät.

BEET 3: Im Erdbeerbeet* ist das erste Grün zu sehen, es bleibt weiterhin sich selbst überlassen.

BEET 4: Die vorgekeimten Kartoffeln werden in den Boden gegeben und mit einer Plastikplane abgedeckt.

BEET 5: Hier werden Salate, Rote Bete, Pastinaken und Eichblattsalat ausgesät und der vorgekeimte Dill gepflanzt. Außerdem werden Schalotten, Küchenzwiebeln und Rote Zwiebeln gesetzt, Karotten werden gesät.

BEET 6: Im Gewürzkräuterbeet* werden die Pflanzen vom Vorjahr ausgegraben, der Boden gejätet und mit Urgesteinsmehl gedüngt.

BEET 7: Hier wird gejätet, Stauden* und Rosen* geschnitten.

BEET 8: Stauden werden geschnitten und Unkraut gejätet.

BEET 9: Die schützende Winterdecke wird jetzt auf den Kompost gegeben. Hier wird Mangold gesät, Beinwell und neuer Liebstöckel gepflanzt. Die Himbeersträucher* werden stabilisiert.

BEET 10: Entlang der Beetkanten werden Mairübchen gesät, in der Mitte steht ein Korbkegel mit Kapuzinerkresse. Hier wachsen auch Beerenbüsche* und Rhabarber sowie Koriander.

BEET 11A + B: Die Pflanzen aus dem Vorjahr werden aus dem Kräuterbeet entfernt.

BEET 12: Der Lavendel erhält eine Handvoll Urgesteinsmehl, die Rosen werden zurückgeschnitten.

BEET 13: Das Staudenbeet wird gejätet und die Stauden zurückgeschnitten. Hier steht ein Korbkegel, der Platterbsen einen Halt bietet. Das Beet ist von Lavendel umgeben, auch er bekommt eine Gabe Urgesteinsmehl.

Die Saatrillen im Mistbeet werden behutsam mit einer Sprühflasche oder einer Blumenbrause gewässert.

Mildes Wetter und leuchtende Frühjahrsblüher machen den Garten zu einem wundervollen Ort.

DAS IST IM APRIL ZU TUN

SÄEN, SÄEN UND NOCHMALS SÄEN ...

Sobald sich die Erde erwärmt hat, können einige Reihen Pastinaken, Rote Bete, Eichblattsalat, Koriander, Spinat, Mangold, Steinkraut, Karotten, Mairübchen, Erbsen und Schmuckkörbchen gesät werden. Eine gut zusammengestellte Mischkultur verschiedener Pflanzen in einem Beet reduziert den Schädlingsbefall. Hier einige hilfreiche Kombinationen: Pastinaken fühlen sich mit Roter Bete und Mairübchen sehr wohl, Karotten mögen Zwiebeln und Porree, Erbsen vertragen sich gut mit Kohl, und Mangold mag Kohl und Karotten. Salat, Koriander, Spinat und Blumen gedeihen gut mit allen Pflanzen in einem Beet, es muss lediglich berücksichtigt werden, dass Blumen sehr groß werden können und den anderen Pflanzen Licht, Nährstoffe und damit Kraft nehmen können.

BASILIKUM IM HAUS VORKEIMEN

Gewürzkräuter haben sehr unterschiedliche Ansprüche an ihre Umgebung, so braucht beispielsweise Basilikum sehr viel Wärme. Es sollte im Haus vorgezogen werden, bevor es in der zweiten Maihälfte im Garten ausgepflanzt wird. Zunächst wird die Erde gut gewässert, dann werden die Samen auf die Oberfläche gestreut und behutsam angedrückt. Da sie sehr klein sind, müssen sie nicht mit Erde bedeckt werden. Die Aussaat benötigt viel Licht und darf nicht austrocknen.

GRÜNKOHL, ROTKOHL, ROSENKOHL UND TOMATEN IN TÖPFEN VORZIEHEN

Der vorgekeimte Kohl wird nun in kleine Töpfe umgetopft. Soll viel Kohl ausgepflanzt werden, können durchaus auch zwei bis drei Pflänzchen in einem Behälter vorgezogen werden. Am besten eignen sich Töpfe mit etwa acht cm Durchmesser, sie werden mit Saat- und Pflanzerde gefüllt und anschließend gut gewässert. Jeweils eine Pflanze wird in einen Topf gesetzt. Der Boden des Topfes kann zunächst auch mit handelsüblicher Pflanzerde gefüllt werden und erst darauf die Saat- und Pflanzerde gegeben werden, so stehen den Kohl-

> Um die Himbeersträucher in eine gewünschte Richtung zu lenken, wachsen sie an einem Draht-Holz-Gestell hoch.

‹ Der Draht, der die Himbeeren hält, kann leicht ein- und ausgehakt werden. Die Blumenzwiebeln werden einzeln in Bodenlöcher gegeben, die mit einem Pflanzholz ausgehöhlt wurden.

Im April können die ersten Radieschen geerntet werden. Unter dem schützenden Glasfenster des Mistbeetes keimt inzwischen die erste Reihe mit Radieschen, Petersilie, Dill, Römersalat und Spitzkohl. Um einen guten Stand beim Arbeiten am Mistbeet zu haben, werden Bretter vom Gartenweg zum Mistbeet verlegt. Der Schnittlauch, der am Wegesrand gesät wurde, kann auch schon geerntet werden.

pflanzen, die als Starkzehrer einen hohen Bedarf haben, mehr Nährstoffe zur Verfügung, wenn sich ihre Wurzeln ausgebildet haben. Nochmals vorsichtig wässern.

SOMMERBLUMEN AUSPFLANZEN

Die Pflänzchen, die mittlerweile aus den Samen herangewachsen sind, werden nun einzeln in einen kleinen Topf gesetzt, so können sie bestens gedeihen, bevor sie endgültig im Garten ausgepflanzt werden. Die Töpfe werden mit feuchter Saat- und Pflanzerde gefüllt und mit einem Pflanzholz Löcher in die Erde gebohrt. Die Pflänzchen werden nun sehr behutsam aus dem Saatbehälter gezogen und vereinzelt, das bedeutet, dass das miteinander verschlungene Wurzelgeflecht getrennt wird. Mithilfe des Pflanzhölzchens werden die filig-

ranen Wurzeln in die vorgebohrten Löcher gesenkt und dann mit Erde umhüllt. Zum Schluss werden die ausgepflanzten Blumen behutsam gewässert – eine Blumenbrause eignet sich hierzu hervorragend –, sodass die Erde die Wurzeln gut umschließt. Am besten wird umgetopft, wenn der Himmel bedeckt ist.

VORGEKEIMTE KARTOFFELN EINPFLANZEN
Beet 4

Jetzt ist es Zeit, vorgekeimte Kartoffeln (siehe Februar) in das Beet zu pflanzen. Hierzu wird eine Schicht aus halb verrottetem Kompost auf das Beet gegeben und eine Rinne von etwa 10 cm Tiefe im Boden gezogen und die vorgekeimten Kartoffeln in einem Abstand von etwa 30 cm gesetzt. Sollen mehrere

Reihen Kartoffeln gepflanzt werden, müssen die Reihen untereinander einen Abstand von 50 cm haben. Zum Schluss wird behutsam – um die zarten grünen Keimlinge nicht zu verletzen – Erde über die Kartoffeln gehäufelt und alles mit einem Vlies oder einer Plastikplane abgedeckt. So wird die Wärme im Boden gehalten, eine Voraussetzung für eine frühe Ernte.

ERBSENSAMEN AUSSÄEN *Beet 2*

Die Erbsen werden über Nacht in handwarmem Wasser eingeweicht, so quellen sie auf, bevor sie in die Erde gelegt werden. Das Einweichen beschleunigt nicht nur den Keimvorgang, es sind auch diejenigen Erbsen zu erkennen, die nicht keimfähig sind. Am nächsten Tag werden die Erbsen in einem Abstand von 5 bis 8 cm in die Erde gesetzt, die Markerbsen um den Korbkegel und die Zuckererbsen entlang des Hühnerzaunes. Auf der Samentüte ist nachzulesen, wie groß die Pflanzen werden.

EINE REIHE ZWIEBELN SETZEN *Beet 5*

Jetzt werden auch Schalotten, Küchenzwiebeln und Rote Zwiebeln gesetzt, beim Kauf sollte darauf geachtet werden, dass die Brutzwiebeln möglichst klein sind, so ist das Risiko, dass sie blühen, anstatt Zwiebeln zu bilden, geringer. Es wird eine Rille von ein paar Zentimetern Tiefe gezogen, gewässert und dann die Zwiebeln in einem Abstand von etwa 10 cm hineingesetzt. Die Pflanzrille wird so mit Erde bedeckt, dass knapp ein Drittel der Zwiebel aus dem Boden herausschaut.

ES KRIBBELT IN DEN FINGERN, ABER …

Obwohl es schon recht mild im Freien ist, braucht der Boden noch etwas Zeit, um sich zu erwärmen und bepflanzt werden zu können. Kalte, nasse Erde lässt die Samen verfaulen. Als Faustregel gilt, dass die Bodentemperatur mindestens 12 °C betragen sollte, bevor sie bepflanzt wird.

KRÄUTER SÄEN UND PFLANZEN *Beet 6, 11A*

Nach einem langen Winter ist die Erde an der Oberfläche doch erheblich verdichtet, dementsprechend muss sie gründlich aufgelockert werden. Die meisten Gewürzkräuter werden als fertige Pflanzen gekauft, so können sie sofort verwendet werden. Bereits vorhandene Pflanzen können entweder durch Aussaat oder durch Stecklinge vermehrt werden, dies ist allerdings ein sehr langwieriger Prozess. Und es stehen dann in der laufenden Saison erst einmal wenige Gewürzkräuter zur Verfügung. Petersilie und Basilikum bilden die Ausnahmen, sie müssen jedes Jahr gesät werden.

ERDE MIT GRASSCHNITT BEDECKEN *Beet 1, 2*

Erdflöhe sind selbst kaum zu sehen, das Resultat ihrer Existenz hingegen ist unübersehbar: Löcher in allen Kohlpflanzen! Erdflöhe sind bis zu 4 mm große schwarzblau glänzende

Erbsen werden vor dem Aussäen über Nacht in handwarmem Wasser eingeweicht, so können sie sich vollsaugen und aufquellen.

oder gelb gestreifte Käfer. Gibt es einen starken Befall, sind möglicherweise alle Kohl- und Radieschenkeime geschädigt. Gemulchte Beete halten die Käfer zumindest in Grenzen.

WINTERABDECKUNG IN DEN KOMPOST GEBEN

Die schützende Winterdecke, die die Beete vor Frost bewahrt hat, kann nun in den Kompost gegeben werden. Auf keinen Fall sollten jedoch Kartoffelkeimlinge, Tomatenpflanzen, kranke Pflanzen und Kohlwurzeln in den Kompost kommen. Sie können Krankheitserreger enthalten, die dann später über die Komposterde Krankheiten im Garten verbreiten können.

Der Aprilgarten lädt zum Blumenpflücken ein. Dies ist ein Strauß mit Osterglocken, Perlhyazinthen und Vergissmeinnicht.

HIMBEEREN HOCHBINDEN *Beet 9*

Die Himbeerruten werden jetzt hochgebunden. Dadurch wird der gesamte Himbeerstrauch zusammengehalten und breitet sich nicht nach allen Seiten aus. Dafür wird in jeder Ecke des Beetes ein Pfosten eingegraben. Nun wird ein Drahtseil oder eine kräftige Schnur an jedem Pfosten fixiert und um das gesamte Beet gezogen.

ROSEN, LAVENDEL UND WELKE STAUDEN ZURÜCKSCHNEIDEN *Beet 7, 8, 10, 12, 13*

Durch den Rückschnitt werden Pflanzen im Laufe der Jahre immer kräftiger und schöner. Stauden sollten jedoch nicht im Herbst eingekürzt werden, da die welken Teile die Pflanze in der kalten Jahreszeit schützen. Sobald die Stauden im Frühjahr wieder austreiben, werden die welken Teile behutsam entfernt. Lavendel und andere immergrüne Stauden bilden jedes Jahr von der Wurzel her neue Schösslinge, sie werden durch das Zurückschneiden dichter. Das Gleiche gilt für Rosen: Werden sie nicht zurückgeschnitten, werden sie im unteren Pflanzenbereich schwach und bilden weniger Triebe.

PFLANZEN MIT URGESTEINSMEHL DÜNGEN *Beet 6, 11a + b, 12*

Lavendel, Thymian und Salbei benötigen eine Extraportion Urgesteinsmehl, diese Pflanzen lieben Kalk. Mithilfe einer Bodenanalyse sollte bestimmt werden, ob Kalk benötigt wird. Fehlt den Pflanzen Magnesium, ist das an gelben oder welken Flecken auf den Blättern erkennbar.

VORKULTUREN ANLEGEN *Beet 2*

Um möglichst durchgängig ernten zu können, werden unterschiedliche Pflanzen nacheinander in ein Beet eingesät oder gepflanzt. Diese Aufeinanderfolge verschiedener Früchte wird als Kulturfolge bezeichnet. Eine Vorkultur für Kohl oder Erbsen können beispielsweise Mairübchen und Spinat sein.

Tulpen

Unterschiedliche Tulpensorten garantieren nicht nur eine große Farbvielfalt, sondern auch verschiedenste Blüten, *leicht gekräuselt oder sogar zweifarbig*. 1. Tulpe 'Blue Diamond' (die dunkle Blume), 'Pink Fontain' (fransig), 'Annelinde' (die beiden mit den rosa Rändern). 2. 'Pink Diamond'. 3. Frühjahrsblumen: Tulpen, Blaustern, Perlhyazinthen, Narzisse. 4. Perlhyazinthe. 5. 'Verona'

MAI

Ein neues Kräuterbeet nimmt Form an, der erste Spinat und der erste Rhabarber können endlich geerntet werden. Jetzt wird Porree gepflanzt und das Beet mit den gekeimten Karotten ausgedünnt. Überhaupt ist es nun Zeit zum Aus-, Um- und Einpflanzen! Der Garten braucht jetzt intensive Pflege, die Pflanzen dürfen nicht vertrocknen oder von Schädlingen befallen werden. Für den Fall, dass ein Urlaub ins Haus steht, sollten Freunde oder Nachbarn gebeten werden, den Garten zu pflegen.

DAS IST IM MAI ZU TUN

AUSSERDEM ZU TUN:

• blühenden Schnittlauch zurückschneiden

• ersten Rhabarber und Spinat ernten

‹ *Ein kleiner Strauß aus Schnittlauch- und Erdbeer- blüten.*

DIE PFLANZENWELT »EXPLODIERT«

In diesem Monat »explodiert« die Pflanzenwelt geradezu, der Garten verändert sich sichtbar von Tag zu Tag! Stangenbohnen und Kürbisse werden in Töpfen vorgezogen. Ein neues Gewürzkräuterbeet nimmt Form an: mit Thymian, Salbei, Steinquendel, hohem und kriechendem Rosmarin, französischem Estragon, Currypflanzen, Ysop, Wermut, niedrigem Oregano, Bergminze und Katzenminze. Zu dem neuen Sortiment des Gewürzkräuterbeetes gehören außerdem Kreuzkümmel, Römische Kamille (Beet 11a), Schokoladenminze, Krause Minze sowie Johannisbeersalbei (Beet 11b). Und eine neue Anisysoppflanze wird gesetzt. Die überwinterten Lorbeer-, Ananassalbei- und Zitronenverbenenpflanzen finden in größeren Blumentöpfen ein neues Zuhause. Sobald der Salat genug Wasser bekommen hat, spitzen erste Sprösslinge aus dem Boden. Auch Pastinaken, Zwiebeln und Rote Bete zeigen erste Lebenszeichen. Die feine Kletterrose hat schon die Schwarzfleckenkrankheit; deshalb werden alle befallenen Blätter abgeschnitten und in den Restmüll gegeben – auf keinen Fall in den Kompost, die Pilzsporen überstehen eine Kompostierung und vermehren sich weiter! Anschließend werden alle heruntergefallenen Pflanzenteile vom Boden aufgesammelt und die Erde wird noch einmal gelockert. Sobald die Rosen nicht mehr der Mittagssonne ausgesetzt sind, werden die Pflanzen und der Boden mit Ackerschachtelhalmtee besprüht. Das wird nach zwei Wochen wiederholt.

Jetzt können die vorgekeimten Erbsen entlang des Rosenspaliers und am Korbkegel in das Staudenbeet gepflanzt werden. Da Erbsen sehr schnell wachsen, ist das Risiko, das ihnen Blattschädlinge zufügen könnten, nun geringer geworden. Die Dahlienknollen werden an mehreren Plätzen im Garten ausgelegt. Spitzkohl, Rotkohl und Römersalat werden vom Mistbeet in das Kohlbeet umgesiedelt. Die Erdbeeren stehen in voller Blüte; die neu gepflanzten Blumen müssen gründlich gewässert werden, anschließend wird der Boden mit einer dünnen Decke aus Grasschnitt abgedeckt.

Wenn der Garten jetzt nicht kontinuierlich gepflegt und gewässert wird, kann das recht unschöne Folgen haben – denn nicht allein die Nutz- und Zierpflanzen bekommen einen enormen Wachstumsschub, auch das Unkraut wächst im selben Tempo wie die anderen Pflanzen! Auch Schnecken machen sich nun über den Garten her. Ob Bierfallen wirklich helfen, darüber scheiden sich die Geister. Erfolgreicher – wenn auch mit mehr Mühe verbunden – ist das Absammeln

‹ Vorgekeimte Sommerblumen sollten jetzt ausgepflanzt werden.

› In einem der Staudenbeete wachsen unter anderem Pfingstrosen, Zierlauch und Kaukasusvergissmeinnicht. Mit Sommerblumen und Stauden in unterschiedlicher Größe lässt sich ein Garten wunderbar gestalten.

> *Auch die Bauern-*
> *pfingstrose hat sich*
> *prächtig entwickelt,*
> *links ist eine Knospe*
> *vom Anfang der*
> *Saison zu sehen, rechts*
> *steht sie bereits in*
> *voller Blüte.*

‹ *Tagetes und Bunt-*
schopfsalbei können
nun mithilfe eines
Pflanzholzes in den
Boden gesetzt werden.

der Schnecken am frühen Abend oder bei feuchter Witterung. Quartiert sich ein Igel im Garten ein, darf sich der Gartenbesitzer glücklich schätzen, denn diese Mitbewohner vertilgen erhebliche Mengen der schleimigen Quälgeister.

Der neu gepflanzte Kohl kann Wärme gut vertragen, und der Spinat steht mittlerweile auch kräftig im satten Grün – dank der gründlichen Bewässerung und des Mulchens mit dem Grasschnitt, der die Feuchtigkeit gehalten hat. Die ersten Spinatblätter können bereits als Zutat für einen Salat gesammelt werden. Kartoffeln, Erdbeeren und Beerensträucher müssen auch sehr regelmäßig gewässert werden, sonst bilden sie lediglich kleinere und schwächere Früchte und Knollen aus. Porree wird in vorbereitete Rinnen gepflanzt, so kann er später gut angehäufelt werden, zwischen den Reihen wird Spinat gesät. Abschließend wird alles mit einer dünnen Schicht Kompost bestreut und ein wenig gewässert, so kommt der Wachstumsprozess ordentlich in Schwung! Die Karotten stehen sehr dicht beieinander, sie sollten ausgedünnt und mit

Holzasche bestreut werden, das hält hoffentlich die Möhrenfliege ab. Die unterschiedlichen Kohlsorten werden nun ebenfalls ausgepflanzt, Rosen müssen regelmäßig auf Blattlausbefall kontrolliert werden. Hier hilft es, die Rosen mit einem Gemisch aus kaltem Wasser und Knoblauchauszug zu spritzen. Das Tränende Herz und die Akelei sind wunderschön in ihrer Blütenpracht anzuschauen. Der Weiche Frauenmantel breitet sich in Bodennähe aus, während der Zierlauch die meisten Pflanzen mit seiner wundervollen Kugelblüte überragt. Alle vorgezogenen Sommerblumen werden nun im gesamten Garten ausgepflanzt und ein wenig gewässert, das kann einige Zeit dauern!

Jetzt können Sträuße mit Bauern-
pfingstrosen, Zierlauch und Kaukasus-
vergissmeinnicht gepflückt werden.

Alles wächst kräftig in den Beeten, und die Keimlinge entwickeln sich prächtig – es gibt sehr viel im Mai zu tun, denn alle Pflanzen brauchen gerade in dieser Wachstumsphase ausreichend Wasser und Düngung, müssen ausgedünnt und gepflegt werden.

SO SIEHT DER GARTEN IM MAI AUS

Spinat- und Spitzkohlkeimlinge haben erste grüne Blätter bekommen, und der Rhabarber kann schon geerntet werden. Die Erdbeerpflanzen blühen zartweiß, und der Kohl gedeiht hervorragend. Himbeersträucher und Stauden haben sich aufgrund des Wetters hervorragend entwickelt, und die vorgekeimten Sommerblumen werden ausgepflanzt.

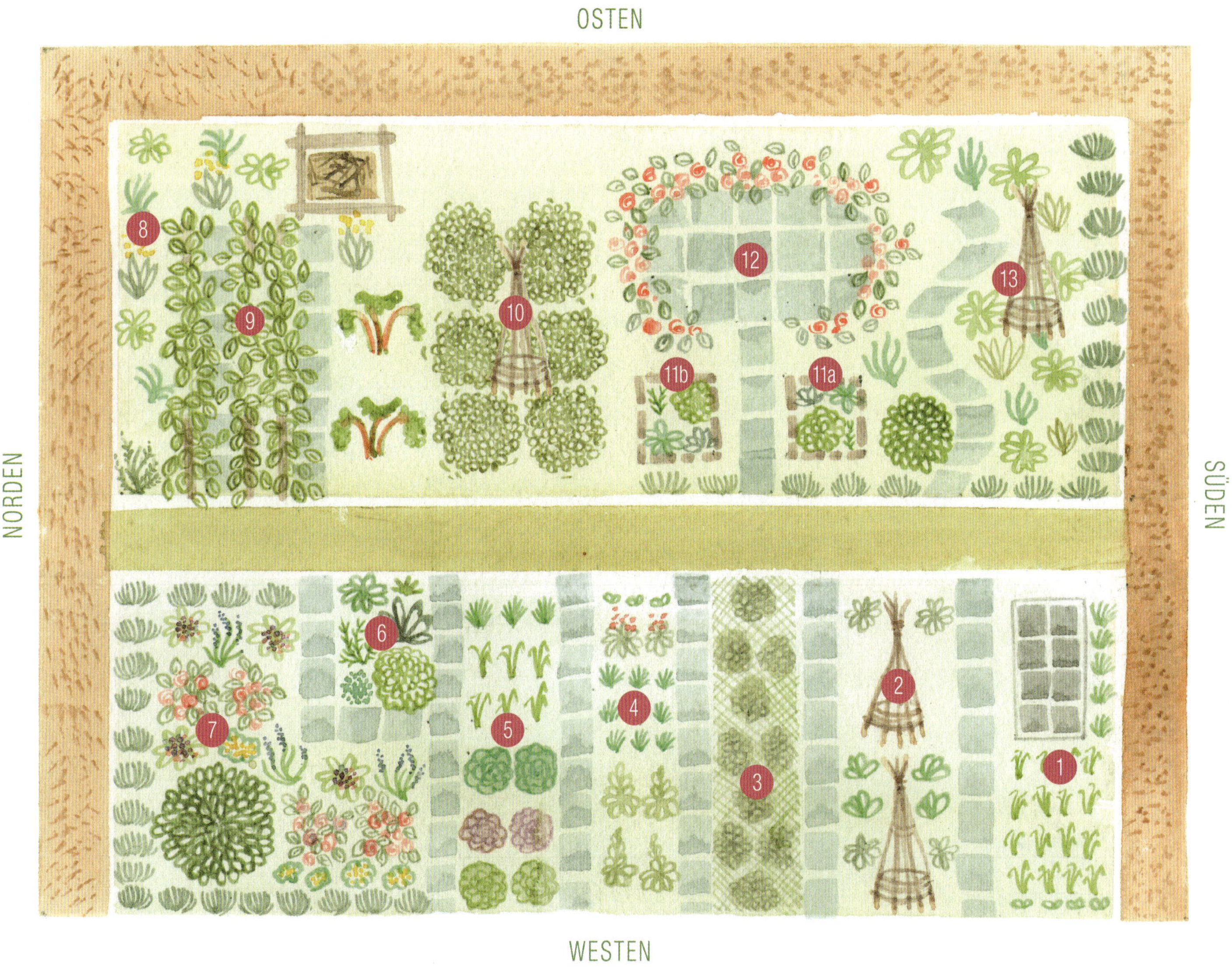
OSTEN
NORDEN
SÜDEN
WESTEN
8
9
10
12
13
11b
11a
6
7
5
4
3
2
1

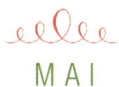

DIE BEETE IM MAI

Auf den folgenden Seiten sind die Bepflanzungen sowohl der vergangenen als auch der bevorstehenden Gartensaison für jedes einzelne Beet im Monat Mai beschrieben. Zur Übernahme dieser Gestaltungsvorschläge finden sich weitergehende Informationen im Kapitel »Die Beete des Gartens – Pflanze für Pflanze« (Seite 222), der Pflanzenführer auf Seite 226 informiert detailliert über die einzelnen Pflanzen. Hier sollte beachtet werden, dass Pflanzen, die mit einem * markiert sind, bereits vor Beginn des Gartenprojektes gesät oder gepflanzt wurden.

BEET 1: Im Spargelbeet wachsen neben Spargel* auch Knoblauch* und Petersilie. Die Tomatenpflänzchen werden jetzt ins Freie gesetzt. Im Mistbeet stehen Kürbisse. Zwischen Beet 1 und 2 wachsen Steinkraut/Duftsteinrich und Scharlachsalbei. Die verblühten Blüten des Schnittlauchs werden abgeschnitten und Schnittlauch nachgesät.

BEET 2: Im Kohlbeet werden der vorgezogene Grün- und Rosenkohl, Spitz- und Rotkohl ausgepflanzt und zum Schutz vor Schädlingen mit einem Pflanzenvlies abgedeckt. Römersalat und Hörnchenkürbis werden ins Beet gesetzt.

BEET 3: Im Erdbeerbeet* stehen die Erdbeeren bereits in voller Blüte, sie müssen regelmäßig gewässert werden. In dieses Beet werden auch Dahlien gepflanzt.

BEET 4: Das Kartoffelbeet muss gut gewässert werden, hier werden ebenfalls einige Dahlien gepflanzt. Hier können noch einige Porreepflanzen gesetzt und Spinat dazwischen gesät werden. Abschließend wird alles mit einer dünnen Schicht Kompost bedeckt und leicht gewässert.

BEET 5: Auch im Beet mit den Salaten und roten Früchten beginnt nun alles zu keimen: Pastinaken, Salate, Rote Bete, Dill, Römersalat, Lauch, Eichblattsalat, Schalotten, Küchenzwiebeln, Rote und Gelbe Zwiebeln spitzeln aus dem Boden hervor. Die Karotten werden ausgedünnt und erhalten etwas Holzasche.

BEET 6: Ein neu angelegtes Kräuterbeet mit Thymian, Salbei, Bergminze, Rosmarin, französischem Estragon, Currypflanze, Ysop, Wermut, Oregano und Katzenminze.

BEET 7: Im Staudenbeet werden die Rosen* nochmals mit Ackerschachtelhalmtee besprüht. Zusätzlich werden hier Sommerblumen gepflanzt.

BEET 8: Auch in diesem Staudenbeet* werden Sommerblumen gepflanzt. Die Tulpen verabschieden sich langsam.

BEET 9: Die Himbeeren gedeihen gut. Welke Tulpenblätter kommen erst vollends verdorrt auf den Kompost. Außerdem wachsen hier Beinwell, Mangold und Liebstöckel.

BEET 10: Die Beerensträucher müssen regelmäßig gewässert werden. Der Rhabarber kann geerntet werden.

BEET 11A + B: Neu in Beet 11A: Pfefferminze, Krause Minze, Johannisbeersalbei, Kümmel, Anisysop, Römische Kamille. Neu in Beet 11B: Schokoladenminze, Pfefferminze.

BEET 12: Die Terrasse ist umgeben von einem Rosenspalier*, Lavendel* und Thymian*. Auch diese Rosen werden mit Ackerschachtelhalmtee besprüht und Erbsen am Spalier gepflanzt. Ein Lorbeerstrauch hat in einem Topf seinen Platz gefunden.

BEET 13: Die Sommerblumen werden ausgepflanzt, die Beerensträucher gewässert und mit Knoblauchauszug besprüht.

Links: Erste Spinatblätter zeigen sich im Mistbeet.
Rechts: Ein Feuchtigkeitsmessgerät erweist sich als sehr nützlich.

DAS IST IM MAI ZU TUN

DAHLIEN UND SOMMERBLUMEN AUSPFLAN-
ZEN *Beet 3, 4 und alle Blumenbeete*

Nun können die vorgekeimten Sommerblumen ausgepflanzt werden. Das kann durchaus einige Zeit in Anspruch nehmen, je nachdem, wie viele Blumen vorgezogen wurden. Nach dem Auspflanzen das Wässern nicht vergessen! Eine große Hilfe beim Auspflanzen sind Pflanzlöffel oder -harken. Sind viele Blumen zu verpflanzen, bieten sich Kniepolster an – zur Schonung von Knien und Rücken. Vor dem Auspflanzen sollte genau überdacht werden, welche Pflanze wo am besten steht, Lichtverhältnisse (Sonne/Schatten) sind zu berücksichtigen, ausreichend Platz einzuplanen, Pflanzenhöhe und -dichte zu bedenken und nicht zuletzt eine gute Farbzusammenstellung im Blick zu haben. Je mehr Sonne die Blumen bekommen, desto mehr Blumen sind später zu genießen.

Georginen – eher bekannt als Dahlien – entwickeln sich sehr langsam, sie sollten daher schon im März/April im Haus vorgezogen werden. Sobald sich die ersten Keimlinge zeigen, benötigen die Pflanzen sehr viel Licht, ansonsten werden sie dünn und schießen hoch auf. Die Keimlinge müssen jetzt von den Töpfen und Saatkisten ins Freie umgepflanzt werden, sie sollten im Beet genauso tief eingepflanzt werden, wie sie zuvor in den Töpfen standen. Von der unterschiedlichen Größe der Pflanzknollen hängt ab, in welchem Abstand sie zueinander gesetzt werden.

ERDBEEREN, KARTOFFELN UND BEEREN-
STRÄUCHER WÄSSERN *Beet 3, 4, 10, 13*

Beeren- und Knollenpflanzen müssen immer gut gewässert werden. Bleibt der Regen aus, sollte gegossen werden, das ist insbesondere dann wichtig, wenn die Blüten der Beerensträucher und Erdbeerpflanzen verblüht sind und die Fruchtbildung beginnt. Spätestens jetzt sollte eine Mulchdecke – beispielsweise aus Stroh oder Holzwolle – zwischen den Pflanzen auf dem Beet ausgebreitet werden. Kartoffeln hingegen werden während ihrer gesamten Wachstumsphase regelmäßig

Links: Zum Schutz vor Schnecken wird der Spitzkohl nach dem Auspflanzen mit einem Plastikschutz (ein abgeschnittenes Rohrstück) umgeben.

Rechts: Im Mistbeet sprießt es nur so, und erste Pflanzen können geerntet werden.

Die jungen Pflanzen

Jetzt können noch einige Pflänzchen in die Beete gesetzt werden, beispielsweise Spitzkohl oder Spinat, aber auch Sommerblumen und Gewürzkräuter. 1. Blick über das östliche Staudenbeet mit blühendem Zierlauch. 2. Ein wundervoll eingefasstes Frauenmantelblatt – in Wassertropfen. 3. + 4. Sommerblumen und Buntschopfsalbei bereit zum Auspflanzen.

Die Gemüsebeete zeigen sich im herrlichsten Grün, um jedes Kohlpflänzchen wird ein Schneckenschutz gegeben, das schützt vor hungrigen Schnecken. Ein günstiger Schneckenschutz lässt sich mit ausgedienten Kunststoff-Getränkeflaschen leicht selbst herstellen: Von der Flasche wird der Boden abgeschnitten und dieses bodenlose Gefäß dann über die Pflänzchen gesetzt – da kommt keine Schnecke rein!

gewässert – also von der ersten Keimbildung an. Das Wasser sollte stets direkt in den Boden gegossen werden und nicht auf die Pflanzen, das begünstigt die Ausbreitung von Krautfäule. Es ist am sinnvollsten, morgens tiefgründig und ausgiebig zu wässern, so steht der Pflanze tagsüber ihre notwendige Nahrung zur Verfügung.

TOMATENPFLANZEN UND HÖRNCHENKÜRBIS INS FREIE SETZEN *Beet 1, 2*

Der Hörnchenkürbis ist eine gurkenähnliche, einjährige Kletterpflanze. Er gehört zur Familie der Gurken und ist dementsprechend zu versorgen und zu pflegen. Im August entwickelt er grüne saftige Früchte, die während des Reifeprozesses gelb

werden. Sie bilden dann kleine schwarze Samen aus. Eine Kürbispflanze kann bis zum Eintreten des ersten Frostes mehrere Hundert Früchte liefern. Hörnchenkürbispflanzen wachsen gut an einem windgeschützten Platz, sie brauchen gute, nährstoffreiche Humuserde. Wenn es kein Gewächshaus gibt, sollten Tomaten gepflanzt werden, die in offenen Beeten gut gedeihen. Diese Tomaten tolerieren Kälte eher, vertragen schlechtes Wetter und Wind besser und reifen frühzeitig heran. Sie können ab Ende März im Haus vorgezogen werden und kommen im Mai ins Freie. Am besten wachsen sie in wasserdurchlässiger, nährstoffreicher Humuserde. Tomatenstangen aus Metall stützen die Pflanzen – die bestenfalls ja schwer an ihren Früchten zu tragen haben! – sehr gut ab.

Hörnchenkürbis ist eine einjährige Kletterpflanze aus Südamerika. Sie gehört zur Familie der Gurken und wird wie diese gepflegt.

GEWÜRZKRÄUTERBEET ANLEGEN *Beet 6*

Die meisten Gewürzkräuter sind sehr genügsam und tolerieren auch etwas Trockenheit. Wird ein Kräuterbeet angelegt, sollte der Boden – bevor die Kräuter ins Beet gepflanzt werden – gut mit einem Sauzahn oder einer Harke gelockert werden. Kann ein schon vorhandenes Beet genutzt werden, muss der Boden gut gelockert, Steine aufgesammelt und ungebetene Pflanzen – beispielsweise Giersch – sehr achtsam entfernt werden. Pflanzen aus einer Gärtnerei können bei jedem Wetter ausgepflanzt werden, sie sind daran gewöhnt, im Freien zu stehen. Pflanzen, die Trockenheit tolerieren, sind unter anderem an ihren grauen oder auch kleinen Blättern zu erkennen – beispielsweise Salbei oder Thymian. Ist der Boden sehr lehmig, wird etwas Kies untergemischt, so kann Feuchtigkeit besser versickern. Gewürzkräuter mit großen grünen Blättern, wie etwa Liebstöckel, Petersilie und Minze, mögen in der Regel nährstoffreiche Humuserde. Haben sich

Porree flankiert von Spinat in Beet 4. Beide Pflanzen mögen nährstoffreiche Erde. Porree braucht Dünger, und Spinat darf nicht austrocknen.

diese Pflanzen im Garten gut eingelebt, tolerieren sie auch trockene Perioden. In handelsüblicher Humuserde, die weder zu sandig noch zu lehmig ist, fühlen sich in der Regel alle Gewürzkräuter wohl. Zu jedem eingepflanzten Gewürzkraut wird abschließend noch ein Pflanzenschild in den Boden gesteckt – so sind Verwechselungen ausgeschlossen!

PORREE IN REIHEN PFLANZEN *Beet 4*

Porree kann ab März im Haus vorgezogen und Anfang Juni im Garten ausgepflanzt werden. Wird er früher ausgepflanzt, bildet er eventuell vermehrt Blüten als Stangen aus. Porree ist ein Starkzehrer und hat damit einen hohen Nährstoffbedarf,

AUF BODENSCHÄDLINGE ACHTEN

Der Dickmaulrüssler ist ein kleiner Bodenschädling, der feine, runde Kerben in die Blattkanten beißt, danach nagt er sich in die Mitte des Blattes. Die Larven leben im Boden, sie nagen an Wurzeln und Wurzelhälsen der Pflanzen, die Schädigung zeigt sich im plötzlichen und scheinbar grundlosen Welken der betroffenen Pflanzen. Gute Gegenspieler dieser Schädlinge sind räuberische Dematoden: die winzigen Fadenwürmer sind im Gartenfachhandel erhältlich.

er muss also gut gedüngt werden. Dementsprechend sollte Kompost oder Pferdemist zwischen den Reihen verteilt werden. Der beste Standort ist an einem sonnigen Platz. Dazwischen kann Spinat ausgesät werden. Er gedeiht in den meisten nährstoffreichen Böden sowohl an sonnigen als auch an halbschattigen Plätzen, keinesfalls darf der Boden austrocknen. Bevor der Porree bereit zum Auspflanzen ist, kann das Beet zur Vorkultur von Spinat verwendet werden. Der Spinat bedeckt den Boden, so wird die Erde durch Regen nicht ausgewaschen, die Bodenstruktur und die Nährstoffe bleiben erhalten. Sobald der Porree ausgepflanzt werden soll, wird der Spinat geerntet oder umgesetzt. Porreepflanzen werden in 8–10 cm Abstand voneinander gesetzt. Abschließend wird gut gewässert und Erde um die Pflanzen herum angehäufelt.

ROSENKOHL UND GRÜNKOHL AUSPFLANZEN *Beet 2*

Rosenkohl kann Ende März vorgekeimt, im April pikiert und im Mai ausgepflanzt werden. Er mag einen nährstoffreichen Boden und ein sonniges Beet. Unter einer dünnen Kompostschicht und mit einer Untersaat aus Bodenfrüchtigem Klee versorgt, ge-

deiht er besonders gut, denn so steht ausreichend Stickstoff zur Verfügung. Rosenkohl wird in Reihen gesetzt und die Erde am Wurzelhals gut angedrückt. Um die Pflanzen herum wird eine leichte Schicht Grasschnitt aufgebracht und tiefgründig angegossen. Das Beet kann zusätzlich mit einer transparenten Plastikplane gegen Wind und Wetter geschützt werden.

Grünkohl ist ein Starkzehrer und braucht entsprechend ausreichende Nahrung, so wird zwischen den Reihen entweder Kompost oder Pferdemist in einer dünnen Schicht aufgebracht. Als Vorkultur für Grünkohl können vorgekeimte Bohnen oder Erbsen in das Beet gepflanzt werden, sie binden hervorragend den Stickstoff im Boden. Grünkohl kann ab Ende März vorgekeimt werden, im April werden die Keimlinge pikiert und im Mai ausgepflanzt. Diese Kohlsorte braucht einen nährstoffreichen Boden in einem sonnigen Beet. Noch besser gedeiht er mit einer dünnen Mulchschicht aus Kompost und einer Untersaat aus Bodenfrüchtigem Klee.

ERBSEN PFLANZEN *Beet 2, 10, 12*

Die vorbereiteten Platterbsen werden in einem Abstand von etwa 25 cm gesetzt. Ist bereits zu Beginn der Wachstumspe-

DIE RINGHACKE

Ringhacken gibt es mit kurzem und langem Holzstiel. An einem Metallstift befindet sich ein Ring mit einem Durchmesser von etwa 10 cm, der an der Unterkante geschliffen ist. Die Hacke wird durch die Erde gezogen und schneidet beim Ziehen unerwünschte Pflanzen ab. Die stumpfe Seite der Hacke schiebt Wurzeln und Blätter zur Seite, ohne sie zu verletzen.

› *Ein neues Gewürzkräuterbeet mit Thymian, Salbei, Großblütiger Bergminze, Rosmarin, französischem Estragon, Currypflanze, Wermut, Oregano und Katzenminze. Mit einem wasserfesten Stift beschriftete Namensschilder geben Auskunft über die einzelnen Pflanzen.*

Der Garten in voller Blüte

1. Blühende Zierlauchstiele passen wunderbar in Blumensträuße. 2. Die Erdbeerpflanzen tragen feine weiße Blüten. 3. und 4. Die Akelei sät sich selbst aus, sie gedeiht an den meisten Plätzen im Garten. 5. Eine Weinbergschnecke auf einem Ausflug.

KNOBLAUCHAUSZUG

Für die Herstellung des Auszugs werden 100 g fein gehackter Knoblauch, zwei EL Pflanzenöl, 30 g Schmierseife und 500 ml Wasser benötigt. Knoblauch und Öl miteinander vermischen und über Nacht stehen lassen. Die Seife in 500 ml warmem Wasser auflösen und mit dem Knoblauchöl vermischen. Die konzentrierte Lösung filtern, zum Besprühen von Pflanzen werden 15 ml der Lösung in 1 l Wasser aufgelöst.

Verwelkte Tulpen sehen nicht schön aus und können abgeschnitten werden. Die Rosen werden vorbeugend mit selbst angesetztem Knoblauchauszug oder einem Auszug aus Schachtelhalm und Wermut besprüht, um Schädlinge fernzuhalten und die Pflanzen zu stärken.

riode ein entsprechendes Haltesystem vorhanden, ranken die Pflanzen selbstständig daran hoch.

SPITZKOHL UND ROTKOHL INS FREIE SETZEN
Beet 2

Jetzt werden auch die unterschiedlichen Kohlsorten in ihrem Beet ausgepflanzt. Der Boden sollte wasserdurchlässig und humusreich sein. Die eingesetzten Pflanzen werden mit einer dünnen Schicht Kompost oder Pferdemist abgedeckt, so stehen dem Kohl während des gesamten Sommers ausreichend Nährstoffe zur Verfügung. Rotkohl kann Ende März vorgekeimt, im April pikiert und im Mai ausgepflanzt werden.

HOLZASCHE AUF DAS BEET MIT DEN ZUVOR AUSGEDÜNNTEN KAROTTEN STREUEN *Beet 5*

Die Karotten müssen ausgelichtet werden, falls sie zu dicht stehen. Anschließend wird Holzasche gestreut. Dies ist ein organischer Dünger, der sich unkompliziert herstellen lässt: So können beispielsweise hölzerne Pflanzen- oder Baumschnittreste verbrannt werden, es kann auch die Asche aus

dem Kaminofen (allerdings ausschließlich Holzasche!) genutzt werden. Sie enthält sehr viel Kalium, Kalk, Magnesium, Phosphor und Mineralstoffe. Holzasche eignet sich sehr gut zur Düngung des Küchengartens.

ROSEN MIT ACKERSCHACHTELHALMTEE BESPRÜHEN *Beet 7, 10, 12*

Bekommen die Rosen schwarz gefleckte Blätter, müssen diese sofort abgeschnitten werden und zusammen mit den he-

WERMUT-SCHACHTELHALMTEE

Zur Herstellung eines Wermut- und Schachtelhalmtees von beiden Kräutern jeweils etwa 15 g mit kochendem Wasser überbrühen, 10 – 15 Minuten abgedeckt ziehen lassen und abseihen. Der Auszug wird unverdünnt direkt auf die Pflanzen gesprüht. Wermut enthält Bitterstoffe, die Blattläuse vertreiben, und riecht recht kräftig, dies wirkt abschreckend auf Schädlinge. Schachtelhalm wirkt aufgrund seiner Mineralstoffe und Spurenelemente generell stärkend auf Rosen.

Nun ist der erste Rhabarber erntereif.
Man kann ihn zu Saft, Kuchen, Kompott oder Marmelade verarbeiten.

runtergefallenen Blättern in den Restmüll gegeben werden, keinesfalls gehören sie auf den Kompost! Anschließend werden die Pflanzen mit Ackerschachtelhalmtee besprüht. Läuse und deren Exkremente lassen sich unkompliziert mit kaltem Wasser abbrausen, dem Wasser zugesetzter Knoblauchauszug wirkt – ebenso wie Wermut – abschreckend auf die Tiere.

ÜBERWINTERTE PFLANZEN IN KÜBEL SETZEN
Kübel stehen zwischen den Beeten

Überwinterte Pflanzen wie Lorbeer, Ananassalbei und Zitronenverbene werden aus dem Winterquartier geholt und – falls erforderlich – in neue Kübel gepflanzt. Die Pflanzen sollten behutsam an die Witterung im Freien gewöhnt werden, sie werden für eine Übergangszeit täglich erst einmal ein paar Stunden an einen schattigen und windgeschützten Platz gestellt, nach etwa einer Woche bis zehn Tagen dürfen sie

dann ständig draußen bleiben. Durch den langen Winter mit wenig Licht sind die Blätter gegenüber der Sonne empfindlich geworden, werden sie unmittelbar der direkten Sonne ausgesetzt, nehmen die Pflanzen möglicherweise Schaden.

STANGENBOHNEN UND KÜRBIS VORKEIMEN

Stangenbohnen und Kürbis werden ab April vorgezogen und im Mai ausgepflanzt. Die Pflanzen brauchen nährstoffreichen Boden und ein sonniges, windstill gelegenes Beet.

KÜCHENGARTEN WÄSSERN UND MULCHEN

Beete, in denen junge Pflanzen heranwachsen, sollten tiefgründig gegossen werden, so steht den Pflanzen selbst dann genügend Wasser zur Verfügung, wenn die Oberfläche einmal austrocknet. Wird der Boden kontinuierlich mit einer dünnen Schicht Grasschnitt gemulcht, verdunstet weniger Wasser.

RHABARBERSAFT

1 kg Rhabarber
½ l Wasser
1 Stange Vanille
200 g Rohrzucker (nach Geschmack auch etwas mehr)

Rhabarberstangen reinigen und in kleine Stücke schneiden. Im Wasser bei schwacher Hitze 20–30 Minuten kochen. Saft in ein Tuch geben, durchseihen und noch 5–6 Std. abtropfen lassen. Saft mit Zucker nach Geschmack aufkochen und am Ende Schaum abheben. Vanillemark hinzufügen, dann in heiß ausgespülte Flaschen füllen und sofort verschließen.

TIPP: Rhabarber darf nicht in einem Aluminiumtopf gekocht werden, seine Säure greift das Metall an, und der Saft wird violett.

JUNI

Jetzt blühen die Rosen! Die ersten Sommerfrüchte der Gartenarbeit können geerntet und schönste Sommerblumensträuße gepflückt werden. Rüben und Kartoffeln werden geerntet, der Spinat macht jetzt den Platz für die Kohlpflanzen frei, und die ersten Erdbeeren können genossen werden. Sie lassen sich ebenso wie Rhabarber hervorragend zu Konfitüre weiterverarbeiten.

DAS IST IM JUNI ZU TUN

AUSSERDEM ZU TUN:

• Bartnelken, Goldlack und Stiefmütterchen zum Vorziehen aussäen
• Bohnen und Gladiolenzwiebeln setzen
• Rosen mit Knoblauchauszug besprühen (Rezeptur siehe Mai)
• erste Erdbeeren pflücken und grüne Stachelbeeren zu Kompott verarbeiten
• Mairübchen und letzten Spinat ernten
• alle reifen Beeren zu Konfitüre verarbeiten
• Kohl mit Wermutauszug besprühen

FALLS DER GARTENPLAN AUS DIESEM BUCH ÜBERNOMMEN WIRD:

• Im Sommer sollte auf allen freien Flächen, auf denen nicht direkt neue Pflanzen gesetzt oder ausgesät werden, sofort Gründüngung ausgesät werden. So wird der Boden geschützt und gestärkt, und unliebsame Unkräuter haben keinen Platz, sich auszubreiten!

‹ *Der Juni ist der Monat, in dem die ersten, selbst gepflückten Erdbeeren genascht werden können!*

ENDLICH SOMMER!

Mit steigenden Temperaturen kann immer mehr geerntet werden: diverse Gemüsesorten, Beeren, Blumen und Kartoffeln. Fällt die Ernte reichlich aus, können die Früchte gelagert werden, der Raum sollte dunkel, luftig und etwas feucht sein, die Temperatur etwa bei 8 Grad liegen. In dem Beet ist nun Platz für Knollen- und Blattsellerie, Stangenbohnen, Rote Bete und Karotten, der Boden hat durch die Kartoffel-Vorkultur eine wunderbar lockere Beschaffenheit. Die Kürbispflanzen ziehen in das Mistbeet um. Die Rosen stehen kurz vor der Blüte, jede Pflanze bekommt noch einmal eine Handvoll organischen Dünger und Kaffeesatz (das fördert das Blattwachstum) und wird gründlich gewässert. In der Wärme vermehren sich leider auch Blattläuse sehr schnell, so werden die Rosen noch einmal mit Knoblauchauszug besprüht und die Blätter behutsam mit der Hand abge-

waschen. Vor allem die jungen Rosentriebe und die Knospen sind anfällig und wenig widerstandsfähig gegen Läusebefall. Die vorgekeimten Stangen- und Strauchbohnen werden jetzt in den Boden gesetzt. Die ersten reifen Erdbeeren des Jahres sind eine himmlische Köstlichkeit; um Vögel fernzuhalten, wird über das Beet ein Netz gebreitet. Jetzt wird auch der letzte Spinat geerntet, die größten Blätter können als Abdeckung in den Gemüsebeeten verwandt oder zerkleinert auf den Kompost gegeben werden. Der vorbereitete Spinat wird eingefroren. Auf das Porreebeet wird noch einmal Pferdemist gegeben und tiefgründig gewässert, und der Eichblattsalat wird ausgesät.

Die ersten Marienkäfer stellen sich ein und sind willkommene Gäste: Sie können die Blattläuse erheblich reduzieren! Die Mairübchen, die im April gesät wurden, sind nun etwa so groß wie Golfbälle und können geerntet werden. Sie machen Platz für weitere Bohnen und eine Reihe Gladiolen.

Die 'Dybdahl'-Erdbeere – eine große, süße und saftige Frucht – lässt sich hervorragend direkt aus dem Beet heraus essen, die Sorte 'Korona' eignet sich hervorragend für die Herstellung von Konfitüre, Saft und Kompott. Nach der Haupternte können die Erdbeerpflanzen durch Porree ersetzt werden und zwischen die Reihen Karotten gepflanzt werden.

Sicherheitshalber sollte der Kohl mit einem Wermutauszug besprüht werden. Eventuell reicht dieses natürliche Mittel, um den Kohl vor den Eiern und Larven des Kohlweißlings

‹ Es ist wunderbar, im eigenen Garten solch schöne Rosen für einen Strauß pflücken zu können. Im Pflanzenführer (Seite 226) sind die einzelnen Sorten beschrieben.

› Der Garten aus der nordwestlichen Ecke gesehen mit dem Blumenbeet im Vordergrund. Die Pflanzen im neu angelegten Gewürzkräuterbeet sind gut angewachsen, erste große, grüne Salatköpfe können geerntet werden.

Die Spargelpflanzen sollten hochgebunden werden, damit sie dem Wind standhalten. Auch andere Stauden – beispielsweise Rittersporn und Fingerhut – sollten eine Stütze bekommen, so können sie ein kräftiges Sommergewitter überstehen.

zu schützen. Sollten Vögel zu viele Beeren fressen, werden die Johannisbeersträucher mit einem Netz abgedeckt.

Die alten Rosensorten und die Englischen Rosen erblühen jetzt in all ihrer Pracht mit einem berauschenden Duft und imposanten Farben. Obwohl die Rosenpflanzen noch sehr jung sind, zeigen sie bereits einen unglaublich reichen Blumenflor; sie lassen sich sehr gut für Blumensträuße verwenden. Aus den sehr dunklen und intensiv duftenden Rosenblättern lässt sich allerbestes Pflegeöl herstellen: Die Blätter werden in eine Flasche gegeben, mit Mandelöl gemischt und kühl gestellt, so gibt es ein gutes Öl im Haus. Ist die Witterung sehr trocken, müssen die Rosen regelmäßig gewässert werden. Daneben wachsen und blühen Stauden, alles wird eingerahmt von Lavendel und Schleifenblumen. Außerdem können jetzt Bartnelken, Goldlack und Stiefmütterchen vorgekeimt werden.

Dill wird häufig auch von Läusen befallen, und die Wurzeln gehen ein. Eine Mischkultur mit Lauch und Karotten trägt zur Schädlingsabwehr bei. Der Salat hat zarte, knackige Köpfe und die Rote Bete feine Wurzeln! Der farbige Mangold sollte möglichst schnell verarbeitet werden.

Die Spargelpflanzen müssen nun hochgebunden werden, damit sie nicht im Wind abknicken, außerdem müssen die Pflanzen jetzt regelmäßig auf abgelegte Eier und Larven des Spargelkäfers hin kontrolliert werden. Die Erbsenpflanzen bilden ihre Hülsen aus. Die Strauchbohnen sind noch nicht

Mairübchen werden im April gesät und können jetzt geerntet werden.

sehr kräftig, und die Stangenbohnen haben bräunliche Blätter! Bohnen und Erbsen sind eher schlechte Nachbarn, eventuell kann eine Reihe gestreifte Rote Bete dazwischen gesät werden, um den Schaden nicht noch zu vergrößern. Aus den grünen Stachelbeeren kann nun Kompott gemacht werden.

In gewitter- und regenreichen Gegenden sollten Stauden eine Stütze erhalten, so kann beispielsweise auch der Fingerhut an einem Bambusstock festgebunden werden. Nicht alle Pflanzen können vor Unwettern geschützt werden, mit Verlusten muss leider immer wieder gerechnet werden.

❮ *Mairübchen sind den Radieschen ähnlich, jedoch etwas milder und knackiger und bei ihrer Ernte etwa so groß wie ein Golfball.*

*Besonders jetzt ist es wunderbar, einen Garten zu haben:
Die Blumen scheinen nur darauf zu warten, für einen Sommer-
strauß ausgewählt zu werden. Das Gemüse wächst überall
üppig und wird entweder direkt – von der Hand in den Mund –
nach der Ernte genüsslich verzehrt oder aufwendiger zubereitet
als leckere Mahlzeit genossen!*

SO SIEHT DER GARTEN IM JUNI AUS

Die Erbsen bilden Hülsen aus, die ersten Stachelbeeren sind reif für die Ernte, und die Kartoffeln machen Platz für neues Gemüse. Die Johannisbeersträucher werden mit einem Netz vor Vögeln geschützt, im gesamten Garten ist jetzt sehr viel zu ernten. Und überall blühen die Sommerblumen …

OSTEN

NORDEN

SÜDEN

WESTEN

DIE BEETE IM JUNI

Auf den folgenden Seiten sind die Bepflanzungen sowohl der vergangenen als auch der bevorstehenden Gartensaison für jedes einzelne Beet im Monat Juni beschrieben. Zur Übernahme dieser Gestaltungsvorschläge finden sich weitergehende Informationen im Kapitel »Die Beete des Gartens – Pflanze für Pflanze« (Seite 222), der Pflanzenführer auf Seite 226 informiert detailliert über die einzelnen Pflanzen. Hier sollte beachtet werden, dass Pflanzen, die mit einem * markiert sind, bereits vor Beginn des Gartenprojektes gesät oder gepflanzt wurden.

BEET 1: Der Spargel* wird hochgebunden und nach abgelegten Eiern und Larven des Spargelkäfers abgesucht. In diesem Beet stehen auch Petersilie und Tomaten. Im Mistbeet wird Kürbis angepflanzt und mit Kapuzinerkresse umgeben. Zwischen Beet 1 und 2 stehen Steinkraut und Buntschopfsalbei, Schnittlauch* wächst entlang der Kanten und am Fußweg.

BEET 2: Rotkohl, Grünkohl und Rosenkohl werden mit Wermutauszug gespritzt, Spitzkohl und Strauchbohnen ausgepflanzt. Die letzten Mairübchen werden geerntet, Gladiolenzwiebeln werden jetzt eingepflanzt. Die Erbsen blühen und bilden Hülsen aus. Zwischen Beet 2 und 3 wächst Hörnchenkürbis.

BEET 3: Erste Erdbeeren sind reif und können geerntet werden. Gegen hungrige Vögel werden die Pflanzen mit einem Netz abgedeckt, daneben stehen Dahlien.

BEET 4: Im Kartoffelbeet sind Kartoffeln und Spinat bereit zur Ernte. Die Bohnen werden an einer Stange gepflanzt und festgebunden. Außerdem werden hier Rote Bete, Pflücksalat und Karotten gesät. Auf das Porreebeet wird etwas Pferdemist gegeben.

BEET 5: Das Salatbeet ist dicht bestellt mit den unterschiedlichsten Salaten, zusätzlich wachsen hier noch Rote Bete. Der Dill muss vor Läusen geschützt werden. Pastinaken, Römersalat, Zwiebeln und Karotten wachsen dagegen unbeschadet heran.

BEET 6: Im neu angelegten Gewürzkräuterbeet stehen Thymian, Salbei, Großblütige Bergminze, Bergminze, Rosmarin, französischer Estragon, Currypflanze, Ysop, Wermut, Oregano und Katzenminze einträchtig beieinander.

BEET 7: Die Rosen* sind kurz vor dem Aufblühen, sie werden regelmäßig gewässert, mit Knoblauchauszug gespritzt und erhalten noch einmal eine Portion organischen Dünger. Zahlreiche Sommerblumen und Stauden wachsen in diesem Beet. Sehr filigrane oder hohe Stauden werden festgebunden.

BEET 8: Hier wachsen Sommerblumen und Stauden*.

BEET 9: Die Himbeeren wachsen und gedeihen.

BEET 10: Mangold, Rhabarber und Stachelbeeren können geerntet werden. Sommerblumen blühen.

BEET 11A + B: Die Gewürzkräuter* können geerntet werden.

BEET 12: Entlang der Terrasse beginnen die Rosen* zu blühen, sie werden regelmäßig gewässert und mit Knoblauchauszug gespritzt. Außerdem wachsen hier Lavendel* und Thymian*.

BEET 13: Die Rosen* werden regelmäßig gegossen und mit Knoblauchauszug gespritzt. Über die Johannisbeersträucher* wird ein Netz gelegt.

Der Kohl wird mit Brennnesselauszug gegossen. Mit den Kohlblättern lassen sich sehr gut große Sommerblumensträuße einfassen.

DAS IST IM JUNI ZU TUN

KARTOFFELERNTE *Beet 4*

Eine goldene Regel besagt, dass Kartoffeln geerntet werden können, wenn die ersten Blumen blühen. Die kleinen, leckeren Frühkartoffeln werden geerntet, sobald sie blühen. Da sie schlecht zu lagern sind, werden die Früchte lediglich bei Bedarf geerntet, der Rest verbleibt vorübergehend im Boden. Die späteren Sorten sind von Ende Juli bis September erntereif. Das Kartoffelbeet wird am besten schon im Herbst des Vorjahres bereitet, hierzu wird Kompost und gegebenenfalls auch noch verrotteter Pferdemist in den Boden eingearbeitet. Die Pflanzen dürfen auf keinen Fall überdüngt werden, das schwächt sie und macht sie anfällig für Krankheiten. Zu viel Kalk im Boden erhöht das Risiko eines Kartoffelschorfbefalls an der Knolle. Kartoffeln sollten bei trockenem Wetter geerntet und die ausgegrabenen Pflanzenteile sofort aus dem Kartoffelbeet entfernt werden. Die Pflanzen sollten jeden Tag kontrolliert werden, so kann ein Pilzbefall möglichst früh entdeckt werden. Damit sich die Krautfäule nicht ausbreiten kann, müssen die befallenen Pflanzenteile umgehend entfernt und im Restmüll entsorgt werden, denn eine Pilzinfektion kann sich im Laufe weniger Tage auf dem gesamten Beet ausbreiten und auch die Knollen schädigen.

KÜRBISSE INS MISTBEET AUSPFLANZEN *Beet 1*

Die Kürbisse, die im Mai in Töpfen vorgezogen wurden, können nun in das Mistbeet ausgepflanzt werden. Sie brauchen sehr viel Platz und sehen wundervoll aus!

ROSEN DÜNGEN UND GIESSEN *Beet 7, 12*

Jetzt blühen die Rosen auf, sie verströmen wirklich betörende Düfte. Historische Rosen und Englische David-Austin-Rosen eignen sich aus mehreren Gründen sehr gut für Gärten in

MARIENKÄFER – FREUNDE DES GÄRTNERS

Sowohl die erwachsenen Marienkäfer als auch deren Larven fressen während des Sommers unzählige Blattläuse. Bei Blattlausbefall im Treibhaus oder auf Topfpflanzen sollten einige Marienkäfer bzw. deren Larven gesammelt werden und auf die befallenen Pflanzen gesetzt werden. Die Larven der Marienkäfer sind grauschwarz mit orangefarbenen Tupfen und schwarzen Warzen auf dem Rücken.

Mangold gibt es mit weißen, gelben, roten sowie pink- und orangefarbenen Stängeln, vom Rippen- oder Stielmangold werden vor allem die Stängel, vom Blattmangold die Blätter verwendet. Sie haben einen milden Geschmack und können roh und gekocht verzehrt werden.

Neue Kartoffeln!

Eine goldene Regel besagt, dass Kartoffeln geerntet werden können, wenn die ersten Blumen blühen. Zur Ernte werden die Pflanzen kurz über dem Boden gefasst, herausgezogen und die Knollen aufgelesen!

1. 'Louise Odier' duftet herrlich und intensiv. 2. 'Mary Rose' mit rosafarbenen Blüten. 3. 'The Prince' mit dunkelroten bis lilaroten Blüten.

unseren Breitengraden: Sie kommen ausgezeichnet mit den Wachstumsbedingungen zurecht und sie verbinden hervorragend die Eigenschaften alter Rosensorten – deren Duft und Aussehen – mit der Widerstandsfähigkeit und langen Blüte moderner Rosen. Mehr über diese Rosenarten steht im Pflanzenführer (Seite 226). Die Rosen gedeihen gut in humusreicher, wasserdurchlässiger, nährstoffreicher Erde an einem sonnigen Ort. Sie werden mit einem organischen Dünger gedüngt, er enthält sowohl Kuh- als auch Vogelmist, ist als Granulat erhältlich und lässt sich unkompliziert auf dem Boden

ausbringen. Die Nährstoffe werden nach und nach abgegeben, so ist eine konstante Zuführung während der gesamten Wachstumsperiode gewährleistet. Dieser Dünger sollte im Frühjahr und dann noch einmal im Juni ausgestreut werden. Er kann auch sehr gut in Töpfen oder Gefäßen verwendet werden, also dort, wo sich Kompost oder Pferdemist nur mühsam ausbringen lässt.

Kontinuierliches, tiefgründiges Wässern ist in dieser Jahreszeit wichtig. Ist abzusehen, dass der Garten in diesen heißen Tagen einmal nicht regelmäßig gegossen werden kann,

ENGLISCHE UND HISTORISCHE ROSEN – EIN UNTERSCHIED

Genau genommen ist unter einer historischen Rose eine Pflanzensorte zu verstehen, die bereits vor 1867 kultiviert wurde, allerdings gibt es immer wieder Missverständnisse in der Abgrenzung zu Englischen Rosen. Eine Englische Rose hingegen ist unmissverständlich zu definieren: Sie wurde von der englischen Rosenfirma Austin gezüchtet. Diese Rosen sind Kreuzungen zwischen historischen Rosen und modernen Rosen.

NEUN ROSENFAVORITEN

'MARY ROSE': sehr widerstandsfähige, mittelgroße Buschrose mit rosafarbenen Blüten und einem herrlichen Duft

'NEW DAWN': Kletterrose mit zartrosa, duftenden Blüten, blüht, bis der Frost einsetzt

'LOUISE ODIER': mittelgroße Buschrose oder niedrige Kletterrose, mit rosafarbenen, intensiv duftenden Blüten, blüht, bis der Frost einsetzt

'THE PRINCE': kleine Buschrose mit sehr dunkel- bis lila-roten Blüten, kräftiger Duft einer historischen Rose

'ROSE DE RESCHT': mittelgroße Buschrose mit karminro-ten, intensiv duftenden Blüten

'GERBE ROSE': Schlingrose mit rosa Blüten und einem Goldauge, duftet herrlich

'GERTRUDE JEKYLL': mittelgroße Buschrose oder niedrige Kletterrose mit dunkelroten, intensiv duftenden Blüten

'COMTE DE CHAMBORD': mittelgroße Buschrose mit dunkelroten, intensiv duftenden Blüten

'JACQUES CARTIER': mittelgroße Buschrose mit rosa, in-tensiv duftenden Blüten

sollte er zuvor gründlich gewässert werden. Hierzu wird beispielsweise der Wasserschlauch zwischen den Beeten verlegt und der Wasserhahn nur ein wenig geöffnet, so kann das Wasser über mehrere Stunden behutsam tief in den Boden einsickern. Ein ähnlicher Effekt wird erzielt, indem in einen großen Eimer ein kleines Loch gebohrt und der mit Wasser gefüllte Eimer dort hingestellt wird, wo gewässert werden soll. Am besten jedoch ist es, Nachbarn zu bitten, alle Pflanzen während des Urlaubs regelmäßig zu versorgen.

ROSENÖL

Zutaten: Mandelöl, Rosenblütenblätter

Die duftendsten Rosenblütenblätter werden in ein kleines verschließbares Fläschchen gegeben. Mit Mandelöl übergießen, die Flasche verschießen und kühl stellen. Fertig ist das Körperöl!

Jetzt können reichlich Rosen für üppige Sträuße gesammelt werden, wie die 'Rose de Rescht' (rot) oder die 'New Dawn' (zartrosa).

Endlich können Erdbeeren geerntet werden! Noch ist das Beet mit einem Netz bedeckt, um die leckeren Früchte vor hungrigen Vögeln zu schützen. Die Beeren können zu Kompott, Saft oder Konfitüre verarbeitet werden – sie schmecken aber auch direkt von der Hand in den Mund wunderbar!

BOHNEN UND STANGENBOHNEN PFLANZEN *Beet 2, 4*

Jetzt können entweder die im Mai vorgekeimten Pflanzen umgesetzt werden oder die Samen direkt in den Boden gesät werden. Die Pflanzen gedeihen sehr gut in nährstoffreicher Humuserde an einem windstillen, sonnigen Platz. Vorgekeimte Bohnen sollten an einem windstillen Tag in einem Abstand von 15 cm ausgepflanzt werden, denn der Wind kann den zarten Pflänzchen sehr zusetzen, sie können sich verdrehen, abknicken und welken. Werden mehrere Bohnenreihen gepflanzt, sollte bei Strauchbohnen zwischen den Reihen ein Abstand von 50 cm, bei Stangenbohnen von 60 cm eingehalten werden. Die Pflanzen werden anschließend tiefgründig gewässert. Sollen Samen gesät werden, wird zunächst eine Rille von etwa 5 cm Tiefe gezogen, gewässert, die Bohnen in einem Abstand von 5 cm hineingelegt, mit Erde bedeckt und leicht festgedrückt. Sowohl die gepflanzten Buschbohnen als auch die ausgelegten Samen werden in der ersten Woche zum Schutz vor Wind und Vögeln mit einem Pflanzenvlies bedeckt. Das Beet sollte täglich kontrolliert werden, da Schnecken diese zarten Pflänzchen und frischen Keimlinge bevorzugen.

ERDBEER-RHABARBER-KONFITÜRE

1 kg Erdbeeren
½ kg Rhabarber
600 g Rohrzucker (eventuell aus biologischem Anbau)
½ Vanillestange (eventuell aus biologischem Anbau)
Saft einer halben Zitrone (eventuell aus biologischem Anbau)

Erdbeeren waschen, Stiel und Blätter abtrennen. Rhabarberstiele reinigen und in etwa 1 cm dicke Stücke schneiden. Die Früchte abwechselnd in einen Topf mit dickem Boden schichten, den Rohrzucker und die Vanillestange hinzufügen und alles 3–4 Stunden ziehen lassen, bis sich aus den gezuckerten Früchten Saft bildet. Dann alles langsam zum Kochen bringen und den Zitronensaft hinzufügen, die Fruchtmischung etwa 10 Minuten köcheln lassen. Schaum vorsichtig abschöpfen und den Topf vom Herd nehmen. Die Früchte werden in zuvor mit heißem Wasser sehr gründlich gereinigte Gläser gefüllt. Den Saft noch etwa 10 Minuten einkochen und danach über die Früchte in den Gläsern gießen und die Gläser sofort verschließen.

TIPP: Ist der Konfitürensaft zu dünnflüssig, wird er mit ½ bis 1 TL Gelierpulver mit 1 EL Zucker vermischt. Nochmals kurz aufkochen lassen und dann über die Früchte gießen.

Erdbeeren

'Dybdahl-Erdbeeren' sind größer, süßer und saftiger als 'Korona'. Letztere werden vor allem für Konfitüre, Saft und Kompott verwendet.

SPARGEL – EIN GEMÜSE FÜR GEDULDIGE

Spargel gedeiht sehr gut auf fast jedem Boden – unter drei Voraussetzungen: Der Boden muss regelmäßig gut gelockert werden, er darf keine Staunässe aufweisen und muss genügend Kalk enthalten (pH-Wert 7,0). Boden, der saurer ist, bekommt ab und zu eine Gabe Urgesteinsmehl. Es dauert etwa drei Jahre, bevor neu gepflanzter Spargel das erste Mal geerntet werden kann. Letzter Erntetag ist üblicherweise der Johannistag, danach braucht die Pflanze Ruhe, um im verbleibenden Sommer neue Energie für das kommende Jahr zu sammeln. Spargel sollte bei Windstille gepflanzt werden, damit die Pflanzen nicht im Wind abknicken.

NETZE ÜBER BEEREN LEGEN *Beet 3, 13*

Unterschiedliche Wetterverhältnisse, Vögel und diverse Schädlinge können dem Küchen- und Ziergarten sehr zusetzen. Zum Schutz sollte rechtzeitig über Johannisbeersträucher und die Erdbeerbeete ein Netz gebreitet werden.

PFERDEMIST ÜBER PORREE GEBEN *Beet 4*

Porree ist ein Starkzehrer, der intensive Pflege braucht. Die kleinen Porreepflanzen müssen zunächst Wurzeln bilden, bevor sie das erste Mal gedüngt werden. Mit einer Schicht Pferdemist wird eine konstante Nahrungszufuhr sichergestellt, und der Boden wird vor dem Austrocknen geschützt.

HOHE PFLANZEN ANBINDEN *Beet 1, 7, 13*

Kräftige Sommerunwetter können insbesondere zarte Pflanzen stark schädigen, daher sollten Spargel und Stauden – beispielsweise Rittersporn und Fingerhut – vorsorglich an ent-

‹ Die Korbkegel bieten den Erbsen bei Wind und Wetter Halt.
Die Pflanzen blühen und bilden schon erste Hülsen aus. Die Früchte
können gegessen werden, vorher muss die Schale entfernt werden.

Es gibt interessante neue Rote-Bete-Sorten, beispielsweise die rot oder weiß gestreifte 'Chioggia'.

sprechenden Stützen festgebunden werden. Gut gedüngter Spargel wächst stark in die Höhe, die filigrane Pflanze hat in sich keinen Halt im Wind. Zum Abstützen der Spargelpflanzen werden in den Ecken des Beetes kräftige Stäbe versenkt und ein bis zwei Schnüre darumgespannt. Als Faustregel für das Aufstellen aller Stützen gilt: Etwa ein Drittel des Stützpfahls wird im Boden eingegraben. Die Stängel des Rittersporns können an einem Bambusstab festgebunden werden.

EICHBLATTSALAT, KAROTTEN UND (GESTREIFTE) ROTE BETE AUSSÄEN *Beet 4*

Sobald die Kartoffeln geerntet sind, können Eichblattsalat, Karotten und gestreifte Rote Bete als Nachkultur in das Beet gesät werden. Karotten können auch zwischen die Porreereihen gesät werden, sie gedeihen gut an sonnigen Plätzen in einer Mischung aus Sand und Humus. Pflücksalat mag nähr-

stoffreiche Erde, und Rote Bete können in handelsübliche Humuserde gesät werden.

EIER UND LARVEN DES SPARGELKÄFERS AUS DEM BEET ENTFERNEN *Beet 1*

Eier und Larven des Spargelkäfers können Spargelpflanzen nachhaltig schädigen. Der orangerote Käfer ist etwa einen halben Zentimeter lang und hat schwarz-gelbe Zeichnungen auf dem Rücken. Sowohl die Larven – sie sind grünlich mit schwarzem Kopf – als auch die erwachsenen Käfer schädigen den Spargel, indem sie die Spargelköpfe und die -spitzen abnagen. Um die Schädlinge von den Pflanzen zu entfernen,

BEDROHTE STACHELBEEREN

Die Larven der Stachelbeerblattwespe können einen Stachelbeerbusch in kürzester Zeit vollständig entlauben. Sie sind hellgrün/gelblich mit schwarzen Warzen, am besten werden sie entfernt, indem ein weißes Tuch unter den Busch gelegt und dieser geschüttelt wird, so fallen die Larven von dem Busch ab und können – zusammen mit dem Tuch – vernichtet werden. Werden die Larven nicht entfernt, verpuppen sie sich in der Erde direkt unter dem Busch und zeugen dort eine neue Generation. Lassen sich nicht alle Larven entfernen, sollte der Boden unter dem Busch gut kultiviert werden, um die Larven einzudämmen.

werden die grünen Spitzen durch die Hände gezogen und die Käfer dabei abgesammelt. Nach einem Käferbefall sollten die Pflanzen im Herbst bis zum Boden abgeschnitten werden, um dem Befall im kommenden Jahr vorzubeugen.

REICHLICHE ERNTE BEI DEN GEWÜRZKRÄUTERN

Fällt die Ernte bei den Gewürzkräutern sehr reichlich aus, kann man diese wunderbar konservieren. Hier ein paar Tipps: Aus Lavendel lässt sich hervorragend ein Lavendelzucker herstellen, er eignet sich sehr gut für die dekorative Gestaltung von Kuchen, das gilt auch für Zitronenmelisse. Minze wird gerne in Cocktails verwendet. Aus Rosmarin, Thymian und Oregano lassen sich wunderbare Kräutersalze herstellen. Fein gehackte Pfefferminze schmeckt sehr gut auf Schokoladenkuchen, und Zitronenbasilikum harmoniert hervorragend mit Fisch und Geflügel. Einige Rezepte finden Sie im Juli-Kapitel.

‹ *Ein zarter Sommerblumenstrauß mit Rosen, Storchenschnabel und Lavendel.*

› *Gewürzkräuterbeet mit unterschiedlichen Thymian-Sorten (rosa), Lavendel (lila), Bergminze, Currypflanze (grau mit gelben Blüten) und buntem Salbei (mit weiß-grün-rosa gefärbten Blättern).*

JULI

Im Juli bietet der Garten ein wahres Feuerwerk mit Kaskaden farbenprächtigster Blumen, Beeren und Gemüsesorten. Jetzt werden Stachelbeeren, Himbeeren, Rote und Schwarze Johannisbeeren gepflückt, Gewürzkräuter gesammelt und die reiche Ernte für die kalte und dunkle Jahreszeit konserviert.

DAS IST IM JULI ZU TUN

AUSSERDEM ZU TUN:

- Das Zuhause kann jetzt üppig mit Blumensträußen geschmückt werden: Schafgarbe, Ziertabak, Kapuzinerkresse, Dill, Erbsenblüten, Ehrenpreis, Ringelblume, Lavendel, Bartnelken und viele andere Blumen – nicht zuletzt natürlich Rosen – ergeben herrliche Bouquets!
- Rote Bete, Zwiebeln, Karotten und Gewürzkräuter ernten
- Beete jäten
- Garten genießen!

FALLS DER GARTENPLAN AUS DIESEM BUCH ÜBERNOMMEN WIRD:

- Erdbeeren werden von Juli bis September gepflanzt, so kann mit einer reichen Ernte im kommenden Jahr gerechnet werden. Pak Choi (ein naher Verwandter des Chinakohls), Römersalat, Zucker- und Markerbsen werden jetzt ausgesät, sofern dies nicht schon im Frühjahr passiert ist.

‹ In diesem Monat quillt der Garten über vor Leckereien, es gibt viel zu ernten, mit Freunden zu teilen und zu konservieren.

DER KÜCHENGARTEN VEREINT NUTZ- UND ZIERGARTEN

Zahlreiche wunderschöne Rosen, Stauden und Sommerblumen und unzählige schmackhafte Obst- und Gemüsesorten sind im Küchengarten vereint.

Aus dem Küchengarten ist mittlerweile schon fast eine kleine »Landwirtschaft« geworden, nun werden – im wahrsten Sinne des Wortes – die Früchte der eigenen Arbeit geerntet! Unter dem Gewicht der zahlreichen Beeren neigen sich die Zweige der Beerensträucher stark zu Boden, der Ziergarten macht seinem Namen alle Ehre,

ständig zieren frische Blumensträuße das Zuhause. Die Platterbsen tragen umso mehr Früchte, je mehr geerntet werden. Der hochgewachsene Ehrenpreis mit seinen helllila Blütenähren bewegt sich sacht im Wind und begleitet kleidsam die Kletterrosen 'New Dawn' an der Terrasse. Der Baldrian mit seinen winzigen Blüten sendet einen süßen Duft durch den gesamten Garten. Die sehr großen Stauden wurden bereits im letzten Jahr ausgesät, sie geben dem Garten eine Struktur in unterschiedlichen Höhen und fügen sich sehr harmonisch in die Beete ein. Jetzt gibt es täglich eine Schüssel voll knackigfrischem Salat – die Zutaten wurden aus allen Beeten geerntet: Kleine Rote Bete, Zwiebeln, Karotten, Gewürzkräuter und die essbaren Blüten von Ringelblumen, Borretsch, Buntschopfsalbei und Kapuzinerkresse runden das Gesamtwerk geschmacklich und optisch ab! Nach dem geernteten Knoblauch wird Pflücksalat gesät.

Die Beete lassen sich nach einem Regen erheblich einfacher jäten. Die Früchte vom Mandel- und Gartenkürbis wachsen – dank Pferdemist – hervorragend, flankiert von Kapuzinerkresse. Die Markerbsen haben nun die richtige Größe und den richtigen Geschmack – süß. Gut geschützt durch dicke Handschuhe, lange Hosen und einen langärmligen Pullover werden die letzten roten, süßen Stachelbeeren gepflückt – kein ungetrübtes Vergnügen, aber Kompott und Konfitüre, die aus diesen Früchten bereitet werden, sind alle Anstrengungen wert! Gewürzkräuter werden in Sträußen zu-

> *Im Juli kann eine große Blütenpracht bewundert werden, wenn rechtzeitig und ausreichend im Frühjahr gesät oder gepflanzt wurde.*

»Möchtest du einen Tag glücklich sein, so betrinke dich. Möchtest du eine Woche glücklich sein, so beschenke dich. Möchtest du das ganze Leben glücklich sein, so lege einen Garten an!«
(Japanisches Sprichwort)

sammengefasst und zu Hause zum Trocknen aufgehängt: Der Kräuterbedarf für den Winter ist gedeckt.

Zitronenthymian und Oregano werden zu Kräuterölen, Dill, Thymian, Estragon und Himbeeren zu Essig verarbeitet. Andere Gartenkräuter werden als Kräutertee zusammengestellt, vor allem Minze und Zitronenverbene. Diese Kräuter sind unglaublich ergiebig, für den leckeren Kräutertee an kalten Wintertagen ist also gesorgt. Auch Schnaps kann jetzt produziert werden: Dill, Thymian, Basilikum, Wermut und

Johanniskrautblüten werden in Flaschen gegeben, die dann entweder mit klarem Schnaps oder Wodka aufgefüllt werden. Kräuterschnaps mit Johannisbeeren ist eine besondere Köstlichkeit! Zieht ein Johannisbeerschnaps mehrere Jahre, bekommt er eine Konsistenz und einen Geschmack wie Likör. Jetzt werden Schwarze und Rote Johannisbeeren und Rhabarber geerntet, Himbeeren und die letzten Erdbeeren gepflückt.

Die Rosen werden zum letzten Mal in diesem Jahr gedüngt und danach noch einmal tiefgründig gegossen. Auf Krankheitsanzeichen oder Läusebefall muss sofort reagiert werden. Der schöne purpurfarbene Mohn entfaltet seine Blüten, die Samen können geerntet werden.

Die Stangenbohnen tragen nun auch Früchte. Der nachgesäte Pflücksalat keimt mittlerweile, und die Brombeerenhecken haben erste Früchte. Der Kohl wird noch einmal vorbeugend gegen Kohlweißlinge mit Wermutauszug abgebraust. Zwiebeln und Karotten werden geerntet, als Nachkultur wird Fenchel gesät. Die Seitentriebe der Tomatenpflanzen werden behutsam abgegeizt und die Pflanzen angebunden.

› Der Erntekorb ist gut gefüllt mit Gewürzkräutern, Salat, Kürbis, Zwiebeln und essbaren Blüten – die ganze Familie kann versorgt werden. Rechts sind Schalotten, Küchenzwiebeln und Knoblauch zu sehen.

‹ Zwiebel- und Karottenernte im Beet 5. Die Stangenbohnen sind mittlerweile fast zwei Meter groß, und der Kohl hat sehr dekorative Blätter.

Im Juli bietet der Garten einen hinreißenden Anblick, alles blüht und gedeiht in den schönsten Farben. Bleibt der Regen aus, muss ausreichend gewässert werden.

JULI

SO SIEHT DER GARTEN IM JULI AUS

Sonnengereifte Früchte und unterschiedlichste Gemüsesorten kommen jetzt frisch auf den Tisch. Gibt es eine besonders gute Ernte, können viele Vorräte angelegt werden, die dann in der dunklen, kalten Jahreszeit eine fröhliche Erinnerung an den vergangenen, wunderbaren Sommer sein werden. Nach wie vor können noch Sommerblumen gepflanzt werden.

OSTEN

NORDEN

SÜDEN

WESTEN

DIE BEETE IM JULI

Auf den folgenden Seiten sind die Bepflanzungen sowohl der vergangenen als auch der bevorstehenden Gartensaison für jedes einzelne Beet im Monat Juli beschrieben. Zur Übernahme dieser Gestaltungsvorschläge finden sich weitergehende Informationen im Kapitel »Die Beete des Gartens – Pflanze für Pflanze« (Seite 222), der Pflanzenführer auf Seite 226 informiert detailliert über die einzelnen Pflanzen. Hier sollte beachtet werden, dass Pflanzen, die mit einem * markiert sind, bereits vor Beginn des Gartenprojektes gesät oder gepflanzt wurden.

BEET 1: Im Spargelbeet wird der Knoblauch* geerntet, als Nachkultur wird vorgekeimter Pflücksalat gepflanzt. Die Tomaten werden ausgegeizt und an einem Metallstab festgebunden. Außerdem wachsen noch Petersilie, Buntschopfsalbei, Schnittlauch* und Mairübchen* in diesem Beet. Im Mistbeet wird Kürbis geerntet.

BEET 2: Im Kohlbeet wachsen Rotkohl, Grünkohl, Rosenkohl und Spitzkohl, alle Kohlpflanzen werden mit Wermutauszug abgebraust. Die Markerbsen am Korbkegel können jetzt geerntet werden. Schmuckkörbchen und Gladiolen* blühen.

BEET 3: Im Erdbeerbeet* stehen zahlreiche Dahlien, die letzten Erdbeeren werden geerntet.

BEET 4: Hier wachsen Dahlien, Knollensellerie, Blattsellerie und Bohnenkraut, Stangenbohnen ranken an einem Holzgestell in die Höhe. Rote Bete* und Karotten werden geerntet.

BEET 5: Im Salatbeet können jetzt verschiedene Salate, Zwiebeln und Karotten geerntet werden. Hier gedeihen auch Rote Bete und Pastinaken. Nachkultur ist Knollenfenchel.

BEET 6: Die aus dem neu angelegten Gewürzkräuterbeet geernteten Kräuter werden entweder zu Schnaps und Essig weiterverarbeitet oder auch getrocknet.

BEET 7: Im Blumenbeet gedeihen die Rosen* prächtig, sie werden noch einmal gedüngt und dann tiefgründig gewässert. Ein Blumenteppich aus schönsten Sommerblumen und Stauden blüht hier, auch hier werden kontinuierlich die welken Pflanzenteile abgeschnitten. Der Kirschapfelbaum hat jetzt grüne Blätter.

BEET 8: Stauden* und Sommerblumen leuchten um die Wette. Welke Blüten werden abgeschnitten.

BEET 9: Himbeeren* werden geerntet.

BEET 10: Hier stehen Beerensträucher, deren Beeren jetzt – ebenso wie der Rhabarber – erntereif sind.

BEET 11A + B: Auch die Gewürzkräuter in diesen Beeten werden geerntet.

BEET 12: Die Terrasse ist umgeben von einem blühenden Rosenspalier*, die Rosen werden noch einmal gedüngt und gründlich gewässert. Der Lavendel* rankt sich dunkellila durch den Garten, die Brombeerhecke* blüht und trägt die schönsten Früchte.

BEET 13: Im Blumenbeet stehen Schwarze Johannisbeeren*, die geerntet werden können. Der Lavendel* blüht, und Stauden* und Sommerblumen machen das Beet zu einer bunten Augenweide. Welke Blüten werden abgeschnitten. Korbkegel mit Erbsenblüten.

Der Ehrenpreis hat lange Blütenstände, die schönen weißen Schirme gehören zum Arznei- oder Hügelbaldrian.

DAS IST IM JULI ZU TUN

KNOBLAUCH ERNTEN UND VORGEKEIMTEN PFLÜCKSALAT PFLANZEN *Beet 1*

Der Knoblauch wird geerntet, wenn das Laub gelb und trocken wird. Er wird leicht gelockert, aus dem Boden gezogen, von der gröbsten Erde befreit und zum Trocknen an einem luftigen Ort aufgehängt. Das Beet wird von unliebsamen Unkräutern, Steinen und allem, was ebenfalls nichts in einem Beet zu suchen hat, befreit, mit der Harke glatt gezogen und dann Pflücksalat eingesät.

SALATE UND ESSBARE BLÜTEN ERNTEN *Beet 5 und Blumenbeete*

Die Salatschüssel kann jetzt zur Abwechslung auch einmal üppig mit essbaren Blüten dekoriert werden – ein schmückender Appetitanreger! Kapuzinerkresse schmeckt scharf, pfefferartig, Löwenzahn hat einen leicht bitteren Geschmack, Schnittlauch und Knoblauch-Schnittlauch haben einen milden Zwiebelgeschmack.

ERSTE KÜRBISSE UND MARKERBSEN ERNTEN *Beet 1, 2*

Auch wenn nicht alle Kürbisse selbst verwendet werden, so müssen die Früchte doch stets geerntet werden, bevor sie zu groß werden. Ansonsten wird sehr viel Energie dafür verwendet, eine Riesenfrucht auszubilden. Bereits vorhandenen, kleinen Kürbissen fehlt diese Energie, und sie gehen nach und nach zugrunde. Auch die Markerbsen sind nun knackig und können geerntet werden.

GEWÜRZKRÄUTER ERNTEN UND VERARBEITEN *Beet 6, 11a + b*

Gartenkräuter können zur Herstellung von Essig, Öl oder Schnaps verwandt werden; getrocknet eignen sie sich hervorragend als Winter-Tee. Zitronenthymian und Oregano lassen sich wunderbar zur Herstellung eines schmackhaften Öls verwenden. Dill, Thymian, Estragon und Himbeeren können

GELEE AUS ROTEN UND SCHWARZEN JOHANNISBEEREN

1 kg Rote oder Schwarze Johannisbeeren
200 ml Wasser
750 – 1000 g Zucker (pro 1 l Saft)
Safttüte oder Tuch, Messbecher

Gewaschene Beeren in einen Topf geben. Wasser darübergießen und langsam zum Kochen bringen. Bei schwacher Hitze etwa 15 Minuten kochen, bis die Beerenschalen aufplatzen. Die Mischung durch eine Safttüte oder ein Tuch geben und einige Stunden über einer Schüssel abtropfen lassen. Die Saftmenge mit einem Messbecher ermitteln und mit der entsprechenden Zuckermenge 10 Minuten kochen. Gelierprobe machen. Abschäumen und in kleine, heiß ausgespülte Patentgläser füllen. Nach dem Abkühlen verschließen.

Saftige Sommerbeeren

Die Sträucher tragen jetzt schwer an den Schwarzen und Roten Johannisbeeren, reifen Himbeeren und Stachelbeeren.

Es ist Zeit für die Ernte von Roter Bete und Karotten. Im Mistbeet breiten sich die reifen Zucchini aus. Am Rand gedeiht Kapuzinerkresse.

sehr gut zur Herstellung von Essig verwandt werden. Viele Kräuter können für einen Kräutertee zusammengestellt werden, zum Beispiel Pfefferminze und Zitronenverbene. Dill, Thymian, Basilikum, Wermut und Johanniskrautblüten werden in Flaschen gegeben und mit einem klaren Schnaps oder Wodka aufgefüllt. Siehe Rezepte auf Seite 118.

BEEREN UND RHABARBER ERNTEN *Beet 9, 10, 13*

Der Garten quillt mittlerweile über vor Leckereien, jetzt muss alles zügig geerntet und Gemüse, das sich dafür eignet, eingefroren werden. So kann der Speiseplan an kalten Wintertagen mit Produkten aus dem eigenen Garten bereichert werden.

Für die Himbeer- und Stachelbeerernte werden am besten ein langärmliger Pullover, lange Hosen und Handschuhe angezogen! Ernte und Rückschnitt können bei den Beeren gut miteinander verknüpft werden: Hierzu werden die älteren

Kürbisse müssen regelmäßig geerntet werden, damit die Energie nicht für die Entwicklung einer Riesenfrucht aufgewendet wird.

Triebe direkt im Anschluss an die Ernte bis zum Boden zurückgeschnitten. Himbeeren tragen ein Jahr nach dem Austrieb neuer Ruten Früchte, diese Zweige werden direkt nach der Ernte bis zum Boden zurückgeschnitten. Insgesamt sollten 5–7 kräftige, gesunde Triebe stehen bleiben. Sie gedeihen in wasserdurchlässigen Böden und können vom Frühjahr bis in den Herbst gepflanzt werden.

Stachelbeeren tragen am zwei- bis dreijährigen Holz. Ein gepflegter Beerenstrauch sollte etwa acht bis zehn Triebe haben, so kann er luftig und mit ausreichend Licht heranwachsen, Pilzkrankheiten werden vermieden. Wird ein neues

Erdbeerbeet angelegt, sollten die Pflanzen zwischen Juli und September gesetzt werden. Nach der Ernte werden die Beete mit halb verrottetem Kompost oder organischem Dünger in Tablettenform gedüngt. Zwischen den Pflanzen wird dann eine dünne Mulchschicht aus Stroh, Grasschnitt oder verwelkten Pflanzen ausgelegt.

ROSEN DAS LETZTE MAL IN DIESEM JAHR DÜNGEN UND TIEFGRÜNDIG WÄSSERN
Beet 7, 12, 13

Die Pflanzen benötigen während des gesamten Sommers ausreichend Nahrung, jetzt werden sie ein letztes Mal gedüngt und tiefgründig gewässert. Eine Überdüngung führt zu einer Schwächung der Pflanzen, in einem sehr strengen Winter kann es so zu größeren Frostschäden kommen.

Kann der Garten in dieser heißen und trockenen Jahreszeit für einen kurzen Zeitraum einmal nicht ausreichend gewässert werden, sollte vorgebeugt werden: So kann aus einem Wasserschlauch über mehrere Stunden kontinuierlich tröpfchenweise Wasser im Boden versickern oder in einen großen Eimer ein kleines Loch gebohrt werden, dieser dann mit Was-

ERFOLGREICHER SALATANBAU

Die Nachsaat von Salat im Sommer ist möglicherweise etwas kompliziert, denn die Samen keimen bei hohen Außentemperaturen nicht besonders gut. Die beste Keimtemperatur für Salat liegt bei 18 – 22 °C, aber selbst noch bei einer Temperatur von nur 4 °C kann der Samen keimen. Am besten sät man die Pflanzen an einem kühleren Ort zum Vorkeimen aus und pflanzt später die Keimlinge aus.

ser gefüllt an die zu wässernde Stelle gestellt werden. Es ist wichtig, dass das Wasser langsam in den Boden sickert.

KOHLPFLANZEN MIT ACKERSCHACHTEL-HALMTEE BESPRÜHEN *Beet 2*

Die Herstellung von Ackerschachtelhalmtee ist im Mai-Kapitel beschrieben.

TOMATEN AUSGEIZEN UND FESTBINDEN *Beet 1*

Tomaten müssen regelmäßig ausgegeizt werden, ansonsten verwenden sie ihre Energie zur Ausbildung von Seitentrieben

› *Die Zwiebel- und Karottenernte ist unkompliziert: Das Laub wird knapp über dem Boden gegriffen und herausgezogen. Der üppige Bewuchs in allen Beeten ist einfach bezaubernd!*

‹ *Die prächtigen Blüten der Kapuzinerkresse sind eine wunderbare Dekoration für Salate. Unreife Samen können in Essig eingelegt werden, sie schmecken dann wie Kapern. Rechts: Feine Blüten des Brombeerbusches.*

1

2

3

4

5

In voller Blüte

Die Blütenpracht ist wirklich eine Wohltat für die Augen!
1. Platterbsenstrauß in beeindruckender Farbenpracht.
2. Gemeine Schafgarbe mit feinen roten Blütenschirmen.
3. Kapuzinerkresse mit knallorangen Blüten.
4. Ziertabak 'Lime Green'.
5. Sibirischer Mohn.

Der Samenstand des Mohns sieht sehr dekorativ in Kannen und Vasen aus. Lavendelzucker lässt sich gut aus gepflückten Lavendelblüten und Zucker herstellen – in einem schönen Glas auch ein sehr persönliches Geschenk.

und nicht zur Fruchtbildung. Die Pflanzen werden jetzt – am besten an einer Tomatenrankhilfe aus Metall – festgebunden. So können sie Wind und kräftigem Regen standhalten und werden solide gestützt, wenn sie sehr viele Früchte tragen.

VERBLÜHTES ABSCHNEIDEN UND KRÄUTER ERNTEN *Beet 6, 11a + b sowie alle Blumenbeete*

Verwelktes sieht nicht nur unschön aus, es geht auch immer noch Energie in diese Pflanzenteile. Regelmäßiges Abschneiden trägt zum verstärkten Blühen bei! Werden Gewürzkräuter nicht laufend gepflückt, sollten sie spätestens jetzt alle geerntet werden, so können sie neue Triebe ausbilden. Bleiben sie stehen, bis sie verblüht sind, können sich Sommervögel, Nachtfalter, Bienen und Schwebfliegen noch daran erfreuen.

Es können durchaus auch nur einzelne Blüten der Gewürzkräuter verwendet werden.

ZWIEBELN UND KAROTTEN ERNTEN UND KNOLLENFENCHEL SÄEN *Beet 5*

Vergilbtes Laub, das sich selbstständig zum Boden neigt, zeigt an, dass die Zwiebeln reif sind. Karotten können während ihrer gesamten Vegetationsperiode geerntet werden: solange sie noch jung, zart und klein sind bis zu dem Zeitpunkt, an dem sie voll ausgewachsen sind. Knollenfenchel braucht verhältnismäßig lange, bis er geerntet werden kann, so sollte er direkt nach der Ernte von Zwiebeln und Karotten ausgesät werden. Es dauert etwa drei Monate, bis der Fenchel ausgereift ist. Knollenfenchel kann bereits im April vorgekeimt und

*In dieser heißen und trockenen Jahreszeit sollte der Garten kontinuierlich
gepflegt und gewässert werden – ansonsten war die Arbeit,
Sorgfalt und Mühe, mit der alles gestaltet und aufgebaut wurde, vergebens.*

dann Ende Mai ausgepflanzt werden, gekaufte Pflänzchen können von Mai bis Juli ins Beet gesetzt werden. Knollenfenchel braucht viel Wärme und gedeiht gut an einem windstillen, sonnigen Platz in üblicher Gartenerde. Die Pflanzen sollten stets feucht gehalten werden.

RASEN MÄHEN UND DIE BEETE MIT GRASSCHNITT MULCHEN

Der Rasen sollte in den Sommermonaten regelmäßig gemäht werden, die Schnitthöhe etwa bei 4–6 cm liegen. Grasschnitt eignet sich – in einer dünnen Schicht aufgetragen – hervorragend als Mulchdecke für die Beete, so wird der Boden vor zu viel Sonne geschützt, das Keimen der Unkrautsamen eingedämmt, die Feuchtigkeit in der Erde gehalten und das Gießen kann reduziert werden. Außerdem enthält Grasschnitt viele Nährstoffe, die im Laufe des Sommers an die Pflanzen abgegeben werden. Wird der Rasen selten gemäht, können sonst auch Samen der unterschiedlichen Gräser im Grasschnitt enthalten sein, die dann – unerwünscht – auf den Beeten keimen.

MOHNSAMEN ERNTEN

Mohnsamen sind reif zum Ernten, wenn die Samenkörnchen sich quasi selbst ausstreuen. Der Samenstand ist braun und getrocknet und hat sich leicht vom Blütenboden gelöst. Die Samenkörner lassen sich gut in einer Filtertüte aufbewahren.

JETZT WIRD DER GARTEN GENOSSEN!

Trotz der vielen Arbeit, die im Sommer im Garten anfällt, muss ab und zu auch Zeit für eine Pause bleiben! Es gibt so viel zu genießen: die Sonne, der beeindruckende Anblick der Früchte, eine Handvoll Himbeeren, knackige Karotten, die betörenden Düfte rundherum, die emsigen Bienen und filigranen Falter, der prachtvolle Blumenstrauß für den Mittagstisch … Ein kleiner Schwatz mit den Nachbarn über Gelungenes und Missglücktes, getauschte Pflanzen – all das rundet die Arbeit im Garten wohltuend ab.

Platterbsen ranken am Korbkegel empor – übersät mit zarten Blüten.

AUS GEWÜRZKRÄUTERN SCHNAPS, ÖL UND ESSIG HERSTELLEN

DILLSCHNAPS

1 großer Strauß frischer Dill oder 3–4 Dillblütenschirme
1 Flasche klarer Schnaps

Dillblütenschirme in ein großes Glas mit Patentverschluss geben, mit Schnaps aufgießen und verschließen. Mindestens drei Tage ziehen lassen. Dann filtern und in eine Flasche umfüllen, in die ein kleiner Dillzweig als Dekoration gegeben wurde. Der Schnaps wird durch Lagerung besser und kann verdünnt werden.

THYMIANSCHNAPS

1 kleiner Strauß Thymian
1 Flasche klarer Schnaps

Thymian und Schnaps in ein Glas mit Patentverschluss geben und mindestens zwei Tage, gerne auch einen Monat ziehen lassen. Danach filtern und in Flaschen umfüllen. Auch der Thymianschnaps wird durch Lagerung noch besser.

WERMUTSCHNAPS

frische Wermutblätter
1 Flasche klarer Schnaps

Die Spitzen der Wermutpflanze werden gepflückt, mit dem Schnaps zusammen in ein Patentglas gegeben und dürfen höchstens einen Tag ziehen. Danach filtern und in Flaschen umfüllen.

SCHNAPS MIT ECHTEM JOHANNISKRAUT

eine kleine Handvoll Johanniskraut-Blütenknospen
1 Flasche klarer Schnaps

Blütenknospen und Schnaps in ein Patentglas geben und 2–3 Tage ziehen lassen. Danach filtern und in Flaschen füllen. Der Schnaps wird durch Lagerung noch besser und kann bei Bedarf verdünnt werden. Er hat eine rote Farbe, da die Blütenknospen einen Farbstoff enthalten.

JOHANNISBEERSCHNAPS

Ein großes Patentglas wird zur Hälfte mit reifen Roten Johannisbeeren und 4–6 frischen Johannisbeerblättern gefüllt und danach mit Wodka oder klarem Schnaps übergossen. Eventuell vier Teelöffel Honig hinzufügen. Sollte mindestens zwei Monate ziehen. Je länger er zieht, desto mehr bekommt er die Konsistenz und den Geschmack von Likör.

ÖL MIT THYMIAN ODER OREGANO

Ein kleiner Strauß Thymian oder Zitronenthymian wird in eine Flasche gegeben und mit qualitativ hochwertigem, kalt gepresstem Olivenöl aufgefüllt. Die Mischung sollte vor Gebrauch mindestens zwei Wochen ziehen. Kühl aufbewahren.

ESSIG MIT DILL, THYMIAN ODER HIMBEEREN

Gewürzkräuterzweige werden in eine Flasche gegeben und mit Weißweinessig aufgefüllt. 2–3 Tage ziehen lassen, danach kann der Essig verwendet werden, Himbeeressig sollte jedoch 2–3 Wochen ziehen. Die Beeren verbleiben in der Flasche.

Die zarten gelben Dillblütenschirme sehen bezaubernd in einer Vase aus, der frische Dill passt genau in eine Schnapsflasche.

Voller Kräuter

Die Gewürzkräuter des Gartens können nicht nur zum Würzen von Pastasaucen verwandt werden. Ebenso lassen sich daraus delikate Öle, Schnaps und Essigmixturen herstellen oder Brot- und Kuchenteig würzen, die Kräuter geben dem Gebäck einen besonderen Pfiff. Flaschen in unterschiedlichen Größen und Formen eignen sich zum Befüllen mit Öl, Schnaps oder Essig, mit einem netten Etikett versehen sind das sehr persönliche Geschenke – beispielsweise für die hilfsbereiten Nachbarn und Freunde, die den Garten im Sommer gewässert haben …

AUGUST

Dunkelrot und Purpur dominieren in den Blumenbeeten des Spätsommergartens. Brombeeren, Herbsthimbeeren und Bohnen können ebenso wie Tomaten, Kürbis und Hörnchenkürbis geerntet werden. Jetzt werden Frühlingszwiebeln gekauft und Rosen im Gartenfachversand bestellt. Und die vielen Früchte werden konserviert und für den Winter gelagert.

DAS IST IM AUGUST ZU TUN

AUSSERDEM ZU TUN:
- Kürbis und Zucchini einlegen
- Kapuzinerkressesamen einwecken
- Kräutersalz herstellen
- Blumensträuße binden
- Frühjahrsblumenzwiebeln kaufen
- Himbeeren und Brombeeren ernten
- den letzten Spitzkohl ernten

‹ *Kapuzinerkresse*

DIE SPEISEKAMMER DER NATUR IM SPÄTSOMMER

Kletterrose 'Gerbe Rose' mit Klematis 'Royal Velour'

In dieser trockenen und heißen Jahreszeit muss das Kohlbeet regelmäßig auf Larven vom Kohlweißling abgesucht werden. Jetzt können die Pflanzen auch noch einmal mit Wermutauszug gespritzt werden. Spitzkohl und Rosenkohl sind am meisten gefährdet, Grünkohl wird nicht befallen. Das Einsammeln der Larven braucht etwas Zeit, und die am meisten geschädigten Pflanzen werden aus dem Beet genommen. Auf den Kompost dürfen sie ausschließlich dann gegeben werden, wenn sie keine weiteren Krankheiten – wie beispielsweise die Kohlhernie – haben.

Mittlerweile sind alle Blumen und Gemüse üppig herangewachsen. Die Klematis hat Kaskaden purpurfarbener Blüten entwickelt. Die Stangenbohnen sind dabei, über den Zaun zu wachsen, und ihre Schoten hängen sehr dicht. Die Tomaten sind zu prächtigen Früchten herangewachsen, und auch der Spitzkohl ist bereit zum Verzehr. Jede freie Minute kann genutzt werden, um welke Blüten von Stauden und Rosen abzuschneiden, Gras zu mähen oder Zitronenmelisse zurückzuschneiden, damit sich deren Samen nicht überall verbreitet und sich der Korb mit Gemüse für das Abendessen füllt.

Leider stellen sich immer wieder unwillkommene Gäste ein – zum Beispiel die Wühlmaus, sie bevorzugt Pastinaken! Haben die Tiere diese Pflanzen für sich ausgewählt, sind die Wurzeln in der Regel so stark geschädigt, dass die Pflanze auf den Kompost gegeben werden sollte. Der Bienenfreund im Kohlbeet hat jetzt schon Samen entwickelt, einige Pflanzen werden geerntet und zum Trocknen mit den Köpfen nach unten in einer Papiertüte aufgehängt. So werden die kleinen Samenkörner aufgefangen und können dann wieder ausgesät werden. Das Rosenbeet wird gelockert, und auch das Schnittlauchbeet muss gejätet werden. Aus den Dahlien, dem Phlox und vielen anderen Blumen lassen sich herrliche Bouquets zusammenstellen.

Der Anblick des Spätsommergartens lädt ein zum Verweilen und Genießen! Die ersten Herbsthimbeeren werden reif, die Sommerbeeren sind in der Regel etwas süßer als Herbstbeeren. Hingegen sind Herbstbeeren größer, schöner und ohne Wurm. Auch die Brombeeren bekommen langsam

> *Strauß mit Dahlien, Phlox, Jungfer im Grünen, Brombeeren, Schmuckkörbchen, Schildblumen, Anisysop, blauem Buntschopfsalbei, Mohnblumen (Samenstand), Skabiose und Fetter Henne.*

Fällt die Ernte sehr reichlich aus, gibt es noch einmal viel zu tun: Um Wintervorräte zu haben, werden Kürbis und Hörnchenkürbis eingelegt und Beeren eingefroren.

Farbe. Die letzten Rote Bete können noch geerntet werden. Die freien Stellen in den Beeten werden mit einer Mischung aus Bienenfreund, Weißem und Bodenfrüchtigem Klee sowie Sommerwicke eingesät, es sollte Platz für drei Reihen Frühjahrssalat bleiben. Jetzt kann der unreife Samen der Kapuzinerkresse geerntet werden, er sieht wie Kapern aus und schmeckt auch so. Der Samen wird geerntet, um neue Pflanzen für den nächsten Sommer zu säen. Der Rittersporn steht nun in voller Blüte, im Blumenbeet leuchten rote Kirschäpfel. Der zarte Flor der Wiesenraute *Thalictrum delavayi* bewegt sich leicht im Wind und harmoniert wundervoll mit den dunkelroten Blüten der Schildblumen. Der Spätsommergarten bietet einen herrlichen, farbenprächtigen Anblick!

Am Morgen liegt der Garten eingehüllt in Nebel, es scheint, als hätten Goldschmiede über Nacht ein feines Netz um den Garten gesponnen. Die Sonne setzt diesem magischen Augenblick ein Ende. Sobald der Tau getrocknet ist, werden Gewürzkräuter für ein Kräutersalz geerntet: Hier können beispielsweise Knoblauch, Petersilie, Chili, Korianderblätter, Zitronenverbene und Ingwerwurzel verwendet werden. Auch eine deftige Wintersuppe kann mit eigenen Kräutern verfeinert werden, dafür eignen sich zum Beispiel Liebstöckel, Sellerieblätter, Bohnenkraut und Estragon.

Der letzte Spitzkohl wird geerntet, als Nachkultur werden Bienenfreund und Sommerwicke ausgesät. Die Sommerhimbeeren werden nach dem Rückschnitt der fruchttragenden Zweige gedüngt, Blätter und Zweige werden mit dem Häcksler zerkleinert. Der Kompost wird umgesetzt. Jetzt ist auch der Kürbis erntereif – vorausgesetzt, er hat ausreichend Feuchtigkeit bekommen. Er wird in Gläsern zusammen mit Gewürzkräutern eingelegt. Auch der Hörnchenkürbis, eine südamerikanische Kletterpflanze mit kleinen grünen Früchten, die nach Gurken schmecken, ist nun erntereif. Vor dem Verzehr oder der Weiterverarbeitung der Früchte müssen die Samen entfernt werden, sie eignen sich hervorragend für Wok-Gerichte. Außerdem können die Kürbisse eingelegt werden, am besten mit viel Chili, Knoblauch und Ingwer.

‹ *Die saftigen Brombeeren sind reif für die Ernte.*

› *Tomatenpflanzen an Rankhilfen festbinden, so ziehen die Früchte die Pflanzen nicht zu Boden.*

Die eher trübe Stimmung des ruhenden Februargartens ist im Moment schwer vorstellbar! Alles blüht in den schönsten Farben, leckere Gemüse wachsen überall heran.

AUGUST

SO SIEHT DER GARTEN IM AUGUST AUS

Die Kohlpflanzen sind in den vergangenen Wochen zu einer beachtlichen Größe herangewach-
sen. Während einige Pflanzen bereits verblüht sind, erreichen andere gerade ihren Wachstums-
gipfel. Jetzt muss die ganze Pracht des Gartens geerntet werden. Sobald ein Beet freiliegt,
sollten umgehend neue Pflanzen ausgesät werden, so werden unliebsame Unkräuter verdrängt.

OSTEN

NORDEN

SÜDEN

WESTEN

128

DIE BEETE IM AUGUST

Auf den folgenden Seiten sind die Bepflanzungen sowohl der vergangenen als auch der bevorstehenden Gartensaison für jedes einzelne Beet im Monat August beschrieben. Zur Übernahme dieser Gestaltungsvorschläge finden sich weitergehende Informationen im Kapitel »Die Beete des Gartens – Pflanze für Pflanze« (Seite 222), der Pflanzenführer auf Seite 226 informiert detailliert über die einzelnen Pflanzen. Hier sollte beachtet werden, dass Pflanzen, die mit einem * markiert sind, bereits vor Beginn des Gartenprojektes gesät oder gepflanzt wurden.

BEET 1: Im Spargelbeet stehen Pflücksalat, Spargel*, Petersilie. Die Tomaten werden geerntet, der Boden um den Schnittlauch gejätet. Im Mistbeet werden reife Kürbisse geerntet. Der Kohl wird regelmäßig nach Larven vom Kohlweißling abgesucht.

BEET 2: Im Kohlbeet gedeihen riesige Rotkohlköpfe, Grünkohl, Rosenkohl und Gartenbohnen. Hörnchenkürbis und letzter Spitzkohl werden geerntet, anschließend werden Bienenfreund und Sommerwicke gesät, sie werden später gepflückt und getrocknet. Die Korbkegel können wieder aus dem Beet herausgenommen werden.

BEET 3: Das Laub der Erdbeerpflanzen wird etwas zurückgeschnitten und auf den Kompost gegeben. Die Dahlien blühen unermüdlich weiter.

BEET 4: Auch hier gedeihen wundervolle Dahlien, zusätzlich wachsen Knollensellerie, Blattsellerie und Bohnenkraut. Der Samen der Kapuzinerkresse wird geerntet. Auch die Stangenbohnen, die am Holzgerüst emporgeklettert sind, sind reif. Rote Bete sind hier geerntet, Porree und Karotten wachsen noch.

BEET 5: Hier wird die letzte Rote-Bete-Frucht geerntet, dann wird Salat für das kommende Frühjahr gesät. Auf anderen freien Flächen werden Weiß- und Bodenfrüchtiger Klee, Sommerwicke und Bienenfreund gesät, sie werden später geerntet und getrocknet.

BEET 6: Das Gewürzkräuterbeet quillt über vor Kräutern.

BEET 7: Der Kirschapfelbaum* hat mittlerweile kleine Äpfel. Im Blumenbeet stehen Stauden*, Sommerblumen und Rosen*, einige davon werden für Sträuße gepflückt. Alle welken Pflanzenteile werden regelmäßig abgeschnitten.

BEET 8: Hier stehen Stauden* und Sommerblumen. Alle welken Pflanzenteile werden auch hier regelmäßig abgeschnitten.

BEET 9: Die Sommerhimbeeren werden zurückgeschnitten und gedüngt, Blätter und Zweige kommen auf den Kompost, der dann auch umgesetzt wird. Die Herbsthimbeeren werden reif.

BEET 10: Hier stehen Sträucher mit reifen Beeren. Die Zitronenmelisse wird zurückgeschnitten.

BEET 11A + B: Gewürzkräuterbeete* – die Gewürzkräuter werden geerntet und zur Herstellung von Kräutersalz verwendet.

BEET 12: Die Terrasse ist von einem Rosenspalier* umgeben, und die Klematis steht in voller Blüte. Die Brombeeren sind reif und können geerntet werden.

BEET 13: Im Blumenbeet werden Stiefmütterchen und Bartnelken neben den übrigen Stauden und Sommerblumen gepflanzt. Alle welken Pflanzenteile werden abgeschnitten.

Bienenfreund, der in Beet 5 gesät wird.
Rechts ein blühender Anisysop in Beet 6.

DAS IST IM AUGUST ZU TUN

BIENENFREUND PFLÜCKEN *Beet 2, 4*

Wenn der Bienenfreund verwelkt und die Samenstände getrocknet sind, sind die Samen fertig entwickelt und können geerntet werden, indem die Samenkörner direkt abgeschüttelt werden. Die Samen sollten bei trockenem Wetter gesammelt werden, andernfalls müssen die Samenstände noch trocknen, bevor die Samen entnommen werden. Die Samen müssen trocken und kühl aufbewahrt werden.

LETZTE ERDBEEREN ERNTEN *Beet 3*

Jetzt wird das Laub der Erdbeerpflanzen zurückgeschnitten, so wird Platz für die nachwachsenden Triebe geschaffen. Die Ableger werden zunächst abgeschnitten und aus dem Beet genommen. Zwischen den Pflanzen darf keine Feuchtigkeit stehen bleiben, sie müssen stets gut belüftet sein. Es wird noch eine dünne Schicht Kompost zwischen die Pflanzen gegeben, so können sie bis zum Winter noch kräftig wachsen.

SCHNITTLAUCHREIHEN JÄTEN UND ZITRONEN-MELISSE ZURÜCKSCHNEIDEN *Beet 1, 10*

Wenn der Schnittlauch geblüht hat, wird er zurückgeschnitten und kann neue Blätter ausbilden. Am besten geschieht das zu unterschiedlichen Zeitpunkten, so ist stets frischer Schnittlauch für ein Butterbrot vorhanden. Auch die anderen Gewürzkräuter müssen zurückgeschnitten werden, denn die welken Blüten schränken die Bildung frischer Triebe und Blätter ein. In der Regel wachsen die Gewürzkräuter im Überfluss, Freunde und Nachbarn freuen sich sicherlich über ein

› *Spitzkohlernte in Beet 2, der Spitzkohl ist riesengroß geworden.*

‹ *Das Kohlbeet ist wirklich beeindruckend: Riesiger Rotkohl, Grünkohl, Rosenkohl und Spitzkohl sind hier herangewachsen und jetzt reif für die Ernte. Die Kohlblätter sehen sehr dekorativ in Bodenvasen aus.*

Links: Es gibt mehrere Brombeersorten ohne Dornen, eine davon ist 'Thornless Evergreen'. Mitte: Große Blätter und Zweige, die auf den Kompost sollen, müssen zerkleinert werden, damit sie schnell verrotten. Rechts: Pflanzen regelmäßig auf Kohlweißlinglarven absuchen.

kleines Sträußchen! Kräuter lassen sich auch sehr gut einfrieren oder trocknen.

LARVEN AUS DEM KOHLBEET SAMMELN *Beet 2*

Die Larven des Kohlweißlings können Kohlpflanzen in unglaublich kurzer Zeit völlig kahl fressen! Mit Mischkulturen lässt sich der Befall etwas einschränken: Tomaten oder Sellerie sind hilfreiche Nachbarn für Kohl, hingegen locken Radieschen, Rucola und Kapuzinerkresse den Kohlweißling noch zusätzlich an. Kohl sollte nicht mit Brennnesseljauche gedüngt werden, da dies ebenfalls ein Lockmittel für den

> *Auch über Kirschäpfel,*
> *die am Baum hängen bleiben,*
> *freuen sich die Vögel.*

‹ *Der Kirschapfelbaum hängt voller roter Früchte, aus denen ein sehr schmackhaftes Gelee hergestellt werden kann.*

Schädling ist. Stattdessen wird ein Wermutauszug empfohlen. Die Larven lassen sich auch sehr gut direkt von den Pflanzen absammeln. Einige Kohlarten werden übrigens weniger von Larven angegriffen, zum Beispiel der Grünkohl (siehe Pflanzenführer Seite 226).

REGELMÄSSIG VERWELKTE BLÜTEN VON STAUDEN UND ROSEN ENTFERNEN *Beet 7, 8, 12, 13*

Stauden und Rosen blühen durchaus mehrmals, sofern sie die Energie nicht zur Entwicklung von Samenständen verwenden müssen. Je schneller Verblühtes abgeschnitten wird, desto eher blühen die Pflanzen wieder neu. Werden die verwelkten Blütenstände der Rosen nicht abgeschnitten, bilden sich bereits ab September dekorative Hagebutten aus, die für Vögel eine willkommene Wintermahlzeit darstellen! Werden die Hagebutten an den Zweigen belassen, ist das ein schöner Anblick im weniger farbenprächtigen Wintergarten. Die Früchte lassen sich auch sehr dekorativ in Sträuße und Kränze einbinden.

BIENENFREUND, WEISSEN UND BODEN-FRÜCHTIGEN KLEE SOWIE SOMMERWICKE ALS BODENDECKER SÄEN *Beet 2, 5*

Bodendecker erfüllen wichtige Funktionen: Sie speichern die Nährstoffe aus dem Boden, wodurch diese im Laufe des Winters nicht ausgewaschen werden. Die Pflanzen, die im Winter absterben und auf dem Beet verbleiben, verrotten im Laufe des Frühjahres und geben dabei die Nährstoffe zurück in den Boden, dort stehen sie dann wiederum den Frühjahrs- und Sommerpflanzen zur Verfügung. Durch die Mulchdecke wird zudem das Bodenleben geschützt und aufrechterhalten.

Alle Hülsenfrüchte, zum Beispiel Klee, Wicke und einjährige Lupinen, sind Stickstoff speichernde Pflanzen, durch Bakterien an den Wurzeln sind sie imstande, Stickstoff aus der Luft in den Boden zu transportieren und wirken so wie Dünger. Tief wurzelnde Pflanzen lockern den Boden und leiten zudem Nährstoffe aus den tieferen Bodenschichten in die höheren Lagen. Andere Pflanzen wiederum keimen äußerst schnell, sodass der Boden rasch bedeckt ist und Unkraut sich

Ein Nutzgarten soll alle Sinne ansprechen – hier dürfen Rosen keinesfalls fehlen.

kaum ausbreiten kann. Optimal ist es, eine Bodendeckermischung, die man im Handel erhält, zu säen.

FRÜHJAHRSSALAT IN REIHEN AUSSÄEN *Beet 5*

Bereits jetzt ist es Zeit, an die Ernte im nächsten Frühjahr zu denken. Die Samen der Frühjahrssalate werden im August in gewöhnliche Humuserde an einem nicht vollsonnigen Platz in den Boden gesät. Dort können sich die Keimlinge über den Winter hinweg entwickeln. Im Februar oder März des Folgejahres kann dann der erste Salat geerntet werden. Um große Blattrosetten zu erhalten, müssen die Keimlinge entsprechend ausgedünnt werden.

Werden Stauden und Sommerblumen in gleichen Farbtönen in ein Beet gesetzt, lassen sich später ganz unkompliziert sehr harmonische Sträuße binden. Von links nach rechts: Schildblumen (Chelone obliqua), Schmuckkörbchen (Cosmos bipinnatus 'Picotee') und Phlox.

Spätsommerlicher Blumenflor

Blumen für romantische Bouquets pflücken:
1. Platterbsen. 2. Wiesenraute. 3. Verbene. 4. Dahlie.
5. Roter Sonnenhut.

> Bunte Bohnen sind
eine festliche Mahlzeit:
Die rötliche ist
eine Gartenbohne, die
grüne eine Busch-
bohne und die lila-
farbene eine
Stangenbohne.

< Bohnenernte: Hier die
Stangenbohne 'Blauhilde',
die Pflanze ist manns-
hoch gewachsen und kann
geerntet werden.

SOMMERHIMBEEREN SCHNEIDEN *Beet 9*

Sommerhimbeeren tragen am zweijährigen Holz, nach der
Ernte werden alle abgeernteten Triebe bis zum Boden zurückgeschnitten, so haben nachwachsende Himbeerruten ausreichend Platz. Lediglich fruchttragende Triebe werden eingekürzt. Anschließend wird eine dünne Schicht Komposterde
zwischen den neuen Trieben auf dem Boden ausgebracht.

KOMPOST UMSETZEN *Beet 9*

Der Kompost kann im Laufe des Jahres umgesetzt werden,
sollte er sehr trocken sein, wird er zusätzlich gewässert. Größere Komposthaufen werden umgesetzt, indem die äußere
Schicht nach innen und die innere Schicht nach außen gegeben werden. Kleinere Komposthaufen müssen nicht unbedingt umgesetzt werden. Reife Komposterde eignet sich
hervorragend für die Früchte des gesamten Küchengartens.
Aufgrund der hervorragenden Eigenschaften der Komposter-

de darf ein Kompost in einem ökologischen (Küchen-)Garten
nicht fehlen. Jedoch muss stets beachtet werden, dass keine
kranken Pflanzenteile in den Kompost gegeben werden, da
die Krankheitserreger in den meisten Fällen nicht gänzlich
vernichtet werden und mit dem Ausbringen der Komposterde
wieder Einzug in den Garten halten!

WÜHLMÄUSE UNERWÜNSCHT!

Wühlmäuse können eine Plage im Garten sein. Sie ernähren sich sowohl von unterirdischen Zwiebeln und Wurzeln als auch von oberirdischen Blättern vieler Pflanzen. Im
Sommer sind Kohl und essbare Wurzeln – beispielsweise
Karotten und Topinambur – ihre Hauptnahrung. Im Winter
nagen sie Tulpenzwiebeln und die Rinde von Obstbäumen
an. Wie mit Wühlmäusen umgegangen wird, liegt im eigenen Ermessen. Sehen Sie den positiven Beitrag für den
Garten: Die unterirdischen Aktivitäten lockern den Boden.

DIE FRÜCHTE DES GARTENS KONSERVIEREN

EINGEMACHTER HÖRNCHENKÜRBIS

Hörnchenkürbis (etwa ½ kg)
1 kleine Handvoll grobes Salz
10 Knoblauchzehen
2 scharfe Chilischoten
1 Bund Zitronenmelisse
200 g Ingwer
½ l Weißweinessig
200 g Rohrzucker (eventuell aus biologischem Anbau)
1 TL gemischte Pfefferkörner

Hörnchenkürbisse schälen, der Länge nach teilen und die Kerne herausnehmen. Die Stücke in grobem Salz einige Stunden ziehen lassen. Anschließend mit kaltem Wasser abspülen und in ein heiß gespültes Glas geben. Knoblauch, Chili, Zitronenmelisse und Ingwer hinzufügen. Den Essig zusammen mit Rohrzucker und Pfeffer aufkochen und in die Gläser gießen. Die Gläser sofort verschließen, dunkel und kühl stellen.

EINGEMACHTER (SQUASH-)KÜRBIS

grüne und gelbe (Squash-)Kürbisse (etwa ½ kg)
1 kleine Handvoll grobes Salz
10 Knoblauchzehen
2 scharfe Chilischoten
1 Bund Zitronenmelisse
200 g Ingwer
½ l Weißweinessig
200 g Rohrzucker (eventuell aus biologischem Anbau)
1 TL gemischte Pfefferkörner

Kürbisse schälen, der Länge nach teilen und die Kerne herausnehmen. Die Stücke in grobem Salz einige Stunden ziehen lassen. Anschließend mit kaltem Wasser abspülen und in ein heiß gespültes Glas geben. Knoblauch, Chili, Zitronenmelisse und Ingwer hinzufügen. Den Essig zusammen mit Rohrzucker

und Pfeffer aufkochen und in die Gläser gießen. Die Gläser sofort verschließen, dunkel und kühl stellen.

KRÄUTERSALZ

1 großer Strauß Petersilie
1 große Handvoll Korianderblätter
1 große Handvoll Zitronenverbeneblätter
etwa 100 g Ingwerwurzel
1 kleine scharfe Chilischote
10 Knoblauchzehen
etwa 300 g grobes Meersalz

Alle Zutaten in einem Mixer zu einer feinen Masse vermischen. Diese auf einem sauberen Tuch ausbreiten und im Ofen, an einem warmen Ort oder in der Sonne komplett durchtrocknen lassen. Noch einmal mischen und in saubere, trockene Gläser füllen.

EINGELEGTE KAPUZINERKRESSE-SAMEN

500 g Kapuzinerkressesamen
1 l Wasser
100 g Salz
¾ l Essig
100 g Zucker

Grüne Samen der blühenden Kapuzinerkresse sammeln. Das Salz im Wasser auflösen, die Samen hinzufügen. Über Nacht ziehen lassen. Essig und Zucker aufkochen, bis der Zucker gelöst ist. Das Salzwasser von den Samen abgießen und die Samen in einem Tuch behutsam trocknen. In ein Glas geben und den kochenden Essig darübergießen. Verschließen und an einem kühlen, dunklen Ort etwa fünf Tage ziehen lassen. Den Essig zurück in einen Topf geben und 2–3 Minuten kochen. Schaum abheben und den Essig wieder über die Samen gießen. Verschließen und an einem kühlen, dunklen Ort aufbewahren.

inmachen und salzen

Die Gartenkräuter können zu Kräu-
ersalz verarbeitet werden, und Kürbis,
ucchini und Kapuzinerkresse schmecken
eingelegt ganz wunderbar.

SEPTEMBER

Langsam wird es Herbst. Zeit, das Mistbeet zu versetzen und Romanasalat, Pak Choi und Radieschen auszusäen. Spinat, grüne Tomaten, die letzten Radieschen des Jahres und Hörnchenkürbis werden geerntet. Blumenzwiebeln der Frühjahrsblumen kommen in den Boden, und neue Stauden werden gepflanzt.

DAS IST IM SEPTEMBER ZU TUN

AUSSERDEM ZU TUN:

• Squash-Kürbis und Tomaten einmachen

• die untersten Blätter vom Knollensellerie entfernen, damit die Knolle groß wird

• Gelee und Schnaps aus Kirschäpfeln herstellen

• Brombeeren zu Konfitüre verarbeiten

• Rosenpflanzen im Fachhandel bestellen

• Mistbeet umsetzen und neu bepflanzen

FALLS DER GARTENPLAN AUS DIESEM BUCH ÜBERNOMMEN WIRD:

• Im Herbst müssen Topinambur, Rhabarber, Knoblauch sowie Stauden und Blumenzwiebeln gepflanzt werden.

• Es ist Zeit, Silberblatt/Judaspfennig, Gründünger und Anisysop zu säen.

• Sträucher, Bäume und Hortensien werden im Herbst gepflanzt.

‹ *Herrlicher Blumenstrauß mit 'Ghislaine de Féligonde'- und 'Jane Austen'-Rosen, Glockenrebe, Löwenmäulchen, Dahlien, einjährigem Sonnenhut und Verbenen.*

DER FRÜHHERBST
MELDET SICH

Die Brombeersträucher tragen schwer an ihren Früchten, sie sollten regelmäßig geerntet und dann sofort weiterverarbeitet werden.

Im September macht sich der Herbst bemerkbar – mit Tau und Feuchtigkeit. Es gibt leckere Kürbismahlzeiten in vielen Variationen. Bei großer Ernte werden die restlichen Früchte eingemacht. Das leere Mistbeet wird am Beetrand aufgestellt, an seine Stelle wird als Nachkultur Spinat gesät. In das Mistbeet wird frische Humuserde gegeben und Radieschen, Romanasalat und Pak Choi ausgesät. Die grünen Tomaten werden mit Zimt, Nelken und Vanille eingemacht. Der Fenchel entwickelt schon erste Knollen, der Knollensellerie dagegen hat bereits große Früchte. Die welken Blätter des Rotkohls und Grünkohls müssen abgeschnitten werden, damit kein Schimmel entsteht. Der Rotkohl gedeiht hervorragend, der Blattsellerie ist saftig, knackig und reif zum Essen.

Auch die Kirschäpfel können geerntet und als Gelee eingemacht oder mit Wodka zu Schnaps verarbeitet werden, die Vögel mögen die süßen Früchte ebenfalls. Die untersten Äste des Baumes werden jetzt zurückgeschnitten. Der Knoblauch-Schnittlauch trägt anmutige weiße Blütenschirme und zieht damit zahlreiche Insekten an. Auch die Sommerblume *Verbena rigida* 'Polaris' leuchtet noch mit feinen, eisblauen Blüten.

Die Kapuzinerkresse hat sich um die Beerensträucher gewickelt, einer der Johannisbeersträucher ist schon sehr stark eingeschnürt. Werden die meisten Blüten entfernt, bekommen die Beerensträucher wieder ausreichend Licht und Luft. Die Sträucher werden jetzt zurückgeschnitten, die Zweige zerkleinert und auf den Kompost gegeben, die Pflanzen bekommen eine Gabe Pferdemist.

Die großen lila Blüten der Glockenrebe und die kleinen Trompeten der Purpur-Prunkwinde spitzen hier und da aus der Brombeerhecke hervor. Die Hecke trägt mittlerweile süße, große Beeren im Überfluss, sie sollten täglich geerntet und zu Konfitüre verarbeitet werden. Die dunkellila, überaus prächtigen Stachelbeeren können jetzt mit winterharten Purpurglöckchen-Stauden (*Heuchera*) unterpflanzt werden.

Im Garten werden in diesen Tagen überall Blumenzwiebeln in den Boden gesetzt, und die Eichhörnchen legen ihren Wintervorrat an. Hierzu verstecken sie Nüsse und Wurzeln auch überall im Boden, bleibt zu hoffen, dass sie nicht irrtümlich die Blumenzwiebeln wieder ausgraben! Außerdem sollten jetzt Krokusse gepflanzt werden, am besten in allen erdenkli-

› *Der Fenchel bildet schon Knollen aus – sie
sind aber noch nicht erntereif.*

chen Farben: Weiß, Gelb, Hell- und Dunkellila – mit und ohne Streifen. Die Zwiebeln werden großzügig im gesamten Garten verteilt … es sollte nicht zu geordnet aussehen. Auf die gleiche Art werden Narzissen- und Tulpenzwiebeln ausgepflanzt, die kleinen Löcher im Boden wurden mit dem – unentbehrlichen! – Pflanzholz gegraben. So lassen sich viele Blumenzwiebeln unkompliziert auslegen. Viele der Tulpenzwiebeln sind allerdings nicht mehrjährig, so können immer wieder andere Zwiebelpflanzen in den Boden gesetzt werden. Beispielsweise die Fritillaria-Variante 'Persica' mit ihren feinen, purpurfarbenen, glockenförmigen Blüten. Zierlauchgewächse können sehr hoch werden – so 'Round and Purple' und 'Mount Everest' –, nachdem sie verblüht sind, schmücken sie noch lange mit sehr schönen, runden Samenständen den Garten. Sehr gut in das Sortiment der Frühjahrsblumenzwiebeln passen Iris und Lilien mit ihren schönen Farben. Sie eignen sich hervorragend zum Auspflanzen zwischen Pfingstrosen.

Kann man in eine Rose verliebt sein? Nicht auszuschließen, denn es gibt unzählige Rosensorten, eine der schönsten ist die zartrosa Bourbonrose 'Souvenir de la Malmaison' mit ihrem bezaubernden Duft. Eventuell muss ein Johannisbeerstrauch umgesetzt werden, falls hier eine – im Gartenfachversand bestellte – wurzelnackte Rose eingepflanzt werden soll. Wurzelnackte Rosen gelten als gesünder und widerstandsfähiger als Topfrosen. Sobald der Platz, an dem die Rose zukünftig stehen soll, frei ist, wird hier direkt Bienenfreund ausgesät. Darauf kommt eine Lage Komposterde. Die Borlotti-Bohnen wachsen nach wie vor, einige Bohnen sollten als Samen für die kommende Saison zurückgelegt werden.

Septembermorgen können herrlich sein, wenn sich die Sonnenstrahlen in den Tauperlen von Spinnweben und Gras verfangen. Allmählich ändern die Blätter der Bäume ihre

‹ *Ein gemütlicher Ruheplatz umgeben von verschiedenen Rosen.*

Die Glockenrebe (Cobaea scandens) *ist eine einjährige Schlingpflanze mit glockenartigen violetten Blüten. Sie braucht einen sehr sonnigen Standort, um viele Blüten entwickeln zu können.*

Farbe, und die Stauden beginnen langsam zu welken. Für Astern, Schildblumen, Gelenkblume, Johanniskraut und Dahlien hingegen ist jetzt die optimale Zeit.

Die Jahreszeit ist perfekt geeignet zum Ernten von Samen, dafür werden die vertrockneten Samenstände von Schmuckkörbchen, Kapuzinerkresse, Platterbsen, Jungfer im Grünen, Ringelblumen, Dill, Kümmel und Koriander gesammelt. Der »Schildkrötensamen« des Hörnchenkürbisses fällt fast von selbst aus der Frucht.

Jetzt werden noch einige Lavendelbüsche und Stauden ausgepflanzt. Beim Pflanzen kann eine Handvoll Kies als Dränagehilfe in den Boden gegeben werden.

Anstelle des Roten Grünkohls, der bereits geerntet wurde, empfiehlt es sich nun, zwei Hortensien zu pflanzen. Sie werden sich in Nachbarschaft von Schildblumen und Chinesischem Johanniskraut sehr wohlfühlen.

Die Beerensträucher werden zurückgeschnitten und dort ausgedünnt, wo die Pflanzen sich zu sehr ausgebreitet haben. Die Dahlien stehen in voller Blüte, der Kohl hat sich ausgebreitet, und der Frühjahrssalat lockt mit schönen, grünen Trieben.

SO SIEHT DER GARTEN IM SEPTEMBER AUS

Jetzt können die Früchte der Gartenarbeit geerntet werden: riesengroße Kohlköpfe, Bohnen an mannshohen Pflanzen und farbenreiche Blumenbeete. Die Früchte des Kirschapfelbaums können gepflückt und seine Äste zurückgeschnitten werden, außerdem werden jetzt Stauden gepflanzt. Im gesamten Garten werden Blumenzwiebeln gesetzt.

OSTEN

NORDEN

SÜDEN

WESTEN

DIE BEETE IM SEPTEMBER

Auf den folgenden Seiten sind die Bepflanzungen sowohl der vergangenen als auch der bevorstehenden Gartensaison für jedes einzelne Beet im Monat September beschrieben. Zur Übernahme dieser Gestaltungsvorschläge finden sich weitergehende Informationen im Kapitel »Die Beete des Gartens – Pflanze für Pflanze« (Seite 222), der Pflanzenführer auf Seite 226 informiert detailliert über die einzelnen Pflanzen. Hier sollte beachtet werden, dass Pflanzen, die mit einem * markiert sind, bereits vor Beginn des Gartenprojektes gesät oder gepflanzt wurden.

BEET 1: Im Spargelbeet stehen Pflücksalat, Spargel*, Petersilie und Tomaten. Letztere tragen grüne Früchte, manche haben mittlerweile Krautfäule. An den Rändern wachsen Schnittlauch* und Mairübchen*. Das Mistbeet wird nach Beet 2 versetzt, als Nachkultur wird Spinat gesät.

BEET 2: Im Kohlbeet sind Rotkohl, Grünkohl und Rosenkohl reif für die Ernte. Welke Blätter werden abgeschnitten. Der Hörnchenkürbis wird geerntet. Der letzte Squash-Kürbis wird nun auch geerntet, dann werden Radieschen, Pak Choi und Romanasalat gesät. In einem Topf blüht noch Krokus.

BEET 3: Im Erdbeerbeet stehen Dahlien und Erdbeerpflanzen*.

BEET 4: Die Dahlien blühen, der Knollensellerie hat bereits feine Knollen – welke Blätter werden auch hier entfernt. Der Blattsellerie kann geerntet werden, die Stangenbohnen ranken empor, und der Porree bekommt eine Gabe Kompost.

BEET 5: Hier stehen Rote Bete und Knollenfenchel*, der endlich Knollen ausbildet, und neu gesäter Frühjahrssalat. Auf die abgeerntete Beetfläche wird Gründünger gesät, beispielsweise Bodenfrüchtiger Klee, Weiß-Klee oder Sommerwicke.

BEET 6: Das neu angelegte Gewürzkräuterbeet quillt über.

BEET 7: Der Kirschapfelbaum* hat kleine Äpfel bekommen, diese werden geerntet und der Baum zurückgeschnitten. Im Blumenbeet stehen außerdem Sommerblumen, Stauden* und Rosen*, sie geben dem Garten intensive Farben. Iris und Lilien werden gepflanzt. Blumensamen können gesammelt werden.

BEET 8: Der Rote Grünkohl wurde schon verzehrt, der freigewordene Platz auf dem Beet für Hortensien genutzt. Unter die hohen Astern werden Purpurglöckchen gepflanzt. Hier stehen außerdem Stauden* und Sommerblumen, von denen der Samen geerntet wird. Der Zierlauch steht mit kugelrundem Samenstand schmückend zwischen den neu gepflanzten Stauden. Auch hier werden Iris und Lilien gepflanzt.

BEET 9: Die Herbsthimbeeren* sind reif, die abgeernteten Sträucher werden zurückgeschnitten und mit Pferdemist gedüngt. Der Knoblauch-Schnittlauch blüht.

BEET 10: Die Beerensträucher werden zurückgeschnitten und mit Pferdemist gedüngt. Ein Johannisbeerstrauch muss für neue Rosen weichen, in der Zwischenzeit wird hier Bienenfreund gesät. Der Mangold ist reif für die Ernte, und am Rand des Beetes zum Fußweg hin wird noch etwas Lavendel gepflanzt.

BEET 11A + B: Die Gewürzkräuterbeete aus dem Vorjahr sind jetzt auch dicht bewachsen.

BEET 12: Die Brombeeren* sind reif und werden gepflückt.

BEET 13: Stiefmütterchen, Roter Grünkohl und eine neue Edelpfingstrose stehen im Blumenbeet, dazwischen der Zierlauch mit schmückendem kugelrundem Samenstand. Es werden Iris und Lilien gepflanzt.

Beerensträucher werden zurückgeschnitten, das Schnittgut zerkleinert und – ebenso wie der übrige Gartenabfall – auf den Kompost gegeben.

149

DAS IST IM SEPTEMBER ZU TUN

SAMEN VON DEN GARTENBLUMEN SAMMELN

Jetzt können die Samen von Schmuckkörbchen, Kapuzinerkresse, Platterbsen, Jungfer im Grünen, Ringelblume, Dill, Kümmel, Koriander und Hörnchenkürbis gesammelt werden. Die Samenkörner werden in einen unbenutzten Kaffeefilter gegeben, dieser saugt eventuelle Feuchtigkeit auf. Die Filtertüte wiederum wird in einer luftdichten Plastiktüte verstaut. Name der Pflanze und Datum darauf notieren und alles kühl und trocken bis zur nächsten Saison aufbewahren.

BLUMENZWIEBELN PFLANZEN *Beet 7, 8, 13*

Alle Blumenzwiebeln für das nächste Jahr werden jetzt eingepflanzt, sie werden im gesamten Garten verteilt. Die Zwiebeln müssen in einer Tiefe liegen, die ihrer doppelten Länge entspricht. Ist die Erde sehr lehmig, sollte vorher etwas Kies oder grober Sand in das Pflanzloch gegeben werden. Für die kleinen Zwiebeln kann ein Loch mit einem Pflanzholz oder einer kleinen Hacke gestochen werden. Die Zwiebel wird hineingegeben und das Loch mit Kies oder Sand aufgefüllt. Größere Zwiebeln können auch mit einer kleinen Pflanzenschaufel oder einem Knollenpflanzer gesetzt werden.

SQUASH-KÜRBIS, HÖRNCHENKÜRBIS UND TOMATEN ERNTEN *Beet 1, 2*

Bereits im August hat der Hörnchenkürbis saftige Früchte entwickelt. Sobald sie gelb geworden sind, können sie geerntet werden, in der Regel ist es im September so weit. Auch Squash-Kürbisse und grüne Tomaten können nun geerntet und eingemacht werden. Die Rezepte für eingemachten Hörnchen- und Squash-Kürbis stehen auf Seite 138.

HORTENSIEN, PFINGSTROSEN UND PURPURGLÖCKCHEN PFLANZEN *Beet 8, 13*

In jedem romantischen Garten gedeihen auch Pfingstrosen und Hortensien! Die Hortensienart *Hydrangea macrophylla* bekommt sowohl an Zweigen aus den Vorjahren als auch an

› *Getrockneter Samen von Jungfer im Grünen, Bienenfreund, Mohn, Koriander, Hörnchenkürbis, Kapuzinerkresse, Ringelblume und Dill.*

‹ *Jetzt werden Tulpenzwiebeln gepflanzt. Eine Auswahl findet sich im Pflanzenführer (Seite 2226). Der Hörnchenkürbis hat Samen, die dem Kopf einer Schildkröte ähneln.*

> *Der Gartenabfall wird zerkleinert auf den Kompost gegeben. Im Vordergrund Knollenfenchel. Die Himbeersträucher werden zurückgeschnitten und bekommen noch einmal eine Gabe Pferdemist.*

‹ *Das Mistbeet wurde umgesetzt, jetzt werden Radieschen, Romanasalat und Pak Choi gesät.*

neuen Trieben Blüten. Die Farben der Blüten hängen von dem ph-Wert der Erde ab: Saure Erde fördert blaue Blüten, neutral-basische Erde rosa Blüten. Hortensien tolerieren Kälte gut und fühlen sich in üblicher, wasserdurchlässiger Humuserde in voller Sonne und im Halbschatten wohl. Sie können vom Frühjahr bis in den Herbst gepflanzt werden, zurückgeschnitten werden sie im Frühjahr. Pfingstrosen sollten möglichst von September bis November gepflanzt werden. Die Pflan-

LILIENKÄFER UND SPARGELKÄFER – GIBT ES EINEN UNTERSCHIED?

Der Lilienkäfer ist leuchtend rot, der Spargelkäfer gelb-rot mit grünlichen Zeichnungen. Der Spargelkäfer und dessen Larven knabbern Spargelköpfe und dessen grüne Spitzen an, der Lilienkäfer und dessen Larven knabbern große Löcher in die Blätter und Blüten der Lilien. Die Larven des Lilienkäfers schützen sich selbst gegen Feinde mit ihren eigenen Exkrementen. Man kann die Raupen relativ einfach mit einem Blatt Küchenpapier entfernen. Die ausgewachsenen Käfer sind schwer einzufangen, sie lassen sich bei Gefahr auf die Erde fallen.

ze sollte nicht tiefer in den Boden gesetzt werden, als sie im Topf stand. Pfingstrosen fühlen sich an einem sonnigen bzw. halbschattigen Platz in wasserdurchlässiger, auch lehmiger Humuserde wohl. Soll eine Unterpflanzung angelegt werden, sind Purpurglöckchen (*Heuchera*) sehr gut geeignet, denn die Pflanze erfreut mit dekorativen Blättern und reizvollen Blüten. Es gibt sie in den unterschiedlichsten Sorten und mit Blättern, die wohl jedem Geschmack genügen; orange, grün, gelblich, bordeauxrot und silbern und dazwischen dünne Stängel mit feinen kleinen Blüten in weißen, roten, lila oder gelblichen Nuancen. Die Pflanzen sind ein optimaler Bodendecker.

KIRSCHÄPFEL ERNTEN UND DIE ÄSTE ZURÜCKSCHNEIDEN *Beet 7*

Der kleine rote Schatz ist erntereif, aus den Früchten kann ein herrlich süßes Kirschapfelgelee hergestellt werden. Das Zurückschneiden wird von dem Baum am besten in der Zeit von Mitte Juli bis Mitte September toleriert. Jetzt können noch ausreichend neue Blätter ausgebildet werden, die zur Versorgung und Wundheilung benötigt werden, Krankheitserreger haben dann keine Chance, den Baum zu schwächen. Beim

Blumen sollten in unterschiedlichen Formen und Größen in den
Beeten kombiniert werden, auf jeden Fall müssen sie farblich harmonieren.

Rückschnitt sollten ausschließlich diejenigen Äste eingekürzt werden, die in die Mitte der Baumkrone wachsen, sowie diejenigen, die sich aneinander reiben. Soll der Baum eine bestimmte Wuchshöhe nicht überschreiten, müssen die Spitzen der Äste jedes Jahr zurückgeschnitten werden, so bleiben die Schnittwunden relativ klein. Ein Ast sollte rechtwinklig abgeschnitten werden, der Schnitt bietet so die geringstmögliche Angriffsfläche. Der Ast wird entweder am Stamm abgeschnitten, direkt über einer Knospe oder einem Seitentrieb, so bleibt kein »Kleiderhaken« übrig.

AUF ZUKÜNFTIGEN ROSENBEETEN WIRD NUN BIENENFREUND AUSGESÄT *Beet 10*

Ein abgeerntetes Beet oder ein Platz, an dem eine Pflanze ausgegraben wurde, um sie umzusetzen, sollte sofort mit einer Mulchschicht abgedeckt werden, so bleibt die Bodenstruktur

VORTEILE WURZELNACKTER PFLANZEN

Wurzelnackte Pflanzen konnten anders als Topfpflanzen und Pflanzen mit Wurzelballen ihre Wurzeln ohne Begrenzung entwickeln und sind so hervorragend geeignet für die Pflanzung ins Freiland. Bei Topfpflanzen stoßen die Wurzeln schnell an die Begrenzung und wachsen im Kreis. Handelt es sich um eine Pflanze mit dicken, holzartigen Wurzeln, braucht sie deshalb nach dem Auspflanzen lange, um ein stabiles Wurzelwerk zu entwickeln. Pflanzen mit einem Wurzelballen konnten zwar frei wachsen, aber bei der Entnahme aus dem Zuchtbeet wurden die Wurzeln so zurückgeschnitten, dass diese als Ballen in ein Netz gepackt werden können. Dementsprechend sind die Hauptwurzeln angegriffen und müssen sich erst wieder entwickeln.

erhalten, die Nährstoffe werden nicht ausgewaschen und Unkräuter werden in ihrem Wuchs gehindert. Damit der Boden wieder schnellstmöglich bedeckt ist, sollte beispielsweise Bienenfreund, Hafer oder Weizen gesät werden. Bienenfreund dient der Gründüngung und gedeiht sowohl in voller Sonne als auch im Halbschatten. Die Gründüngung kann vom Frühjahr bis Mitte September ausgesät werden.

KOMPOST WIRD AUF DAS WINTERPORREE-BEET AUSGEBRACHT *Beet 4*

Als Starkzehrer braucht Porree kräftige Nahrung, dazu wird Kompost oder Pferdemist zwischen den Reihen ausgebracht. Die Pflanzen gedeihen hervorragend in nährstoffreicher Humuserde an einem sonnigen Standort.

STAUDEN UND LAVENDEL PFLANZEN
Beet 7, 8, 10, 13

Stauden sind Pflanzen, die jedes Jahr neu erblühen und im Winter verwelken. Am besten werden sie im Herbst gepflanzt, Topfpflanzen können das ganze Jahr hindurch – solange der Boden nicht gefroren ist – gepflanzt werden. Herbstregen und der immer noch warme Boden bieten den Pflanzen optimale Bedingungen zum Anwachsen. Auf diese Weise können die Stauden dann ihre gesamte Energie für die Blüte im kommenden Sommer verwenden. Die welken Teile werden erst im Frühjahr zurückgeschnitten.

TULPENZWIEBELN IN DEN BODEN SETZEN
Beet 7, 8, 10, 13

Tulpenzwiebeln sollten im Herbst gesetzt werden, so blühen sie im April und Mai. Generell sollten Tulpen in wasserdurch-

1 **2**

Klare Farben

*In diesem Beet mit romantischen Blüten werden
zartrosa, lila bis pinkfarbene Töne bevorzugt.
1. Astern. 2. Hortensien. 3. Verbene.
4. Fette Henne. 5. Gelenkblume.*

3 **4**

5

Die Herbstzeitlose erinnert an Krokusse. Sie wächst schnell mit feinen lila Blüten ohne Blätter. Der Knoblauch-Schnittlauch (Allium tuberosum) schmeckt nach Knoblauch. Die Krötenlilie ist eine Staude, deren Blüten einen weißen Grund und violette Flecken haben.

lässigem, gehaltvollem Boden, der auch kalkhaltig sein darf, stehen. In saurer Erde gedeihen sie nicht besonders gut.

BEERENSTRÄUCHER ZURÜCKSCHNEIDEN
Beet 9, 10, 13

Die fruchttragenden, mittlerweile abgeernteten Zweige der Sträucher müssen spätestens jetzt zurückgeschnitten und die abgeschnittenen Teile dann gehäckselt und auf den Kompost gegeben werden. Beerensträucher bleiben jung und fruchtbar, wenn sie jedes Jahr nach der Ernte zurückgeschnitten werden. Die ältesten Zweige werden möglichst bodennah gekürzt. Ein guter Beerenstrauch sollte etwa acht Zweige haben. Die zwei- bis dreijährigen Ruten tragen am besten.

BEERENSTRÄUCHER DÜNGEN *Beet 9, 10, 13*
Herbsthimbeeren werden generell etwas größer als die Sommersorten. Die Herbsthimbeeren tragen Früchte am einjähri-

‹ *Der schmale Rasenweg wird gemäht, so grenzt er sich von den Beeten ab.*

gen Holz, sie müssen jedes Frühjahr zurückgeschnitten werden. Die Sträucher gedeihen gut an einem windgeschützten Standort mit wasserdurchlässigem Boden, viel Sonne lässt die Beeren auch sehr süß werden.

KRANKE TOMATENPFLANZEN IN DEN REST-MÜLL GEBEN *Beet 1*

Krautfäule kann Tomatenpflanzen völlig zerstören, sofern der aggressive Pilz ideale Bedingungen vorfindet: feuchte, ältere, saftige Pflanzenteile und feuchte Luft. Gesunde, junge und unbeschädigte Pflanzen werden nicht angegriffen, aber mittlerweile sind die Tomatenpflanzen durch das wiederholte Ausgeizen der Seitentriebe verwundet und tragen zudem zahlreiche halb verwelkte Blätter, sie bieten dem Pilz eine optimale Angriffsfläche. Die angegriffenen Pflanzenteile werden entfernt und im Müll entsorgt. Wird das Messer vor jedem Schnitt mit Alkohol gereinigt, wird der Pilz nicht bei den Pflegearbeiten übertragen. Der Pilz bildet Sporen, die überwintern und sich im Frühjahr wieder sehr schnell ausbreiten können. Also nie kranke Pflanzenteile auf den Kompost geben!

DAS LETZTE MAL EINMACHEN

EINGEMACHTE GRÜNE TOMATEN

5 Gläser (½ l)

250 g Perllauch

4 Zehen Knoblauch

1,2 kg grüne Tomaten

0,8 l Essig

100 ml Wasser

2 ½ TL Salz

500 g Zucker

2–3 Stängel Dill oder 1–2 TL getrocknete Dillsamen

7–8 cm Meerrettich

25 g frischer Ingwer, etwa 4 cm (in 5 Scheiben geschnitten)

10 cm Zimtstange, in 5 Stücke geteilt

5 Nelken

20 ganze schwarze Pfefferkörner

Perllauch und Knoblauch für 1 Stunde in kaltes Wasser legen, sodass sie leicht geschält werden können. Tomaten waschen und mit einer Gabel dicht und tief einstechen, in einen Topf geben, Essig und 100 ml Wasser dazugießen und alles zum Kochen bringen. Salz und Zucker hinzufügen, sobald die Flüssigkeit kocht. Vorsichtig umrühren, bis der Zucker aufgelöst ist. Tomaten etwa 2 Minuten köcheln lassen, dann mit einem Schaumlöffel herausnehmen und in saubere Gläser verteilen. Geschälten Knoblauch und Perllauch, Dill, Meerrettich, Ingwer, Zimt, Vanille, Nelken und Pfefferkörner in die Flüssigkeit geben. Alles zum Kochen bringen und 5 Minuten köcheln lassen. Lauch und Gewürze entfernen und zu den Tomaten in den Gläsern hinzufügen. Die Lake etwa 15 Minuten vorsichtig köcheln und dann kochend über die Tomaten gießen. Gläser sofort verschließen.

KIRSCHAPFELGELEE

10–12 Gläser (150–200 ml)

3 kg Kirschäpfel

400 ml Wasser

1 EL Apfelessig

1–2 kg Zucker (oder 1 kg Zucker pro Liter durchgeseihten Saft)

2 Vanillestangen

Stiele entfernen, Äpfel schälen. Früchte in einen Topf mit Wasser geben und langsam zum Kochen bringen. Etwa eine halbe Stunde bei milder Hitze kochen lassen; dabei die Apfelstücke mit einem Kochlöffel zerquetschen. Die Apfelmasse in eine Safttüte, die über einer großen Schüssel fixiert ist, geben und etwa 3–4 Stunden abtropfen lassen, bis der gesamte Saft durchgelaufen ist. Den Saft abmessen und zum Kochen bringen. Zucker und Essig unterrühren und die Flüssigkeit abschmecken, sobald der Zucker aufgelöst ist. Den Schaum abschöpfen und den Saft bei schwacher Hitze etwa 20 Minuten köcheln. Zwischendurch umrühren. Mit der Löffelprobe feststellen, ob der Saft geliert, eventuell noch etwas kochen lassen. Vanillestange der Länge nach teilen, das Mark ausschaben und die Stange in kleine Teile schneiden. Vanillemark und -stangenteile in den Saft geben und noch einmal kurz aufkochen lassen. Die Vanillestangenteile aus der Masse nehmen und auf die Gläser verteilen. Saft in die Gläser füllen und sofort verschließen.

1　**2**

Würzige Tomaten

1. Kleine grüne Tomaten mit Kräutern einmachen und verschenken. 2. Eine reiche Ernte von Freilandtomaten ist zusammengekommen. 3. Mangold hat einen milden Rote-Bete-Geschmack und kann sowohl roh als auch zubereitet genossen werden. 4. Die Kirschäpfel wurden zu einem köstlichen Gelee verarbeitet.

3　**4**

OKTOBER

Der Herbstgarten zeigt sich mit herrlichen, intensiven Farben. Jetzt werden die Gartenmöbel weggeräumt und neue, wurzelnackte Rosen gepflanzt. Kälteempfindliche Pflanzen müssen eventuell schon einmal abgedeckt werden. Spinat, Pak Choi und die letzten Radieschen werden geerntet, zusammen mit den letzten Hörnchenkürbissen und dem ersten Kohlkopf.

DAS IST IM OKTOBER ZU TUN

AUSSERDEM ZU TUN:

- Silberblatt/Judaspfennig säen (sät sich auch gut selbst aus)
- Korbkegel, Holzgestelle und Gartenmöbel wegräumen
- Kastanien zur Dekoration sammeln
- Pflanzen mit Gartennachbarn tauschen
- Unkraut in Staudenbeeten jäten
- Spinat, Pak Choi und letzte Radieschen ernten
- letzten Hörnchenkürbis und ersten Kohlkopf ernten
- Konfitüre aus den Beeren, die vorübergehend eingefroren waren, bereiten
- Ananassalbei und Zitronenverbene stehen in Töpfen, sie werden jetzt zurückgeschnitten und – ebenso wie der Lorbeer – in ein frostfreies Winterlager gestellt.

‹ Kastanien sammeln – ein herbstlicher Schmuck für Zuhause

DEN GARTEN WINTERFEST MACHEN

Im Garten wird es nun ruhiger, die leuchtenden Farben werden weniger, die Pflanzen welken langsam dahin – die Natur bereitet sich auf die Winterruhe vor. Die Farbe des Laubes wechselt von Golden zu Rotbraun. Die Blätter der Bäume scheinen Flügel zu bekommen und wirbeln im Wind. Kastanien liegen wie kleine, braune Schätze auf dem Boden und warten nur darauf, eingesammelt zu werden. Stangenbohnen und Platterbsen sind geerntet, Korbkegel und Holzgestelle weggeräumt. Verwelkte Pflanzen können hervorragend als Bodendecker und Winterschutz auf den Beeten verbleiben. Ein paar Herbsthimbeeren sind noch zu pflücken. In den Staudenbeeten wird noch einmal Unkraut gejätet, und die welken Sommerblumen kommen auf den Kompost. Spätestens jetzt sollten die letzten Tulpenzwiebeln gesetzt werden, im Herbst kann der Boden schon zu nass sein, sodass die Zwiebeln dann im Winter verrotten könnten. Eine dünne Champost-Schicht ist zum Abschluss der Gartensaison noch

einmal eine äußerst nahrhafte Gabe für den Boden. Einige Rosen, vor allem die Englischen, haben letzte herrliche Blüten. Wollziest breitet sich um die Rosen herum aus, flankiert von Löwenmäulchen, die unermüdlich blühen. Das Johanniskraut wechselt die Farbe von leuchtendem Gelb zu rötlichem Lila – ein starker Kontrast zum limettenfarbigen Ziertabak.

Im abgeernteten Blumenbeet kann jetzt eine weitere Hortensie – 'Endless Summer' – gepflanzt werden, sie entwickelt während des gesamten Sommers sowohl an neuen als auch an alten Trieben Blüten! Auf den Boden wird etwas Torfmoos gegeben. Jetzt werden die Kletterrosen zurückgeschnitten und neue Triebe hochgebunden. Die zunächst eingefrorenen Johannis- und Stachelbeeren werden endlich zu Konfitüre verarbeitet. Jetzt kann auch das Silberblatt – möglichst großflächig – in das Staudenbeet gesät werden, im Frühjahr sind die lila Blüten ein herrlicher Blickfang. Ananassalbei und Zitronenverbene, die in Töpfen im Freien stehen, werden zurückgeschnitten und dann zusammen mit dem Lorbeerbaum während des Winters an einem frostfreien Ort aufbewahrt.

Der letzte Knollenfenchel sollte jetzt geerntet und kühl und trocken gelagert werden. Auch Wurzelgemüse wie Knollensellerie und Rote Bete sind frostempfindlich, die Pflanzen sollten rechtzeitig mit einem Pflanzenvlies abgedeckt werden. Auch eine Lage Heu schützt vor zu großer Kälte, so versorgt können die Früchte noch einige Zeit im Boden bleiben. Mittlerweile ist auch mit dem ersten Nachtfrost zu rechnen! Dann lassen die Dahlienblüten den Kopf, der über Nacht schwarz geworden ist, hängen. Die Blumenzwiebeln werden ausgegraben und in einem mit Sägemehl gefüllten Behälter an einem

‹ *Jetzt blühen die helllila Herbstastern.*

› *Der Rotkohl ist erntereif und kann lange gelagert werden.*

kühlen Ort überwintert. Der erste Rotkohl ist erntereif, geschützt mit einer Laubschicht und einem Pflanzenvlies übersteht er den Winter.

Im Oktober wird auch Knoblauch gepflanzt, es sollten ausgewählte Sorten, die große Zehen haben und eine reiche Ausbeute versprechen, gesteckt werden. Dazu gehört zum Beispiel die Sorte 'Rebbergknoblauch'. Eine Sorte, die auch gut in das nord- und mitteleuropäische Klima passt, ist der 'Schlangenknoblauch', die Saatknollen enthalten zahlreiche kleine Brutzwiebeln, sie sollten dicht in einem abgegrenzten Areal gesät werden. Im kommenden Juli werden sie aus dem Boden genommen, getrocknet und im Oktober wieder in die Erde gelegt.

Jetzt werden mit Gartennachbarn und Freunden Pflanzen getauscht, Herbst- und Winterastern in herrlichsten Farben wandern so von einem Garten in den nächsten! Eine Pflanzentauschbörse sollte grundsätzlich eher im Frühjahr stattfinden, die Stauden lassen sich aber auch im Herbst setzen. Die wohlriechende Nachtviole kann ein begehrtes Tauschobjekt sein, und die Oktobermargerite findet auch immer einen Abnehmer. Sie ist wirklich schön, hat allerdings einen etwas strengen Geruch.

Sobald die beim Fachhandel bestellte und lang ersehnte Rose 'Souvenir de la Malmaison' eingetroffen ist, muss dieses wurzelnackte Prachtstück sofort eingepflanzt werden. Bei dieser Gelegenheit können auch gleich einige Frühjahrsblumenzwiebeln zwischen die neuen Rosen gesetzt werden, zum Beispiel die des Großen Schneeglöckchens (*Leucojum vernum*), einige Krokusse und eine der schönsten Narzissen, die es gibt, die 'Smiling Twin'. Die Großblütige Bergminze wird vom Kräuterbeet in das neue Rosenbeet umgesetzt. Die Krokuszwiebeln werden zum Austreiben in kleine Tontöpfe gelegt

‹ *Im Oktoberstrauß lassen sich Fette Henne, Wollziest und Ziertabak zu schönen Sträußen binden.*

Die Gartenmöbel werden von der Terrasse geräumt.

und dann – in einer Lage Kies – in das Mistbeet gesetzt. So geschützt treiben die Zwiebeln von Dezember bis Januar aus.

Es ist wunderbar, einen sonnigen Oktober im eigenen Garten zu genießen! Die Oktobersonne lässt den Garten noch einmal in einem herrlichen Farbenspektakel erglühen, mit gelben und orangefarbenen Chrysanthemen und dem gelben Schlitzblättrigen Sonnenhut! Noch sind Rotkehlchen und Zaunkönige unterwegs und picken letzte Beeren auf. Jetzt werden Spinat und Pak Choi geerntet. Und natürlich die letzten Radieschen! Das Spargelbeet ist in flammendes Gelb getaucht, kleine, rote Beeren schmücken das Ganze. Hier wird eine dicke Schicht Kompost aufgebracht, so ist ausreichende Wärme und Nahrung bis zum Frühjahr gesichert. Das Rhabarberbeet bekommt eine Gabe Pferdemist. Der Kompost wird umgesetzt und auf den Saatbeeten verteilt.

Der Sommer geht, der Winter kommt. Der Gartenschlauch wird entleert und zusammen mit den Gartenmöbeln verstaut. Jetzt ist Winterruhe!

Im Oktober werden Frühlingszwiebeln und Knoblauch gesteckt. Jetzt kann eine neue, wurzelnackte Rose gepflanzt werden, der Gartenabfall wird auf den Kompost gegeben.

SO SIEHT DER GARTEN IM OKTOBER AUS

Riesige Kohlköpfe sind herangewachsen, und rote Beeren schmücken die Spargelpflanzen. Aus dem Mistbeet spitzt Unkraut hervor, die letzten Himbeeren können geerntet werden. Der Kompost wird umgesetzt und Frühjahrsblumenzwiebeln großzügig im gesamten Garten verteilt, Knoblauch wird gepflanzt. Außerdem wird überall Silberblatt/Judaspfennig gesät.

OSTEN

NORDEN

SÜDEN

WESTEN

DIE BEETE IM OKTOBER

Auf den folgenden Seiten sind die Bepflanzungen sowohl der vergangenen als auch der bevorstehenden Gartensaison für jedes einzelne Beet im Monat Oktober beschrieben. Zur Übernahme dieser Gestaltungsvorschläge finden sich weitergehende Informationen im Kapitel »Die Beete des Gartens – Pflanze für Pflanze« (Seite 222), der Pflanzenführer auf Seite 226 informiert detailliert über die einzelnen Pflanzen. Hier sollte beachtet werden, dass Pflanzen, die mit einem * markiert sind, bereits vor Beginn des Gartenprojektes gesät oder gepflanzt wurden.

BEET 1: Pflücksalat*, Petersilie* und Spinat werden geerntet. Der Boden wird mit Kompost bedeckt. Noch stehen Majoran* und Schnittlauch am Beetrand.

BEET 2: Hier stehen Gladiolen, Schmuckkörbchen, Rotkohl, Grünkohl und Rosenkohl. Auf abgeerntete Beete wird Gründünger gesät oder sie werden gemulcht. Knoblauch wird gepflanzt. Im Mistbeet steht Krokus in Töpfen zum Austreiben und Romanasalat. Pak Choi* wird zusammen mit den letzten Radieschen des Jahres geerntet. An der Seite zu Beet 3 stehen Platterbsen. Die letzten Hörnchenkürbisse werden geerntet.

BEET 3: Hier gedeihen die Erdbeerpflanzen*. Dahlienknollen werden ausgegraben und Komposterde auf die Beete gegeben. Die Töpfe werden über Winter ins Haus geholt.

BEET 4: Auch hier werden die Dahlienknollen ausgegraben und Komposterde und eine Mulchschicht auf die Beete gegeben. Porree und Knollensellerie* gedeihen prächtig. Die Korbkegel werden weggeräumt und welke Pflanzen kompostiert.

BEET 5: Rote Bete werden ebenfalls mit einer Lage Stroh geschützt. Hier wachsen noch Gründünger und Frühjahrssalat. Knollenfenchel kann nach wie vor geerntet werden.

BEET 6: Das neue Gewürzkräuterbeet*.

BEET 7: Im Staudenbeet stehen Stauden* und Rosen*, flankiert von unermüdlich blühenden Löwenmäulchen und Wollziest. Die Blätter der Pfingstrose werden abgeschnitten, der Schlitzblättrige Sonnenhut blüht. Das Beet wird gejätet, auf dem Boden wird eine Lage Champost verteilt.

Die Beeren aus dem Garten werden teilweise zu Konfitüre verarbeitet, unter anderem zu Johannis- und Stachelbeerkonfitüre. Ein netter Stoff, der um den Deckel gelegt und mit Bastschnur festgebunden wird – und fertig ist ein sehr persönliches Geschenk!

BEET 8: Die Hortensien im Blumenbeet werden mit Torfmoos abgedeckt. Welke Sommerblumen kommen auf den Kompost. Hier stehen Oktobermargeriten und Gemeine Schafgarbe. Das Beet wird gejätet und eine Lage Champost wird verteilt.

BEET 9: Die allerletzten Herbsthimbeeren werden geerntet, der Kompost umgesetzt.

BEET 10: Der Rhabarber bekommt eine Gabe Pferdemist, die Brombeeren werden geerntet. Neue, wurzelnackte Rosen werden gepflanzt, dazwischen Frühjahrsblumenzwiebeln.

BEET 11A + B: Gewürzkräuterbeet.

BEET 12: Die Terrasse ist von einem Rosenspalier*, Lavendel*, Thymian*, Brombeeren*, Rosen* und Klematis* umgeben. Die Kletterrosen werden geschnitten, neue Triebe hochgebunden.

BEET 13: Die verwelkten Pflanzen werden auf den Kompost gegeben. Hortensien können gepflanzt und dann mit Torfmoos abgedeckt werden. Die Pfingstrosen werden zurückgeschnitten. Das Beet wird gejätet und mit etwas Champost versehen.

DAS IST IM OKTOBER ZU TUN

KLETTERROSEN ZURÜCKSCHNEIDEN UND DIE NEUEN TRIEBE HOCHBINDEN *Beet 12*

Jetzt werden die Kletterrosen leicht eingekürzt, so können verwelkte oder dünne, kleine Pflanzenteile nicht von einem Wintersturm heruntergerissen und die Pflanze so beschädigt werden. Viele Kletterrosen blühen am zweijährigen Holz, beim Zurückschneiden also achtsam sein! Im nächsten Frühjahr sollten die Rosen noch einmal kontrolliert und eventuell durch Frost beschädigte Zweige entfernt werden. Dann werden auch ein paar der ältesten und kräftigsten Äste entfernt.

DIE LETZTEN TULPENZWIEBELN PFLANZEN *Beet 7, 8, 10, 13*

Tulpenzwiebeln und andere Frühjahrsblumenzwiebeln können eingepflanzt werden, solange der Boden frostfrei ist, je eher die Zwiebeln gesetzt werden, desto gesünder und blühfreudiger sind sie im kommenden Jahr. Ist der Boden lehmig, wird zuerst eine Lage Kies oder grober Sand in das Pflanzloch gegeben, so ist der Untergrund wasserdurchlässiger. Die Zwiebeln vertragen keine Staunässe, sie können leicht verrotten.

ETWAS CHAMPOST AUF DAS BEET GEBEN *Beet 7, 8, 13*

Während der Lauch blüht, benötigt er keine zusätzlichen Nährstoffe. Nach der Blüte, wenn der Lauch neue Energiedepots aufbauen muss, sollte man der Erde Champost zuführen.

HORTENSIEN PFLANZEN *Beet 13*

Hortensien sollten in jedem Garten stehen, mit den großen Blütenschirmen sehen sie sehr schön aus, egal ob die Blüten frisch oder bereits verwelkt sind. Sie gedeihen in üblicher, wasserdurchlässiger Humuserde an sonnigen oder halbschattigen Plätzen. Die Farbe der Blüten hängt vom pH-Wert des Bodens ab: Ist er eher sauer, werden blaue, ist er neutral-basisch, rosa Blüten gefördert. Ein spezielles Torfmoos lässt die Erde saurer werden, möglicherweise werden die Blüten blau ...

› *Knollensellerie mit einer Winterdecke aus Stroh.*

‹ *Von links: Rote Bete mit Winterdecke. Der Fenchel eignet sich hervorragend für ein Wokgericht oder als leckere Zutat für einen herbstlichen Salat. Die neuen Triebe der Kletterrosen werden hochgebunden.*

Herbstblüten

1. Zartrosa Herbstastern.
2. Chrysanthemen. 3. Spargelpflanze.
4. Weiße Herbstastern.
5. Hortensien.

DIE BEETE MIT VLIES ABDECKEN *Beet 4, 5*

Knollenfenchel ist eine frostempfindliche Pflanze, jetzt werden alle Früchte geerntet und frostfrei gelagert. Wurzelgemüse – wie Knollensellerie und Rote Bete – benötigen ebenfalls eine Lage Stroh, bevor der erste Bodenfrost kommt, sie können auf jeden Fall noch im Beet verbleiben.

DAS SPARGELBEET MULCHEN *Beet 1*

Auch das Spargelbeet bekommt eine schützende Kompostdecke, so bleibt der Boden locker und Nährstoffe werden zugeführt. Zudem schränkt eine Mulchdecke das Unkraut ein, es würde im Frühjahr den Spargelwuchs hindern.

DAHLIENKNOLLEN AUSGRABEN *Beet 3, 4*

Dahlienknollen sind nicht winterhart, sie müssen vor dem ersten Nachtfrost ausgegraben und an einem kühlen und trockenen Ort aufbewahrt werden. Von den ausgegrabenen Knollen wird die gröbste Erde entfernt und die Stängel auf etwa 15 cm eingekürzt. Danach können sie in einem Behälter mit Sägemehl aufbewahrt werden. Die Knollen sollten nur in einer Schicht liegen, so lassen sie sich einfacher kontrollieren. Mehrschichtig aufbewahrte Dahlienknollen bieten eine große Angriffsfläche zur Ausbreitung von Schimmel und Fäulnis.

NEUE, WURZELNACKTE ROSEN PFLANZEN *Beet 10*

Rosen stehen gerne in wasserdurchlässiger, nährstoffreicher Erde. Sollten keine anderen Angaben in der Pflanzanweisung gemacht worden sein, werden sie an einen sonnigen Platz gesetzt. Wurzelnackte Rosen werden im Herbst so eingepflanzt, dass die Veredelungsstelle maximal 10 cm unter der Erdoberfläche liegt. Das Pflanzloch muss ausreichend tief sein, die Wurzeln dürfen beim Einsetzen auf keinen Fall abgeknickt werden. Es wird kein Gründünger oder Kompost unter die Erde gemischt, die Pflanze wird jedoch mit einer dicken

PFINGSTROSENGRAUSCHIMMEL VERMEIDEN

Schimmel breitet sich besonders gut in einer feuchten Umgebung aus. Haben Pfingstrosen einen sehr dichten Blattstand oder sind sie so tief eingepflanzt, dass die Triebe unterhalb der Erdoberfläche liegen, kann es zu Schimmelbefall kommen. Um diesem vorzubeugen, sollten die Pflanzen in wasserdurchlässigem Boden stehen und nicht überdüngt werden. Gedüngt wird erstmals nach der Blüte. Bei Schimmelbefall werden die betroffenen Blätter sofort bis zum Boden abgeschnitten, um eine weitere Ausbreitung zu verhindern. Wird eine Pflanze öfter von Schimmel befallen, sollte sie entsorgt werden.

Schicht Kompost oder Champost angehäufelt. Darüber wird zusätzlich eine Winterdecke aus Tannenzweigen gegeben.

FRÜHJAHRSZWIEBELN ZWISCHEN DIE NEUEN ROSEN PFLANZEN *Beet 10*

siehe dazu das Kapitel »September«

KROKUSZWIEBELN ZUM VORKEIMEN IN KLEINEN TÖPFEN INS MISTBEET STELLEN *Beet 2*

Blumenzwiebeln können sehr dicht mit nur ein paar Zentimetern Abstand oder auch sehr großzügig gepflanzt werden, das gewünschte Erscheinungsbild ist hier ausschlaggebend. Die Zwiebeln werden mit einer etwa 5 cm hohen Erdschicht bedeckt. Der Beginn der Blüte hängt vom Wetter, dem Standort und der Sorte ab. Je länger die Sonne scheint, desto eher spitzen die Blüten aus dem Boden!

PFERDEMIST AUF DAS RHABARBERBEET GEBEN *Beet 10*

Pferdemist enthält viel Stroh, er eignet sich hervorragend als Langzeit-Winterdecke. Rhabarber verträgt als Starkzeh-

> Der Sonnenhut trägt nun ein wundervolles Rotbraun.

‹ Jetzt wird Knoblauch gepflanzt. Auf dem Foto die Sorten 'Transsylvanian', 'Rebbergknoblauch' und 'Schlangenknoblauch'. Im Mistbeet stehen noch Radieschen und Salat.

rer durchaus eine dicke, nährstoffreiche Mistschicht. Da die Pflanzen jetzt größtenteils verwelkt sind, lässt sich der Mist unkompliziert auf diesem Beet verteilen.

KNOBLAUCH PFLANZEN *Beet 2*

Eine Knoblauchknolle wird in einzelne Zehen geteilt, diese werden etwa 5 cm tief und im Abstand von etwa 10 cm eingepflanzt. Knoblauch ist ein sehr guter Nachbar von Erdbeerpflanzen; da die ausgewachsenen Pflanzen weder viel Platz beanspruchen noch in Konkurrenz zu anderen Pflanzen stehen, können sie an unterschiedlichsten Plätzen im gesamten Garten verteilt werden. Ist der Boden sehr lehmig, sollte ein etwas größeres Loch zunächst mit einer Dränageschicht aus Sand oder Kies gefüllt werden.

KOMPOST UMSETZEN

Die oberste Lage des noch nicht verrotteten Komposts wird abgenommen. Den übrigen Kompost durchsieben oder die noch unverrotteten Teile aussortieren. Mit dem noch unverrotteten Kompost wird ein neuer Komposthaufen angesetzt, der halb verrottete Kompost wird auf den Saatbeeten verteilt.

RICHTIG DÜNGEN

CHAMPOST ist ein organischer Dünger. Er gibt die in ihm enthaltenen Nährstoffe nach und nach an den Boden ab, wirkt damit bodenverbessernd und hält die Feuchtigkeit. Er besteht aus Pferde- oder Hühnermist und Pflanzenfasern und ist frei von Unkrautsamen und Krankheitserregern, da er bei der Herstellung einen Wärmeprozess durchmacht.

KOMPOST Kompost ist ein sehr vitales Produkt, voller Leben, das der Boden unbedingt braucht. Er kann allerdings Unkrautsamen oder Krankheitserreger enthalten, falls das Pflanzenmaterial nicht sorgfältig ausgewählt wurde. Die Struktur des Komposts hängt vom Reifegrad ab.

ORGANISCHER DÜNGER wirkt langfristig, er ist quasi ein Abfallprodukt aus dem Garten, der Landwirtschaft oder der Tierhaltung. Er wird in den Boden gegeben und kann nicht als Mulchdecke verwendet werden. Dieser Dünger eignet sich gut für Töpfe und Grasflächen oder ein Staudenbeet.

KUNSTDÜNGER wird synthetisch hergestellt und düngt ausschließlich die Pflanze, nicht aber den Boden. Die Düngung wirkt sofort. Leider besteht die Gefahr einer Überdüngung, und auf lange Sicht büßen die Pflanzen ihre Widerstandskraft ein.

NOVEMBER

Der Winter steht vor der Tür, erster Forst droht, spätestens jetzt muss der Garten eine schützende Winterdecke erhalten, und alle Gartengeräte werden gereinigt. Der Rasen wird ein letztes Mal gemäht und Rote Bete und Knollensellerie geerntet. Die meisten Blumen sind verblüht, die letzten Ringelblumen und Rosen werden für einen Strauß gepflückt.

DAS IST IM NOVEMBER ZU TUN

AUSSERDEM ZU TUN:

• letzte Ringelblumen und Rosen pflücken

• leere Gewürzkrautertöpfe werden umgedreht (mit dem Boden nach oben)

• einige Äpfel für Vögel hängen lassen

‹ *Grünkohl und Rotkohl kann dieses Wetter nichts anhaben.*

KOHLZEIT

Der Rotkohl für das Weihnachtsmenü gedeiht prächtig! Leider wird er gerne von silbrigen, kleinen Ackerschnecken befallen, sie verstecken sich an den verborgensten Plätzen im Kohlkopf und lassen sich die knackigen Blätter schmecken. Werden die Schnecken rechtzeitig entdeckt, hat der Rotkohl möglicherweise eher nur äußerlich gelitten. Dann werden die befallenen Deckblätter entfernt, der Kohlkopf in Zeitungspapier gewickelt und dann schnecken- und frostfrei in einem gut belüfteten Holzkasten aufbewahrt. Das Kohlbeet wird an den bereits abgeernteten Stellen mit Pferdemist abgedeckt. Die Radieschen gedeihen unter der Glasscheibe des Mistbeetes und sind erntereif. Auch der Knollenfenchel kann jetzt geerntet werden.

Gladiolenknollen überstehen den Frost nicht, sie sollten – ebenso wie die Dahlienknollen – ausgegraben und in einer Kiste mit Sägemehl kühl und trocken aufbewahrt werden. Während des Winters sollten die Zwiebeln ab und zu auf Schimmelbefall kontrolliert werden. Wehmut kommt auf, wenn die letzten Rosen gepflückt werden, sie wirken mittlerweile zart und zerbrechlich. Ihre Blütenblätter sind schon durchscheinend, ihr Duft erinnert noch an den Sommer …

Da das Novemberwetter äußerst wechselhaft ist, sollten die wenigen freundlichen – vielleicht sogar sonnigen – Stunden noch genutzt werden, um den Garten winterfest zu machen. Zum letzten Mal in diesem Jahr wird der Rasen gemäht. Die letzten Rote Bete werden geerntet und entweder eingemacht oder in einem mit Sand gefüllten Kasten kühl und trocken aufbewahrt. Auf die Kräuterbeete wird eine Mulchschicht aus Wicke, Klee und Bienenfreund gegeben. Der Kompost wird mit einer dunklen Plastikplane abgedeckt, so wird ein Auswaschen der Nährstoffe verhindert. Die kälteempfindlichen Hortensien bekommen ebenfalls eine Winterdecke. Rosmarin und Johannisbeersalbei können versuchsweise im Beet überwintern; eine Mulchschicht aus zerkleinertem Laub dient als Kälteschutz. Tannenzweige halten die wärmende Decke zusammen und schützen die Gewürzkräuter auch noch zusätzlich vor Frost. Laub wird in Plastiksäcke gefüllt, dann eine Handvoll Komposterde dazugegeben und einige Löcher in die Säcke gestochen – das Laub zersetzt sich während des Winters und kann im Mai als Mulchdecke

› *Blumenstrauß mit Wollziest, Samenstand vom Wollziest, Samenstand von der Glockenrebe, Rotem Salbei, Thymian, Gemeiner Schafgarbe und Krauser Peetersilie.*

‹ *Imponierende Knollensellerieernte*

Vorsicht vor Ackerschnecken! Sie machen sich jetzt gerne über Kohl- und Salatpflanzen her.

für die Kräuterbeete verwendet werden. Und nicht vergessen: die letzten Ringelblumen für einen kleinen Strauß pflücken. Um diese Jahreszeit ist endlich ausgiebig Zeit, sich der Pflege der Gartenwerkzeuge zu widmen: Sie werden gereinigt, eventuell repariert und zur Winterruhe verstaut. Eine Hacke sollte jedoch auch im Winter stets griffbereit sein, beispielsweise um die letzten Küchenkräuter auszugraben.

Der Kirschapfelbaum hat mittlerweile alle Blätter verloren. An einigen nackten Zweigen hängen noch rote Äpfel, kleine Rubine, die im Wind hin- und herschaukeln. Wehmütig wird das Kapitel Gartenblumen für diese Saison geschlossen. Allerdings ist ein Kranz aus Rosmarin, Thymian, Rotem Salbei, Wollziest, Gemeiner Schafgarbe und Kirschäpfeln

eine bezaubernde, an der Jahreszeit ausgerichtete Alternative. Pflanzentöpfe werden mit dem Boden nach oben aufgestellt, so kann der Frost sie nicht sprengen. Alle kleinen Geräte, Stützen, Drähte, Seile etc. werden weggeräumt.

Nach frostigen Nächten lässt der Rosenkohl die Blätter hängen – nicht ohne Grund, denn sie schützen gleichzeitig die kleinen runden Kohlröschen! Ein erster Rosenkohlstängel kann jetzt probeweise geerntet werden. Knollensellerie muss vor strengem Nachtfrost geschützt werden, er wird ausgegraben und in einem Holzkasten, der mit Zeitungen ausgekleidet ist, an einem kühlen, frostfreien Ort aufbewahrt. Die Tage werden immer kälter und dunkler – wie gut, dass die Früchte des Sommers im Glas konserviert wurden!

› *Die hohen Rosenkohlstängel sind sehr dekorativ, von einer Pflanze können sehr viele Röschen geerntet werden.*

‹ *Der winterharte Rosenkohl schmeckt bitter, wenn er nicht ausreichend Frost bekommen hat. Er sollte nicht vor Januar geerntet werden, frühere Sorten können eventuell auch schon im November/ Dezember geerntet werden.*

»Knollen und Kohl« könnte das Motto für diesen Monat lauten. Es ist Erntezeit für Grünkohl, Winterporree, Knollenfenchel, Rote Bete und Rotkohl.

SO SIEHT DER GARTEN IM NOVEMBER AUS

Kohl und immergrüne Pflanzen dominieren das Gartenbild in diesem Monat. Auf einigen Beeten kommt es – je nach Wetterlage – manchmal noch zu einer unerwarteten Blüte, beispielsweise bei den Erdbeeren. Die Beete haben eine Winterdecke aus Blättern, Kompost und Tannenzweigen.

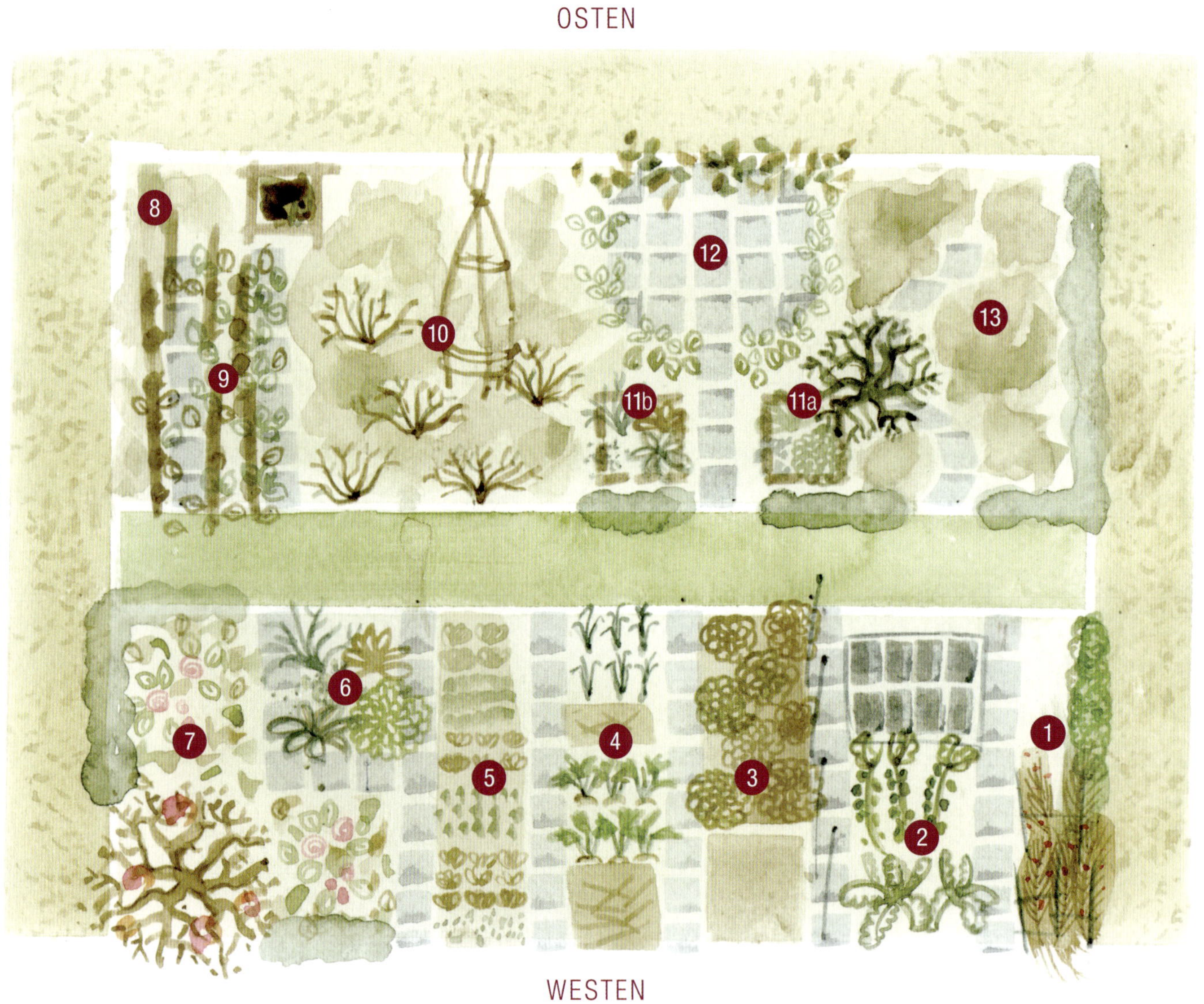

OSTEN

NORDEN

SÜDEN

WESTEN

DIE BEETE IM NOVEMBER

Auf den folgenden Seiten sind die Bepflanzungen sowohl der vergangenen als auch der bevorstehenden Gartensaison für jedes einzelne Beet im Monat November beschrieben. Zur Übernahme dieser Gestaltungsvorschläge finden sich weitergehende Informationen im Kapitel »Die Beete des Gartens – Pflanze für Pflanze« (Seite 222), der Pflanzenführer auf Seite 226 informiert detailliert über die einzelnen Pflanzen. Hier sollte beachtet werden, dass Pflanzen, die mit einem * markiert sind, bereits vor Beginn des Gartenprojektes gesät oder gepflanzt wurden.

BEET 1: Der Spinat treibt immer noch aus. Die Färbung der Spargelpflanzen* hat von Gelb nach Rot gewechselt. Majoran und Schnittlauch stehen am Wegrand.

BEET 2: Rotkohl und Grünkohl werden geerntet, der Rotkohl wird gut gelagert. Ein einzelner Rosenkohlstängel wird zum Kosten geerntet (– eigentlich ist es noch zu früh!). Pferdemist wird auf den abgeernteten Beeten verteilt. Die Gladiolenknollen werden ausgegraben. Im Mistbeet stehen Krokuspflanzen in Töpfen zum Austreiben, der Romanasalat ist von Schnecken befallen, und die letzten Radieschen können geerntet werden.

BEET 3: Das Erdbeerbeet wird mit Kompost gedüngt und mit einer Laubschicht gemulcht. Manchmal blühen Erdbeerpflanzen noch einmal unerwartet.

BEET 4: Der Knollensellerie wird ausgegraben und das Beet mit Kompost gedüngt. Der Porree wird mit einer Laubschicht gemulcht.

BEET 5: Rote Bete und Knollenfenchel werden geerntet.

BEET 6: Auf dem neuen Gewürzkräuterbeet* stehen immer noch Gewürzkräuter, einzelne Kräuter erhalten eine Winterdecke.

BEET 7: Das Staudenbeet mit den langsam verwelkenden Rosen kündigt unerbittlich den nahenden Winter an. Stauden* und der Kirschapfelbaum* haben mittlerweile ihre Blätter verloren, einige kleine rote Beeren für die Vögel hängen noch an den kahlen Zweigen.

BEET 8: Im Staudenbeet stehen Hortensien, sie und die Gemeine Schafgarbe werden auch mit einer schützenden Laubschicht abgedeckt.

BEET 9: Die allerletzten Herbsthimbeeren werden geerntet. Der Kompost wird mit dunkler Plastikfolie abgedeckt.

BEET 10: Die Beerensträucher* sind mittlerweile auch völlig kahl. Die letzten Ringelblumen werden gepflückt. Die neue Rose steht hier, der Rhabarber wird mit Pferdemist abgedeckt.

BEET 11A + B: Das Gewürzkräuterbeet wurde mit Wicke, Klee und Bienenfreund gemulcht, einzelne Kräuter bekommen eine wärmende Winterabdeckung.

BEET 12: Die Terrasse ist von einem Rosenspalier*, Lavendel*, Thymian*, einer Brombeerhecke*, Rosen* und Klematis* umgeben. Die Krüge werden während des Winters auf den Kopf gestellt.

BEET 13: Im Blumenbeet grünt kaum noch etwas. Die Hortensie erhält eine Winterdecke. Außerdem steht hier Wollziest.

Die Gartengeräte haben gute Dienste geleistet und sollten dementsprechend gepflegt werden. Bevor das Werkzeug weggeräumt wird, wird alles von Erdresten befreit, gründlich gereinigt, eventuell geschärft und geölt.

DAS IST IM NOVEMBER ZU TUN

ROTE BETE UND ROTKOHL ERNTEN UND DIE FRÜCHTE WÄHREND DES WINTERS LAGERN
Beet 2, 5

Rote Bete werden jetzt geerntet und in leicht feuchtem Sand bei 1–4 °C gelagert, so bleiben sie knackig. Ihre Haltbarkeit hängt von der richtigen Lagerung ab. Verletzte Früchte werden nicht aufbewahrt. Rotkohlköpfe können – verpackt in Zeitungen – in einem gut belüfteten Holzkasten verwahrt werden.

DAS KOHLBEET MIT PFERDEMIST ABDECKEN
Beet 2

Das abgeerntete Kohlbeet wird nun großzügig mit Pferdemist bedeckt, da er Stroh enthält, lässt er sich sehr gut als Langzeitwinterdecke verwenden.

DEN KOMPOST MIT DUNKLER PLASTIKFOLIE ABDECKEN Beet 9

Sobald alle Beete mit Kompost versorgt worden sind und keine weiteren Gartenabfälle auf den Kompost gegeben werden, wird er mit dunkler Plastikfolie abgedeckt. Die Abdeckung mit Steinen beschweren, so kann sie im Laufe des Winters nicht verrutschen oder vom Wind weggeblasen werden. Der Kompost kann so lange abgedeckt bleiben, bis die nächsten Gartenabfälle hier kompostiert werden sollen. So werden die Nährstoffe nicht ausgeschwemmt.

DIE GEWÜRZKRÄUTER MIT TANNENZWEIGEN ABDECKEN Beet 6, 12

Die meisten Gewürzkräuter brauchen keinen Winterschutz. Ausnahmen bilden beispielsweise Rosmarin und Lorbeer, sie können durch dauernde oder plötzlich hereinbrechende Kälte Schaden nehmen.

PFLANZEN MIT EINER LAUBSCHICHT MULCHEN UND MIT TANNENZWEIGEN ABDECKEN

Eine Winterabdeckung besteht aus organischem Material, beispielsweise Laub, Stroh, Kompost oder anderen verwelkten Pflanzenteilen. Die Winterdecke soll einerseits die Pflanzen schützen, darüber hinaus werden so Niederschläge abgemildert, und der Boden behält seine Struktur und damit seine

HUNGRIGE ACKERSCHNECKEN

In den letzten Jahren hat die Spanische Wegschnecke (oftmals auch Killerschnecke genannt) sehr viel Schaden angerichtet, die Ackerschnecke allerdings kann noch erheblich mehr im Garten schädigen. Sie ist nur einige Zentimeter lang, grau oder graubraun und fällt im Beet nicht auf. Sie ist nachtaktiv, verkriecht sich am Tag im Boden, so gestaltet sich das Einsammeln dieser Tiere schwierig. Die Ackerschnecken können in größerer Zahl auftreten und einen Küchengarten sehr schnell grundsätzlich schädigen.

Nicht allein Sommerblumen sind schön anzuschauen, auch immergrüne Pflanzen, Gewürzkräuter und trockene Samenstände haben – der Jahreszeit entsprechend – einen großen Reiz …

> *Man sollte sich auch um die Vögel im Garten kümmern, indem man ihnen etwas Futter hinterlässt. So kann man zum Beispiel einige Kirschäpfel am Baum hängen lassen.*

‹ *So ein Küchengarten ist nicht nur sehr nützlich, er ist auch sehr schön anzusehen. Hier ein Kranz aus Rosmarin, Lavendel, Thymian, Wollziest und Kirschäpfeln.*

Qualität. Eine Mulchschicht sichert zudem die Lebensgrundlage diverser Bodenorganismen, sie ziehen Teile der Winterdecke in die Erde. Einiges davon wird gefressen und zu Nährstoffen für Pflanzen umgewandelt, anderes verbleibt im Boden und bildet wiederum einen Teil der wichtigen Struktur, übrig bleibt ein lockerer, luftiger Boden – substanziell wichtig für ein gutes Gedeihen der Pflanzen. Pilze und Mikroorganismen bilden das Material um, so ist es wichtig, dass jedes Jahr eine neue Mulchschicht auf die Beete gebracht wird. Im Übrigen sind Pilze auch für das Gedeihen von Pflanzen sehr wichtig, zwischen beiden Lebensformen besteht ein Zusammenspiel in der Wasser- und Nahrungsaufnahme. So sollten unter anderem die Rosen eine Winterabdeckung bekommen, ebenso wie die frostempfindlichen Hortensien. Letztere frieren möglicherweise an den äußeren Spitzen der Zweige ab, dies ist jedoch eher bedeutungslos. Wurde die Hortensie als Topfpflanze gekauft und eingesetzt, besteht das Risiko, dass sie im Freien völlig erfriert und nicht mehr blüht. Daher sollte sie eine solide Wintermulchdecke bekommen. Mittlerweile wurden neue winterharte Sorten gezüchtet, sie benötigen keine starke Winterabdeckung.

KNOLLENSELLERIE LAGERN *Beet 4*

Knollensellerie braucht unterschiedlichste Mikronährstoffe, um nicht von innen her zu verrotten. Er gedeiht hervorragend in nährstoffreicher, wasserdurchlässiger Erde ohne Unkraut und will kontinuierlich gewässert werden. Ein- bis zweimal kann das Beet mit Holzasche gedüngt werden. Es gibt auch verschiedene organische Dünger mit Tang- oder Algenzusatz, sie eignen sich sehr gut zur Versorgung von Sellerie. Die Knollen müssen unbedingt vor dem ersten Frost geerntet werden. Sie werden trocken und frostfrei in einem mit Zeitung und alten Tüchern ausgelegten Kasten aufbewahrt oder – ebenso wie Rote Bete – in feuchtem Sand an einem frostfreien Ort.

KNOLLENFENCHEL ERNTEN *Beet 5*

Die Früchte müssen vor dem ersten Nachtfrost geerntet werden, Wurzeln und Stängel mit den zarten Blättern werden abgeschnitten und die Knolle aufrecht stehend in einem mit Sand gefüllten Kasten an einem trockenen und kühlen Ort aufbewahrt. Die Größe der Knolle hängt sowohl von der Witterung als auch dem Lichteinfall ab. Bei höheren Temperaturen und langem Lichteinfall bleiben die Knollen eher klein, oder es werden überhaupt keine Früchte, ausgebildet. Häufig beginnt die Pflanze dann zu blühen. Das ist keinesfalls dramatisch – denn auch die Blätter und Blüten schmecken hervorragend und sind zudem sehr dekorativ.

EINEN ROSENKOHLSTÄNGEL ERNTEN *Beet 2*

Es gibt unterschiedliche Rosenkohlsorten, einige sind winterhart und andere, vor allem die Herbstsorten, sind frostempfindlich. Die winterharten Sorten schmecken bitter, wenn sie nicht genügend Kälte bekommen, sie sind erst nach einem kräftigen Frost – also etwa ab Januar – erntereif. Frühe Sorten können bereits im November und Dezember geerntet werden. Die erntereifen Röschen können durchaus unterschiedlich groß sein. Die winterharten Sorten haben eine lange Wachstumsperiode, sie sind im Herbst noch winzig klein.

DAHLIENKNOLLEN AUSGRABEN *Beet 2*

Dahlienknollen müssen vor dem ersten Nachtfrost ausgegraben und dann trocken aufbewahrt werden. Sollen sie im Freien überwintern, wird der Boden bis zum Frühjahr mit einer dicken Strohschicht abgedeckt, die Blüten im kommenden

Jahr werden in der Regel dann allerdings nicht mehr besonders groß.

GARTENWERKZEUGE SÄUBERN

Bevor Gartenwerkzeuge und -geräte endgültig zur Seite gelegt werden, müssen sie zunächst gründlich von Erde befreit werden. Anschließend wird der Rost, der sich möglicherweise im Laufe des Sommers gebildet hat, mit Stahlwolle abgerieben, sämtliche Holzgriffe mit sehr feinem Sandpapier geglättet. Zum Schluss alle Holzteile der Geräte mit Leinöl einreiben, die Metallteile mit einem einfachen Maschinenöl einfetten. Auch die Rosen- und Heckenschere werden – ebenso wie der Rasenmäher – gut gereinigt und geölt. Sämtliche Schneidewerkzeuge werden jetzt noch zum Schärfen in einen Fachhandel gegeben – dann ist alles im Frühjahr wieder sofort gebrauchsfähig!

EIN LETZTES MAL DEN RASEN MÄHEN

Wann sollte der Rasen das letzte Mal gemäht werden? Das hängt im Wesentlichen von den Temperaturen ab, solange sie über 5 °C liegen, wächst das Gras noch. Beim letzten Mähen sollte der Rasen nur noch bis auf 6 cm geschnitten werden. Ist er zu kurz, wird er möglicherweise durch Frost geschädigt, bleibt er zu hoch, steigt das Risiko von Schimmelbefall.

LAUB IN PLASTIKSÄCKE FÜLLEN

Das Laub aus dem Garten kann mit einer Handvoll Gartenerde gemischt in Plastiksäcke gefüllt werden. Diese erhalten kleine Luftlöcher, so können die Blätter schneller verrotten. Das verrottete Material wird im Frühjahr als Deckmaterial zwischen die Gewürzkräuter gegeben.

‹ *Das Gartenjahr neigt sich dem Ende zu, im November werden die Gartenwerkzeuge gereinigt und während des Winters am besten hängend aufbewahrt.*

› *Der Porree bekommt eine schützende Mulchdecke. Im Vordergrund sind noch allerletzte Rosenblüten zu bewundern!*

DEZEMBER

Ist der Boden mit Schnee bedeckt oder gefroren, werden die Vögel umfassend versorgt: Nistkästen, Futterstellen werden eingerichtet, Vogelhäuschen und viele Leckereien für die gefiederten Gäste bereitgestellt. Jetzt werden Porree, Kohl und Gewürzkräuter geerntet. Die ersten Frühjahrskeimlinge stehen schon in den Startlöchern: Hyazinthen treiben unter kleinen Hüten aus, Krokusse und Kleine Schneeglöckchen keimen, und die zarten Christrosen sind zu erahnen.

DAS IST IM DEZEMBER ZU TUN

AUSSERDEM ZU TUN:

• immer wieder nach den ersten Christrosen, Krokussen und Schneeglöckchen Ausschau halten

• Rosmarin, Thymian und Salbei für einen Tee pflücken

• zur Winterdeko einen Tannenbaum im Topf kaufen

• regelmäßig frisches Wasser für Vögel hinstellen

‹ *Auch Vögel sollen einen Festschmaus bekommen, jetzt werden Vogelhäuschen aufgestellt und Futterplätze eingerichtet.*

EIN FEST FÜR DIE VÖGEL

Im Winter sollte an die Vögel gedacht werden, denn spätestens wenn der Frost den Boden gefrieren lässt oder Schnee alle Nahrungsquellen bedeckt, benötigen sie die Unterstützung des Menschen. Im gesamten Garten wird jetzt Futter für die gefiederten Mitbewohner bereitgestellt: Meisenknödel, aufgehängt an einem roten Band, an Holzgestellen befestigte kleine Paradiesäpfel, die in den kahlen Bäumen und an der Bohnenrankhilfe befestigt werden. Doch auch eine ausgehöhlte Kokosnuss, mit Talg und Samen gefüllt, ist ein praktischer Futterspender und schnell am Rosenspalier oder einem Ast befestigt. An sonnigen Tagen werden die Futterstellen aus Weidengeflecht mit Hanf- und Sonnenblumenkernen gefüllt, an solchen Tagen können sehr viele hungrige Vögel auf Futtersuche sein. Die Futterplätze sollten jedoch unbedingt so eingerichtet werden, dass Katzen den Vögeln nicht zu nahe kommen können!

Doch Vögel benötigen nicht nur Futter, sondern auch Wasser. Die Regentonne wurde mittlerweile entleert – bei Frost würde das gefrorene Wasser die Tonne »sprengen« –, so muss regelmäßig an einem geschützten Ort frisches Wasser bereitgestellt werden. Dafür eignen sich dekorative Vogelwasserbecken, die man im Gartenfachhandel in vielen Varianten erhält. Im Sommer werden die gefiederten Gäste auch gerne darin baden!

Die guten Gaben für die Vögel sind gleichzeitig eine Art Hilfe zur Selbsthilfe, denn je mehr Vögel der Garten anzieht, desto besser ist es für die natürliche Ökobilanz: Im kommenden Frühsommer werden die Jungvögel wieder mit zahlreichen Blattläusen und Larven, die ansonsten die Pflanzen schädigen würden, von ihren Eltern gefüttert werden. Wer schätzt solche natürlichen Schädlingsbekämpfer nicht in seinem Garten?

Es ist Sonnenwende und der kürzeste Tag des Jahres – jetzt werden die Tage endlich wieder länger. Trotzdem benötigen die Vögel immer noch Zusatzfutter, daher sollten regelmäßig sämtliche Futterstellen kontrolliert und aufgefüllt werden.

Die Christrosen sind nun auch schon aufgeblüht, ein kleiner Strauß für daheim wird gepflückt. Bevor sie ins Wasser gestellt werden, werden die Stängel am besten mit einer Nadel eingeritzt, so lassen die Blüten den Kopf nicht gleich hängen. Auch die Krokuszwiebeln, die in Blumentöpfen verteilt in dem Mistbeet stehen, keimen möglicherweise schon. Und überall im Staudenbeet und unter den Obststräuchern strecken Schneeglöckchen, Winterlinge und andere Frühjahrsboten bereits ihre Köpfe hervor.

Die Tage zwischen Weihnachten und dem neuen Jahr können genutzt werden, um das vergangene Gartenjahr noch einmal Revue passieren zu lassen: Was ist geglückt, was ist missglückt? Außerdem können bereits Pläne für die kommende Gartensaison geschmiedet werden – sicherlich waren einige Gartenbücher auf dem Gabentisch zu finden. Rückblickend betrachtet hat den Rosen der Schachtelhalmauszug offen-

› Die Futterplätze regelmäßig aufräumen und auffüllen. Hier ein Futterplatz mit einem Futterhäuschen aus Weidengeflecht und einer Kokosnuss gefüllt mit Talg und Samen.

‹ Der Kirschapfelbaum trägt zur Freude der Gartenvögel immer noch einige rote Äpfel. Einige Meisenknödel wurden aufgehängt.

sichtlich gutgetan. Sie haben den Sommer ohne Sternrußtau überstanden. Erst im späten Herbst, als die Witterung feuchter wurde, bekamen die Blätter einige dunkle Flecken. Sie wurden abgeschnitten und vernichtet, so waren sie keine weitere Ansteckungsquelle. Auch das rechtzeitige Wässern und Düngen hat die Rosen stark und widerstandsfähig gegenüber Krankheiten gemacht. Es war keine Chemie nötig!

Und die Kohllarven: Solange das Kohlbeet regelmäßig kontrolliert, Eier und Larven entfernt und mit einem Wermutauszug gespritzt wurde, blieb der Kohl von diesen Schädlingen verschont. Da die ständige Kontrolle jedoch viel Arbeit machte, wird in der kommenden Saison das Kohlbeet mit einem Insektenschutznetz abgedeckt! Vielleicht hilft das dann gezielter gegen die Schädlinge.

Die Gemüseernte war – bis auf wenige Ausnahmen – ein großer Erfolg, ebenso die Ernte der Gewürzkräuter und der Beeren. Trotz des begrenzten Platzes war es möglich, viele verschiedene Gemüsesorten, Kräuter, Beeren und Blumen anzubauen und zu ernten. Durch die gezielten Mischkulturen war zwar manchmal die Pflege etwas aufwendiger, aber so wurde auch der Schädlingsbefall minimiert. Und die Vielfalt an Farben und Formen bot einen wundervollen Anblick!

Und noch immer können – trotz winterlicher Kälte – die Früchte der Arbeit in Form von Kohl, Porree und Gewürzkräutern für den heimischen Kochtopf geerntet werden. Wer hätte gedacht, dass der Garten so ertragreich werden würde? Mit den Stauden und Sommerblumen konnten vom frühen Frühjahr bis zum Frostbeginn auch stets bezaubernde Blumensträuße mit nach Hause genommen werden.

Kann ein Küchengarten süchtig machen? Es ist wirklich beeindruckend, wie sich im Laufe der Gartenarbeit ein zu-

Das nostalgische Brotschneidegerät hat eine neue Bestimmung zum Zerkleinern von Gartenabfällen erhalten.

nehmendes Glücksgefühl einstellt und der Wunsch, vielleicht doch noch etwas mehr Boden zu bewirtschaften … Vielleicht wird ja demnächst ein Nachbargarten frei und die Beete können erweitert werden? Dort wäre Platz für weitere Komposthaufen, und der alte könnte abgebaut und stattdessen Lupinen gesät werden … Außerdem könnten neue Topinambursorten angebaut werden. Und Mais, Artischocken und Freilandgurken brauchen – ebenso wie neue Kohl- und Bohnensorten – ja schließlich auch viel Platz.

Aber das sind Träume für die Zukunft, jetzt im Dezember werden erst noch die Erinnerungen an das vergangene Gartenjahr genossen!

‹ *Nun kann der üppige Porree ausgegraben und herrliche Suppen und Gemüsetorten daraus gezaubert werden.*

In der Weihnachtszeit kann der Garten mit farbigen Schleifen geschmückt werden, die Terrasse wurde zu einer Gartentafel umgestaltet. Kohl und Porree stehen noch in den Beeten, ansonsten strahlt der gesamte Garten eine große winterliche Ruhe aus.

SO SIEHT DER GARTEN IM DEZEMBER AUS

Im Dezember können noch Porree, Kohl und einige Gewürzkräuter geerntet werden. Die Pflanzen des Gartens sind größtenteils verwelkt, doch einige immergrüne Stauden sowie Kohl und Christrosen geben ihm noch etwas Farbe. Die Vögel werden versorgt und Frühjahrs- blumenzwiebeln in Töpfe gepflanzt.

OSTEN

NORDEN

SÜDEN

WESTEN

DIE BEETE IM DEZEMBER

Auf den folgenden Seiten sind die Bepflanzungen sowohl der vergangenen als auch der bevorstehenden Gartensaison für jedes einzelne Beet im Dezember beschrieben. Zur Übernahme dieser Gestaltungsvorschläge finden sich weitergehende Informationen im Kapitel »Die Beete des Gartens – Pflanze für Pflanze« (Seite 222), der Pflanzenführer auf Seite 226 informiert detailliert über die einzelnen Pflanzen. Hier sollte beachtet werden, dass Pflanzen, die mit einem * markiert sind, bereits vor Beginn des Gartenprojektes gesät oder gepflanzt wurden.

BEET 1: Die Spargelpflanzen* haben ihre gelbe Farbe verloren, aber ein paar rote Tupfen sind noch zu sehen. Majoran und Schnittlauch stehen am Wegesrand.

BEET 2: Hier gedeihen noch etwas Roter Grünkohl und Grünkohl. Der Rosenkohl wird nach Bedarf geerntet. Pferdemist wird auf den abgeernteten Beeten verteilt. Die Gladiolenknollen werden ausgegraben. Im Mistbeet steht Krokus zum Austreiben.

BEET 3: Die Erdbeeren* haben nun auch gelbe Blätter.

BEET 4: Üppige Porreestangen werden ausgegraben.

BEET 5: Frühjahrssalat spitzt aus der Erde. Das Holzgestell, an dem die Bohnen emporgerankt sind, wird wieder aufgebaut und mit Vogelfutter – beispielsweise Meisenknödeln – behängt.

BEET 6: Auf dem neu angelegten Gewürzkräuterbeet* stehen immer noch Gewürzkräuter, einzelne Kräuter erhalten eine Winterdecke. Kräuter werden für ein Wintergericht oder einen Tee geerntet.

BEET 7: Hier stehen verwelkte Stauden* und der Kirschapfelbaum*, er trägt noch einige kleine, rote Äpfel und Meisenknödel für die Vögel.

BEET 8: Im Blumenbeet haben die Hortensien eine Winterdecke bekommen. Hier stehen außerdem Narzissen und Tulpen in Töpfen.

BEET 9: Der Herbsthimbeerenstrauch ist mittlerweile völlig kahl. Der Kompost ist mit dunkler Plastikfolie abgedeckt.

BEET 10: Die Beerensträucher* sind kahl, in einem Korbkegel hängt Vogelfutter. Christrosen spitzeln jetzt aus dem Boden hervor. Der Rhabarber wurde mit einer Schicht Pferdemist abgedeckt. Die neuen Rosen haben Gesellschaft durch das Große Schneeglöckchen (*Leucojum vernum*), Krokus und Narzissen erhalten. Auch eine Großblütige Bergminze steht jetzt hier.

BEET 11A + B: Das Gewürzkräuterbeet hat eine Mulchschicht aus Wicke, Klee und Bienenfreund.

BEET 12: Die Terrasse ist von verwelkten Rosen umgeben. Dekorativ hängen hier Vogelhäuschen, Nistkasten und Futterbrett. Töpfe und Laternen warten auf ihren Einsatz im neuen Gartenjahr. Klematis* und Brombeerhecke* sind völlig kahl. Töpfe mit Christrosen und ein Buchsbaum runden die winterlichen Impressionen ab.

BEET 13: Im Blumenbeet ist nur noch wenig Grün zu sehen. Die Hortensie bekommt eine Winterabdeckung.

Reichlich Vogelfutter wurde im gesamten Garten verteilt: Der Korbkegel ist mit Meisenknödeln gefüllt. Die geschmückten Garben vermitteln etwas Weihnachtsstimmung, sie sind ein Blickfang in dem ansonsten welken Garten.

DAS IST IM DEZEMBER ZU TUN

PORREE ERNTEN *Beet 4*

Jetzt ist es einfach wie nie, eine Porreesuppe oder Porreetarte zu bereiten: Im Garten werden ein paar Stangen geerntet und schon kann die Mahlzeit bereitet werden. Porree bleibt während des Winters im Boden, dort hält er sich am besten. Das Beet wird abgedeckt – zum Beispiel mit Stroh –, so friert der Boden nicht, und die Stangen können bei Bedarf einfach ausgegraben werden. Ist der Boden sehr locker, kann der Porree einfach herausgezogen werden, ansonsten wird er mit einer

Schaufel ausgegraben. Winterporree hat einen kräftigeren Geschmack, und die gesamte Pflanze kann gegessen werden.

ROSENKOHL ERNTEN *Beet 2*

Ebenso wie der Porree bleibt auch der Rosenkohl über Winter im Boden. Die Rosenkohlköpfchen werden – je nach Bedarf – nach und nach geerntet. Soll er eingefroren werden, sollte der Rosenkohl vorher blanchiert werden.

VOGELFUTTER BEREITSTELLEN

Getreidegarben sind nicht nur als Futter nützlich, sie sind zudem auch sehr dekorativ, insbesondere wenn sie mit einer roten Schleife zusammengehalten werden. Die Vögel, die nicht in wärmere Gefilde gezogen sind, werden es Ihnen danken! Im kommenden Sommer wird der gefiederte Nachwuchs Un-

HÜTE ZUM KEIMEN VON HYAZINTHEN-ZWIEBELN SELBER HERSTELLEN

Die bezaubernden Hyazinthenhüte können selbst hergestellt werden: aus Karton oder Tapete in Form einer kleinen spitzen Tüte. Der Hut kann mit einem Band an den Rändern verziert werden. Er wird benötigt, damit die Blüten aus den Blättern herauswachsen können. Sollen Hyazinthen komplett selbst gezogen werden, sollten präparierte Zwiebeln gekauft werden, sie haben bereits die nötige Kälteperiode hinter sich und entwickeln gleich Blüten. Sonst müssen die Zwiebeln erst für etwa zehn Wochen kühl (bei 7 – 10 °C) stehen. Sobald die Keimlinge etwa 5 cm gewachsen sind, werden die Zwiebeln bei Zimmertemperatur aufbewahrt. Entwickeln sich die Pflanzen gut, kann das Hütchen von dem Glas entfernt werden.

‹ *Im Dezembergarten ist nicht viel zu tun, aber Porree kann geerntet werden!*

› *Schöne Hauben für die Hyazinthen, so können sie ihren Dornröschenschlaf halten.*

Dezember

Im Dezember können kleine und sehr persönliche Samentütchen für (Garten-)Freunde zusammengestellt werden.

Zeit für einen Rückblick auf das vergangene und eine Vorausschau auf das kommende Jahr – Pflanzpläne werden erstellt.

mengen an Schädlingen und Larven vertilgen, die ihrerseits ansonsten die Pflanzen fressen würden. Im Winter sind die Nistkästen hervorragende Ruheplätze für Vögel, sie sollten – ebenso wie die Futterkästen – regelmäßig gereinigt werden.

VOGELFUTTER HERSTELLEN

Vogelfutter gibt es nicht nur im Supermarkt, es lässt sich auch sehr gut selbst herstellen! Hierzu wird Schweinefett in einem Topf geschmolzen und Sonnenblumenkerne und Vogelsamen untergerührt. Wenn die Masse die Konsistenz einer weichen Grütze hat, wird sie in ein flaches Glas mit einer sehr breiten Öffnung gefüllt. Sobald das Fettfutter durchgehärtet ist, wird ein kräftiger Draht zum Aufhängen um das Glas gebunden. Wenn dieses Futtertöpfchen in der Nähe eines Fensters angebracht wird, können die Vögel beim Picken beobachtet werden. Das Glas darf nur so hoch sein, dass die Vögel den Boden erreichen können, wenn sie auf dem Glasrand sitzen.

FRÜHJAHRSBLÜHER IN TÖPFE PFLANZEN

Wer es verpasst hat, die Zwiebeln für Frühjahrsblüher in den Garten zu setzen, kann dennoch ein wenig Farbe in den Frühjahrsgarten bringen, indem er mit Blumenzwiebeln bepflanzte Töpfe aufstellt. Die Zwiebeln werden schichtweise mit Erde

SAMENTÜTCHEN ALS GESCHENK

Getrocknete Blumen- oder Gemüsesamen werden in kleine Umschläge gegeben. Mit einer gezackten Schere ein Viereck aus buntem Papier oder Tapete ausschneiden und auf den Umschlag kleben. Mit dem Pflanzennamen beschriften – fertig ist ein wunderschönes, kleines, sehr persönliches Geschenk!

WAS IST EIN SCHNITTBLUMENBEET?

Ein Schnittblumenbeet ist ein Areal, das ausschließlich für Blumen vorgesehen ist, die für Sträuße abgeschnitten werden, sie können – ohne schlechtes Gewissen – gepflückt werden. Eine Schnittblumenrabatte kann sowohl mit Stauden als auch mit Sommerblumen bepflanzt werden. Lieblingsfarben und -pflanzen in unterschiedlichen Größen und Formen, vielleicht auch mit farbigem Laub finden hier Platz. Von jeder Pflanze sollten mehrere Exemplare im Beet stehen, damit üppige Sträuße gelingen.

und Kies in Töpfe gelegt. Die großen Zwiebeln werden zuunterst gesetzt und die Bepflanzung mit kleinen Krokus- und Perlhyazinthenzwiebeln abgeschlossen. Anschließend wird der Topf mit Noppenfolie oder Stoff winterfest eingepackt. Im Frühjahr blühen dann stets ein paar Pflänzchen.

BILANZ ZIEHEN UND PLÄNE SCHMIEDEN

Ein Gartennotizbuch ist eine sehr sinnvolle Angelegenheit: In ihm können Erfolge und Misserfolge, Pflanzennamen, Termine und alle möglichen Tipps und Tricks rund um den Garten notiert werden. Pflanzpläne für die Beete werden aufgezeichnet und vermerkt, welche Pflanzen bleiben, welche gehen und Platz für neue machen sollen. Einige Blumen entsprachen vielleicht nicht den Erwartungen, und einige Gemüse passen möglicherweise nicht in den Garten oder gedeihen nicht nebeneinander. Alles, was während des gesamten Gartenjahres gleich notiert wurde, kann jetzt noch einmal nachgelesen und bei der Planung für das kommende Jahr berücksichtigt werden.

JANUAR

Der schöne Küchengarten ist mit Schnee bedeckt, die Beete sind kaum voneinander zu unterscheiden. Jetzt ist nicht viel zu tun, Zeit, Gartenbücher zu lesen und von neuen Pflanzen im neuen Gartenjahr zu träumen – welche Pflanzen aus dem letzten Jahr werden wohl in dieser Saison wieder auftauchen?

DAS IST IM JANUAR ZU TUN

AUSSERDEM ZU TUN:

- Gartenbücher lesen
- im Internet zu Gartenthemen recherchieren
- ein Futterbrett für Vögel aufstellen
- Gewürzkräuter für Wintergerichte pflücken
- Krokuszwiebeln ins Haus holen

‹ *Getreidegarben sind eine Futterquelle für Vögel und gleichzeitig ein dekorativer Gartenschmuck.*

DER GARTEN RUHT

Neues Gartenjahr – neue Erwartungen. Es ist etwas ganz Besonderes, den Garten im neuen Jahr das erste Mal zu betreten. Schon im Dezember blühten die hellroten Christrosen (*Helleborus orientalis*) und schmückten den Weihnachtstisch, jetzt jedoch stehen sie in voller Blüte zusammen mit einer bordeauxroten Verwandten, der *Helleborus x hybrides*. Sie passen wunderbar zusammen, diese beiden!

Noch verwandeln Schneeflocken den Garten in eine glitzernde Landschaft – eingehüllt in eine dicke Schneedecke.

Im Spätherbst wurden die Rosenpflanzen angehäufelt, jetzt werden noch ein paar Tannenzweige als zusätzliche Abdeckung daraufgelegt. Auch die Gewürzkräuter werden zusätzlich mit etwas Tanne abgedeckt. Für die Stauden reicht die Laubwinterdecke völlig aus. Die Pflanzen gut vor Frost schützen und die Vögel regelmäßig füttern – mehr ist momentan im Garten nicht zu tun. Ein heißer Tee mit sommerlicher Zitronenverbene im

Das Keimen von Winterlingen, Schneeglöckchen und Krokus regt auch die Gartenträume an – obwohl es noch recht schwierig ist, den Garten unter all dem Schnee überhaupt zu erkennen.

warmen Haus und dazu allerlei interessante Gartenlektüre oder ein Ausflug ins Internet auf der Suche nach Anregungen für den Küchengarten in der kommenden Saison – auch das gehört zu einem Gartenjahr.

Der Januar ist ein eher stiller Gartenmonat. Im Garten tut sich noch nicht viel. Wie schön, dass aber Thymian vorhanden ist – glücklicherweise kann dieses Kraut während des ganzen Jahres geerntet werden. Auf dem Speiseplan können nun auch der Rote und der grüne Grünkohl stehen – die übrigens beide gleich gut schmecken und hoch im Beet aufragen. Wie auch der Rosenkohl hat der Grünkohl nach mehreren Frostperioden nun den optimalen Geschmack. Mittlerweile schauen auch die ersten Winterlinge sonnenscheingelb und rund zwischen braunem, verwelktem Laub hervor und erinnern daran, dass im Januar die Gemüse- und Blumensamen aus dem vergangenen Jahr auf ihre Keimfähigkeit getestet werden müssen. Das lässt sich gut im Hause machen und spart möglicherweise einiges an Geld und Ärger.

‹ *Ein einfaches Holzgestell aus stabilen Ästen, geschmückt mit Tannenzweigen.*

› *Krokus und Schneeglöckchen beginnen schon zu blühen.*

› *Die Vögel werden regelmäßig versorgt, Ruheplätze, Futter und Wasser bereitgestellt. Stillleben auf der Gartenbank: Kanne und Laterne an einem sonnigen Frosttag im Januar.*

‹ *Der Kohl steht mit seinen Schneehauben dekorativ im Beet, jetzt ist er erntereif.*

Die Winterlinge lassen sich vom Schnee nicht abhalten und machen dem Gärtner als gelbe unerschütterliche Freunde gute Laune. Später, wenn weitere Frühjahrsboten hinzukommen, wird ihnen dann leider weniger Aufmerksamkeit geschenkt. Und wenn dann im Frühjahr die Beete gejätet werden, werden sie schon mal völlig übersehen. Die Schneeglöckchen werden sicher auch bald in voller Blüte stehen, jetzt kann gut ein Klumpen Erde, in dem schon einige Blüten zu erkennen sind, ausgegraben und zum Austreiben mit ins Haus genommen werden.

Einige Tontöpfe mit Krokuszwiebeln sind gesprungen, der Frost war anscheinend doch zu hart. Die Krokuszwiebeln sind nicht beschädigt, sie werden ins Haus gebracht, wo sie zusammen mit Schneeglöckchen das nahende Frühjahr anzeigen.

Schneeglöckchen und Krokusse strecken ihre Köpfe aus dem weißen Schnee, das Frühjahr bahnt sich mit aller Macht seinen Weg.

GUTE GARTENLEKTÜRE

ZAUBERHAFTE KRÄUTERGÄRTEN GESTALTEN – Kräuter anbauen und ernten

Das Buch bietet Informationen rund um das schmackhafte Grün: von der benötigten Bodenbeschaffenheit über die Anlage klassischer und moderner Kräutergärten bis zur Ernte, Konservierung und Verwertung in der Küche und für Kosmetikprodukte. »Zauberhafte Kräutergärten gestalten« von Marion Lagoda und Ute Klaphake, erschienen im Christian Verlag.

PFLANZENVERMEHRUNG – Alle Methoden Schritt für Schritt

Ein umfassendes Standardwerk zur Anzucht und Vermehrung. Schritt für Schritt erfährt man, wie Ableger gezogen, Stecklinge angefertigt oder Zwiebeln geteilt werden können. Die Techniken helfen nicht nur dabei, die liebsten Pflanzen zu vermehren, sondern sparen auch noch viel Geld. »Pflanzenvermehrung« von Carol Klein, erschienen im Christian Verlag.

GARTENHÄUSCHEN – zur Inspiration

Ob zum ungestörten Arbeiten im Grünen, als schöner Platz, um Gäste zu bewirten, als Hobbyraum oder als Zimmer für sich allein – das Buch zeigt Dekorationsvorschläge und Inspirationen, wie sich der Traum vom Extrahaus im Garten verwirklichen lässt. »Gartenhäuschen« von Sally Coulthard, erschienen im Christian Verlag.

Selbst wenn der Garten unter einer Schneedecke liegt, kann er geschmückt werden, beispielsweise mit Getreidegarben, die mit großen roten Schleifen gebunden wurden, und mit unterschiedlichsten Vogelhäuschen. Auf der Terrasse wird ein kleines Gartenstillleben arrangiert.

SO SIEHT DER GARTEN IM JANUAR AUS

Der Küchengarten ist jetzt gut verpackt – unter einer Lage Kompost, Pferdemist oder einer Mulchdecke aus Laub und über allem eine Schicht feinster Pulverschnee. Winterlinge, Schneeglöckchen und Krokusse spitzen langsam überall im Garten aus dem Boden. Es gibt feinen Kohl zu ernten.

OSTEN

NORDEN

SÜDEN

WESTEN

DIE BEETE IM JANUAR

Auf den folgenden Seiten sind die Bepflanzungen sowohl der vergangenen als auch der bevorstehenden Gartensaison für jedes einzelne Beet im Januar beschrieben. Zur Übernahme dieser Gestaltungsvorschläge finden sich weitergehende Informationen im Kapitel »Die Beete des Gartens – Pflanze für Pflanze« (Seite 222), der Pflanzenführer auf Seite 226 informiert detailliert über die einzelnen Pflanzen. Hier sollte beachtet werden, dass Pflanzen, die mit einem * markiert sind, bereits vor Beginn des Gartenprojektes gesät oder gepflanzt wurden.

BEET 1: Das Spargelbeet* hält Winterruhe.

BEET 2: Hier können Roter Grünkohl, Grünkohl und Rosenkohl geerntet werden.

BEET 3: Das Erdbeerbeet* ruht unter der Winterdecke.

BEET 4: Das Kartoffelbeet ist mit Kompost und Laub abgedeckt.

BEET 5: Hier liegen Kompost und Laub. Ein Gestell aus starken Zweigen steht – mit Tannenzweigen an der Spitze geschmückt – als Futterstelle für Vögel im Beet.

BEET 6: Das neue Gewürzkräuterbeet* wurde mit Tannenzweigen abgedeckt.

BEET 7: Rosen* und Stauden* erhalten eine Winterdecke aus Tannenzweigen. Der Kirschapfelbaum* ist völlig kahl, lediglich einige Meisenknödel für die Vögel hängen in den Zweigen.

BEET 8: Staudenbeet und Hortensien ruhen unter einer Winterdecke. Töpfe mit Krokussen und Narzissen.

BEET 9: Nur die Pfähle der Herbsthimbeerensträucher zeugen davon, dass hier im Sommer üppige Sommer- und Herbsthimbeeren stehen. Hier steht auch der Kompost.

BEET 10: Die Beerensträucher* sind ebenfalls völlig kahl, eine Getreidegarbe schmückt den hohen Korbkegel.

BEET 11A + B: Das Gewürzkräuterbeet, hier kann im Winter Thymian geerntet werden, die Pflanzen haben eine Winterdecke.

BEET 12: Die Terrasse ist von einem Rosenspalier umgeben. Die Rosen werden mit Tannenzweigen abgedeckt. Hier hängen Vogelhäuschen, Futterbrett und Getreidegarben. Die Terrasse wird mit Töpfen, Gießkannen und anderen Gartenaccessoires geschmückt. Töpfe mit Buchsbaum und Christrosen bringen etwas Leben in den Wintergarten.

BEET 13: Auf dem Staudenbeet* liegt eine Winterdecke. Flieder* und Johannisbeeren stehen kahl im Beet.

In dem schneebedeckten Garten gibt es nicht viel zu tun, aber man kann den Anblick der Pflanzen mit ihren Schneehütchen genießen und die vielen Vögel beobachten. Rechts Johanniskraut in Wintertracht.

DAS IST IM JANUAR ZU TUN

GEWÜRZKRÄUTER ZUSÄTZLICH MIT TANNEN-ZWEIGEN ABDECKEN *Beet 6, 11A + B*

Rosmarin und Lorbeer haben bereits im November eine leichte Winterdecke bekommen, bei diesen Witterungsbedingungen sollten sie noch einige zusätzliche Zweige als Schutz gegen die schlimmste Kälte erhalten. Zur Sicherheit werden auch Salbei und Thymian mit ein paar Zweigen abgedeckt.

EINE WINTERDECKE AUS LAUB *Beet 7, 8, 13*

Ebenso wie die Gewürzkräuter mögen Stauden eine Winterdecke, die wertvollsten sollten sicherheitshalber mit einer Laubschicht abgedeckt werden.

Die Rose übersteht den Winter fest eingepackt.

DIE ANGEHÄUFELTEN ROSEN WERDEN MIT TANNENZWEIGEN ABGEDECKT *Beet 7, 12*

Als Winterschutz verwendet man Laub oder Tannenzweige. Um den untersten Teil der Pflanzen wird eine Laubschicht wie eine Decke verteilt. Bei höheren Pflanzen, die dem Risiko ausgesetzt sind, Frostschäden an den Knospen zu erhalten, kommen auch Tannenzweige zum Einsatz.

LETZTEN GRÜNKOHL UND ROSENKOHL ERNTEN *Beet 2*

Jetzt wird der letzte Rosenkohl und Grünkohl geerntet, beide werden direkt am Boden abgeschnitten. Die Wurzeln bleiben in der Erde, Würmer und anderen Kleintiere fressen die Reste zügig auf und verarbeiten dann alles zu Nahrung für die kommende Saison.

AUF DER TERRASSE EIN STILLLEBEN ARRANGIEREN *Beet 12*

Die Getreidegarben können mit Schleifen geschmückt, Krüge und der Korbkegel mit Zweigen als Blickfänge eingesetzt werden. Und auch das Futterhaus wird so gewählt, dass es gut in den Garten passt. Auf der Terrasse kann ein Gartenstillleben arrangiert werden: auf dem Tisch eine Laterne, umgedrehte Töpfe und eine alte Zinkgießkanne. Auf das Beet werden ein paar umgedrehte Tontöpfe gestellt und massenhaft Tannenzapfen dazugelegt.

PFLANZKARTOFFELN UND CHILISAMEN IM FACHHANDEL BESTELLEN

Bereits jetzt können Pflanzkartoffeln und Chilisamen bestellt werden. Gerade die ganz besonderen Sorten sind oft frühzeitig vergriffen. Pflanzkartoffeln werden im Haus vorgekeimt,

König Winter!

Der Garten sieht fantastisch aus, wenn der Schnee schwer auf Sträuchern und Zweigen liegt.

Radise
'Sparkler'
øko

Guleurod
'Ibella'
øko

KEIMFÄHIGKEIT

Auf einen Teller wird Küchenpapier gegeben und mit Wasser begossen. Jeweils zehn Samen je Sorte werden in Reihen ausgelegt. Mit Klarsichtfolie abdecken und ein paar Tage bei Zimmertemperatur stehen lassen. Gehen mehr als 5 Samen auf, ist das Saatgut verwendbar.

Mit einem simplen Keimtest lässt sich feststellen, welcher Samen nach wie vor keimfähig ist und welcher in der kommenden Saison nicht mehr verwendet werden kann. Nicht alle Töpfe haben den Frost heil überstanden, aber Schneeglöckchen und Krokus sind unerschütterlich.

so gedeihen sie im Freien schneller, sie können aber auch im März gleich ins Beet gepflanzt werden. Über Chili kann alles im Kapitel »Februar« nachgelesen werden.

WINTERGLÖCKCHEN AUSGRABEN UND ZUM AUSTREIBEN INS HAUS BRINGEN

Mit einer kleinen Gartenschaufel wird ein Erdklumpen ausgehoben, der in einen größeren Blumentopf passt. Alles gut angießen und den Topf kühl und an einen möglichst hellen Platz stellen. Die Zwiebelpflanzen müssen so gut wie gar nicht gegossen werden. Die Löcher im Beet werden mit Erde aufgefüllt.

DIE KEIMFÄHIGKEIT VON GEMÜSE- UND BLUMENSAMEN TESTEN

Es ist durchaus sinnvoll, Samen aus der vergangenen Saison zu testen, denn das Bepflanzen eines großen Gartens kann eine recht teure Angelegenheit werden. Und es ist ärgerlich, wenn der ausgesäte Samen nicht keimt. Möglicherweise ist der gewünschte Samen dann in der Zwischenzeit ausverkauft!

NÜTZLICHE INTERNETADRESSEN

In den Wintermonaten können Gartenseiten im Internet angeschaut werden, Samenkataloge bestellt und Gartenbücher ausgesucht werden. Hier einige Internetseiten:

- www.gartenlinksammlung.de
- www.derkleinegarten.de
- www.blumen-garten-pflanzen.de
- www.baldur-garten.de
- www.samenbude.com
- www.samen-profi.de
- www.gartentipps.com
- www.gartenheinz.de
- www.gartenwelt.de
- www.gartentipps.net
- www.hausgarten.net/garten-im-fruehling/gartentipps.html
- www.froebutikken.dk – frø

Im Winter bleibt Zeit für eine Gartentour durch Bücher, Kataloge und Internetseiten.

DIE BEETE DES GARTENS – PFLANZE FÜR PFLANZE

Hier erfahren Sie, welche Pflanzen im Laufe des Jahres in den einzelnen Beeten wachsen. Die Zusammenstellung der Pflanzen ist entscheidend für die ökologische Balance.

BEET 1. NUTZBEET MIT SPARGEL

Sommerblumen: Buntschopfsalbei, Borretsch, Jungfer im Grünen, Ringelblumen, Tagetes, Kapuzinerkresse, Mohn, Gründüngung

Frühjahrsblumenzwiebeln: Gladiolen

Gewürzkräuter: Majoran, Petersilie, Schnittlauch, Dill

Gemüse: Spargel, Tomaten, Knoblauch, Mandelkürbis, Pflücksalat, Salatmischung, Spinat, Squash-Kürbis, Radieschen, Romanasalat, Spitzkohl

BEET 2. NUTZBEET MIT KOHL

Sommerblumen: Steinkräuter, Borretsch, Bienenfreund, Jungfer im Grünen, Ringelblumen, Sommerwicke, Schmuckkörbchen, Tagetes, Mohn, Gründüngung, Buntschopfsalbei

Frühjahrsblumenzwiebeln: Krokus, Gladiolen

Gemüse: (Roter) Grünkohl, Knoblauch, Mairübchen, Markerbsen, Buschbohnen, Pak Choi, Radieschen, Romanasalat, Rosenkohl, Rotkohl, Weißkohl, Spitzkohl, Spinat, Hörnchenkürbis, Eichblattsalat, Zuckererbsen,

BEET 3. NUTZBEET MIT ERDBEEREN

Sommerblumen: Dahlien, Borretsch, Jungfer im Grünen, Ringelblumen, Mohn

Beeren: Erdbeeren

Kräuter: Ananassalbei, Zitronenverbene

BEET 4. NUTZBEET MIT KARTOFFELN

Sommerblumen: Dahlien, Borretsch, Jungfer im Grünen, Ringelblumen, Kapuzinerkresse, Mohn, Buntschopfsalbei

Gewürzkräuter: Ananassalbei, Bohnenkraut

Gemüse: Blattsellerie, Buschbohnen, Karotten, Kartoffeln, Knollensellerie, Pflücksalat, Porree, Rote Bete, Stangenbohnen, Spinat

BEET 5. NUTZBEET

Stauden: Weiß-Klee

Sommerblumen: Borretsch, Bienenfreund, Bodenfrüchtiger Klee, Jungfer im Grünen, Ringelblumen, Mohn, Buntschopfsalbei, Gründüngung, Sommerwicke

Gewürzkräuter: Fenchel, Dill

Gemüse: Buschbohnen, Karotten, Knollenfenchel, Pastinaken, Pflücksalat, Eichblattsalat, Rote Bete, Rote und weiße Zwiebeln, Salatmischung, Schalotten, Romanasalat, Feldsalat

BEET 6. NUTZBEET MIT KRÄUTERN

Gewürzkräuter: Zitronenthymian, Estragon, Ysop, Currykraut, Oregano, Großblütige Bergminze, Rosmarin, Thymian (in unterschiedlichen Farbabstufungen), Salbei, Wermut, Echte Katzenminze

BEET 7. STAUDENBEET MIT ROSEN

Stauden: Pfingstrose, Fingerhut, Sonnenhut, Iris, Wollziest, Lavendel, Löwenmäulchen, Porzellanblümchen, Primel, Wiesenraute

Rosen: 'Abraham Darby', 'Comte de Chambord', 'Charles Austin', 'Ghislaine de Feligonde', 'Gertrude Jekyll', 'Heritage', 'Jane Austin', 'Mary Rose', 'Rheine de Violettes', 'Redouté', 'Sharifa Ashma', 'The Ingenious Mr. Fairchild', 'The Prince', 'Winchester Cathedral', 'Windflower'

Sommerblumen: Silberblatt, Trichtermalve

Frühjahrsblumenzwiebeln: Schneeglöckchen, Hasenglöckchen, Lilien, Narzissen (Tazetten, Weiße Narzissen, Gelbe Narzissen), Kegelblumen, Perlhyazinthen, Blausterne, Tulpen, Schachbrettblumen

Gewürzkräuter: Salbei

Bäume und Sträucher: Kirschapfelbaum

BEET 8. STAUDENBEET

Stauden: Akelei, Purpurglöckchen, Astern, Pfingstrose, Schildblumen, Winterlinge, Goldlack, Iris, Johanniskraut, Kaukasus-Vergissmeinnicht, Lerchensporn, Margeriten, Primel, Sonnenhut, Schafgarbe, Wiesenraute

Sommerblumen: Silberblatt, Verbene, Mohn

Bäume und Sträucher: Himbeeren, Hortensie

Frühjahrsblumenzwiebeln: Schneeglöckchen, Hasenglöckchen, Lilien, Narzissen, Herbstzeitlose, Kegelblumen, Perlhyazinthen, Blausterne, Tulpen

Gemüse: Rotkohl, Grünkohl, Rucola

BEET 9. NUTZBEET MIT BEEREN

Stauden: Johanniskraut

Sträucher: Himbeeren

Gewürzkräuter: Liebstöckel

BEET 10. GEMISCHTES NUTZBEET

Stauden: Chrysanthemen, Beinwell, Löwenmäulchen, Lavendel

Sommerblumen: Kapuzinerkresse, Borretsch, Jungfer im Grünen, Bienenfreund, Ringelblume, Mohn

Rosen: 'Louise Odier', 'Noble Anthony', 'Souvenir de Malmaison'

Sträucher: Schwarze Johannisbeeren, Rote Johannisbeeren, Stachelbeeren

Frühjahrszwiebeln: Narzissen, Tulpen

Gewürzkräuter: Zitronenmelisse, Koriander, Großblütige Bergminze

Gemüse: Mangold, Topinambur, Rhabarber

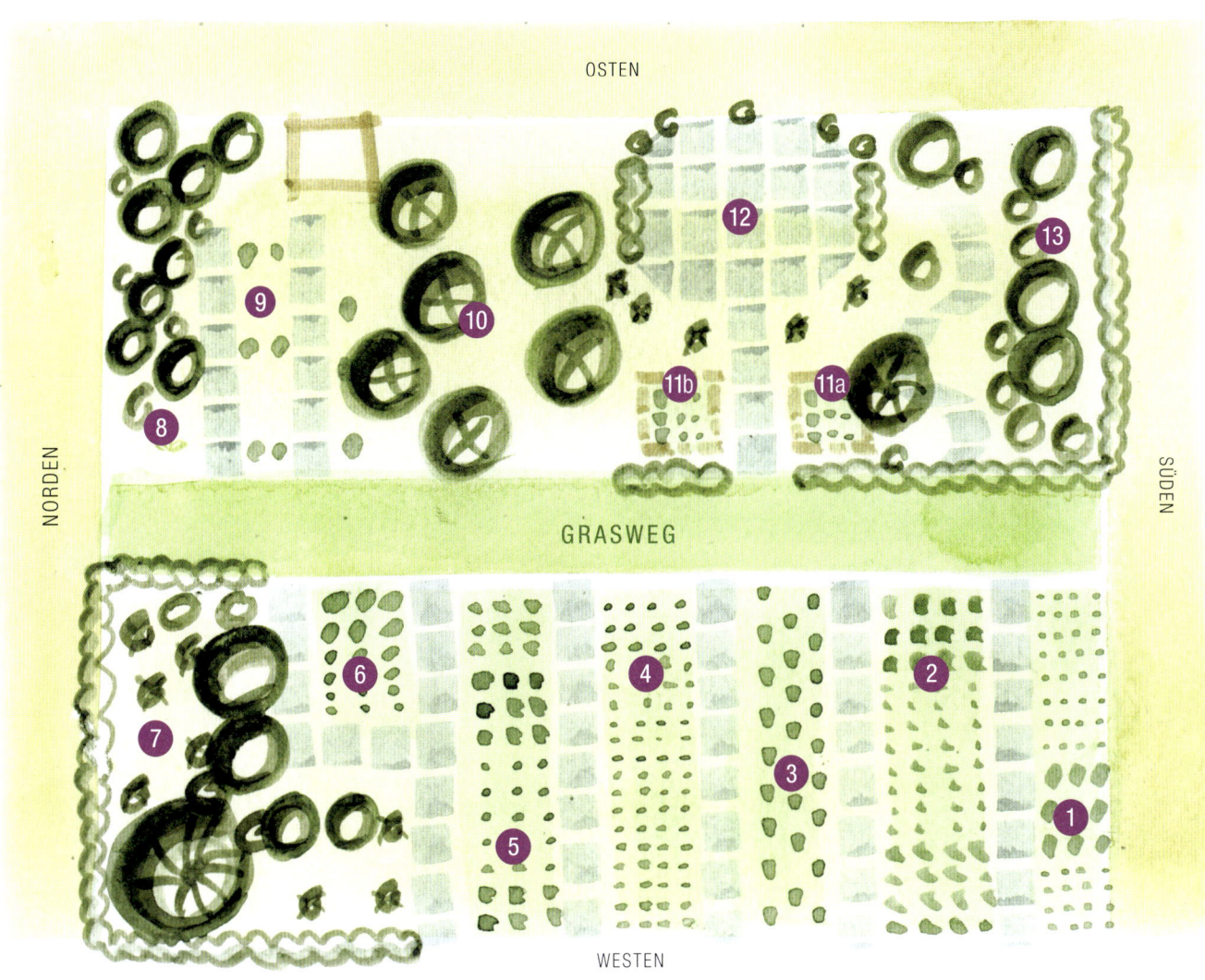

BEETÜBERSICHT

OSTEN

NORDEN

SÜDEN

GRASWEG

WESTEN

BEET 11 A: Anisysop, Basilikum, Krause Minze, Johannisbeersalbei, Kreuzkümmel, Pfefferminze, Kümmel, Römische Kamille, Lorbeerpflanze im Topf

BEET B: Großblütige Bergminze, Schokoladenminze, Kümmel, Römische Kamille, Thymian, Apfelminze, Kreuzkümmel, Krause Minze, Pfefferminze, Johannisbeersalbei.

BEET 12

Rosen: 'Gerbe Rose', 'Gloire de Dijon', 'Jacques Cartier', 'Maidens Blush', 'Rose de Recht', 'New Dawn'

Stauden: Christrose, Duftveilchen, Lavendel
Sommerblumen: Glockenrebe, Prunkwinden
Bäume und Sträucher: Brombeeren, Klematis, Buchsbaum
Kräuter: Zitronenthymian, Lorbeerpflanze

BEET 13. SCHNITTBLUMENBEET

Stauden: Akelei, Astern, Riesen-Glockenblume, Gelenkblume, Fingerhut, Phlox, Weißer Baldrian, Iris, Jakobsleiter, Echte Katzenminze, Wollziest, Lavendel, Echter Arzneibaldrian, Tränendes Herz, Frauenmantel, Löwenmäulchen, Primel, Pfingstrosen, Rittersporn,

Johanniskraut, Storchschnabel, Bartnelken, Krötenlilien, Nachtviole, Ehrenpreis
Sommerblumen: Hornveilchen, Silberblatt, Skabiosen, Schleifenblume, Ziertabak, Tagetes, Platterbsen
Rosen: 'Falstaff', 'Fantin-Latour'
Bäume und Sträucher: Rote Johannisbeeren, Flieder, Hortensien
Frühjahrsblumenzwiebeln: Schneeglöckchen, Hasenglöckchen, Lilien, Narzissen (Tazetten, Weiße Narzissen, Gelbe Narzissen), Kegelblumen, Perlhyazinthen, Blausterne, Stiefmütterchen, Tulpen

223

PFLANZKALENDER

Hier finden Sie die Zeiten, in denen Pflanzen gesät oder gesetzt werden. Werden die Termine berücksichtigt, ist etwa nach einem Jahr ein ähnlicher Garten wie der vorgestellte gewachsen.

FRÜHLING

GEMÜSE: *(nach der Frostperiode pflanzen)*

Blattsellerie *vorkeimen, in mindestens 14 °C warmen Boden pflanzen*

Buschbohnen *ins Beet säen oder vorkeimen*

Chili, Tomaten *vorkeimen*

Grüne Bohnen *ins Beet säen oder vorkeimen*

Grünkohl *vorkeimen*

Hörnchenkürbis *vorkeimen und auspflanzen*

Karotten *ins Beet säen*

Kartoffeln *vorkeimen*

Knollenfenchel *ins Beet säen oder vorkeimen*

Knollensellerie *vorkeimen*

Mairübchen *ins Beet säen*

Mangold *ins Beet säen oder vorkeimen*

Markerbsen *ins Beet säen*

Pastinaken *ins Beet säen*

Pflücksalat *ins Beet säen oder vorkeimen*

Porree *vorkeimen, ins Beet säen oder auspflanzen*

Radieschen *ins Beet säen*

Rhabarber *vorkeimen oder Pflanze kaufen*

Romanasalat *ins Beet säen oder vorkeimen*

Rosenkohl *vorkeimen*

Rote Bete *ins Beet säen*

Roter Majoran *ab Ende März ins Beet säen*

Rotkohl *vorkeimen*

Salat *vorkeimen oder ins Beet säen*

Schalotten *vorkeimen oder Brutzwiebeln setzen*

Weißkohl *vorkeimen*

Spargel *ins Beet säen oder pflanzen*

Spinat *ins Beet säen*

Spitzkohl *vorkeimen*

Squash-Kürbis *vorkeimen*

Stangenbohnen *ins Beet säen oder vorkeimen*

Topinambur *ins Beet säen oder vorkeimen*

Zwiebeln (Weiße/Rote) *vorkeimen oder setzen*

Zuckererbsen *ins Beet säen*

GEWÜRZKRÄUTER:

Ananassalbei *Pflanze kaufen*

Anisysop *säen, vorkeimen oder Pflanze kaufen*

Apfelminze *Pflanze kaufen*

Basilikum *vorkeimen oder Pflanze kaufen*

Knoblauch-Schnittlauch *vorkeimen/kaufen*

Currykraut *Pflanze kaufen*

Dill *ins Beet säen*

Echte Katzenminze *vorkeimen/Pflanze kaufen*

Estragon *Pflanze kaufen*

Fenchel *ins Beet säen oder Pflanze kaufen*

Großblütige Bergminze *Pflanze kaufen*

Johannisbeersalbei *Pflanze kaufen*

Koriander *ins Beet säen*

Krause Minze *Pflanze kaufen*

Kreuzkümmel *ins Beet säen*

Kümmel *ins Beet säen*

Lavendel *Pflanze kaufen*

Liebstöckel *Pflanze kaufen*

Lorbeer *Pflanze kaufen*

Majoran *ins Beet säen/vorkeimen/Pflanze kaufen*

Oregano *ins Beet säen/vorkeimen/Pflanze kaufen*

Petersilie *ins Beet säen oder Pflanze kaufen*

Pfefferminze *Pflanze kaufen*

Römische Kamille *Pflanze kaufen*

Rosmarin *Pflanze kaufen*

Salbei *Pflanze kaufen*

Schnittlauch *ins Beet säen oder Pflanze kaufen*

Schokoladenminze *Pflanze kaufen*

Sommer-Bohnenkraut *ins Beet säen*

Thymian *Pflanze kaufen*

Wermut *ins Beet säen/vorkeimen/Pflanze kaufen*

Zitronenmelisse *Pflanze kaufen*

Zitronenthymian *Pflanze kaufen*

Zitronenverbene *Pflanze kaufen*

Ysop *ins Beet säen, vorkeimen oder Pflanze kaufen*

SOMMERBLUMEN:

Borretsch *ins Beet säen*

Buntschopfsalbei *ins Beet säen*

Duftsteinrich *ins Beet säen*

Glockenrebe *ins Beet säen*

Goldlack *ins Beet säen oder vorkeimen*

Hornveilchen *Pflanze kaufen*

Jungfer im Grünen *ins Beet säen*

Kapuzinerkresse *ins Beet säen*

Mohn *ins Beet säen*

Platterbsen *ins Beet säen*

Prunkwinden *ins Beet säen*

Ringelblumen *ins Beet säen*

Schleifenblume *ins Beet säen*

Schmuckkörbchen *ins Beet säen*

Silberblatt/Judaspfennig *ins Beet säen*

Skabiosen *ins Beet säen*

Steinkräuter *ins Beet säen*

Tagetes *ins Beet säen*

Trichtermalve *ins Beet säen*

Verbene *ins Beet säen*

BLUMENZWIEBELN/KNOLLEN:

Dahlien *vorkeimen*

Gladiolen *ins Beet pflanzen*

GRÜNDÜNGUNG: *vom Frühjahr bis September ins Beet säen*

Bienenfreund *vom Frühjahr bis September ins Beet säen*

Bodenfrüchtiger Klee *vom Frühjahr bis September ins Beet säen*

Saatwicke *bis September ins Beet säen*

Weiß-Klee *ins Beet säen*

PFLANZKALENDER

SOMMER

GRÜNDÜNGUNG: *vom Frühjahr bis September ins Beet säen*

Bienenfreund *vom Frühjahr bis September ins Beet säen*

Weiß-Klee *ins Beet säen*

Bodenfrüchtiger Klee *vom Frühjahr bis September ins Beet säen*

Saatwicke *bis September ins Beet säen*

OBST/GEMÜSE:

Erdbeeren *pflanzen*

Feldsalat *ins Beet säen*

Markerbsen *ins Beet säen*

Pak Choi *ins Beet säen*

Romanasalat *ins Beet säen oder vorkeimen*

Zuckererbsen *ins Beet säen*

HERBST

GEWÜRZKRÄUTER:

Anisysop *pflanzen*

BLUMENZWIEBELN/KNOLLEN:
Vor der Frostperiode einpflanzen

Hasenglöckchen *Frühjahrsblüher*

Blausterne *Frühjahrsblüher*

Schneeglöckchen *Frühjahrsblüher*

Gelbe Narzissen *Frühjahrsblüher*

Herbstzeitlose *Frühjahrsblüher*

Hyazinthe *Frühjahrsblüher*

Kegelblumen *Frühjahrsblüher*

Krokus *Frühjahrsblüher*

Lilie *Frühjahrsblüher*

Tazetten *Frühjahrsblüher*

Perlhyazinthen *Frühjahrsblüher*

Schachbrettblumen *Frühjahrsblüher*

Schneeglöckchen *Winterblüher*

Tulpen *Frühjahrsblüher*

Weiße Narzissen *Frühjahrsblüher*

Winterlinge *Frühjahrsblüher*

Zierlauch *Frühjahrsblüher*

GRÜNDÜNGUNG:

Weiß-Klee *ins Beet säen*

OBST/GEMÜSE:

Knoblauch *pflanzen*

Rhabarber *pflanzen*

Topinambur *pflanzen*

SOMMERBLUMEN:

Silberblatt/Judaspfennig *ins Beet säen*

Stiefmütterchen *ins Beet säen*

WINTER

GEMÜSE:

Chili *vorkeimen*

Pflanzkartoffeln *ab Februar vorkeimen*

Rucola *von Februar bis September ins Beet säen*

PFLANZEN, DIE NICHT IM PFLANZKALENDER GENANNT SIND

Alle Pflanzen, die – bereits fertig entwickelt – in Töpfen gekauft werden können, sind nicht im Pflanzkalender genannt. Das sind insbesondere mehrjährige und wurzelnackte Pflanzen, wie zum Beispiel Bäume, Stauden und Sträucher, die das ganze Jahr hindurch gepflanzt werden können, solange es noch keinen Frost gibt. Hierzu zählen beispielsweise Buchsbäume, Himbeeren und Flieder.

PFLANZENFÜHRER

Im Pflanzenführer werden all diejenigen Pflanzen genauer beschrieben, die im vorgestellten Küchengarten gesät, vorgekeimt und gepflanzt wurden. Zudem sollten stets auch die Hinweise auf den Samentüten beachtet werden, professionelle Auskunft zu Detailfragen geben darüber hinaus auch Pflanzenschulen und Gärtnereien.

ellee

STAUDEN

Stauden blühen jedes Jahr, im Spätherbst verwelken sie. Beste Pflanzzeit ist im Herbst, getopfte Stauden können aber das ganze Jahr hindurch gepflanzt werden. Der Boden darf jedoch nicht gefroren oder mit Schnee bedeckt sein, es sollte auch nicht während eines ausdauernden Herbstregens geschehen! Im noch spätsommerwarmen Boden kann sich die Pflanze optimal eingewöhnen und Energie für Blüte und Wurzelbildung im folgenden Jahr sammeln. Stauden sollten mit einer Lage Kompost bedeckt werden, so bleiben die Bodennährstoffe erhalten. Eine dichte Pflanzung unterdrückt Unkräuter und ist zudem eine schützende Mulchdecke für den Winter. Stauden werden am besten im März/April zurückgeschnitten. Beginnen sie im Frühjahr auszutreiben, werden die welken Teile behutsam herausgeschnitten, so ist Platz für neue Triebe. Lavendel und andere immergrüne Stauden werden zurückgeschnitten, bevor sie im neuen Jahr austreiben, so bleiben sie dicht. Pflanzen, die nicht zurückgeschnitten werden, entwickeln zunehmend dünne nackte Zweige. Lavendel wird außerdem breiter und verkahlt in seiner Mitte. Je weniger die Rosen zurückgeschnitten werden, desto höher wachsen sie – allerdings verkahlen auch sie zunehmend im unteren Teil. Sie bilden weniger neue tief liegende Triebe aus, letztendlich nimmt die Blütenfülle ab. Stauden und Rosen blühen mehrmals oder verstärkt, wenn verwelkte Blüten kontinuierlich entfernt werden. So verwenden sie ihre Energie nicht zur Entwicklung von Samenständen. Ab September sollten Rosen die verwelkten Blüten behalten, diese entwickeln sich zu dekorativen Hagebutten.

AKELEI (*Aquilegia vulgaris*) Fühlt sich an sonnigen und halbschattigen Plätzen wohl. Im Herbst oder Frühjahr vorkeimen oder als Staude kaufen, die das ganze Jahr gepflanzt werden kann. Selbst gesäte oder vorgekeimte Pflanzen blühen erst im zweiten Jahr. Beet 13.

ARZNEIBALDRIAN, ECHTER (*Valeriana officinalis*) siehe Baldrian

ASTER (*Aster novi-belgii/novea-angliae*) Fühlt sich in üblicher Humuserde an sonnigen bis halbschattigen Plätzen wohl. Am besten zwischen Herbst und Frühjahr pflanzen. Im Küchengarten gewählte Sorten: Herbstastern (*Aster novi-belgii* 'Anastasia') und Winteras-

tern (*Dendranthema indicum* 'Strawberry and Cream'). Blühen im Herbst bis zum ersten Frost. Werden in der Regel als Pflanze gekauft, Stecklinge möglich. Beet 8, 13.

BALDRIAN (*Valeriana officinalis*) Auch als Echter Arzneibaldrian bezeichnet. Als Pflanze kaufen oder zwischen Herbst und Frühjahr pflanzen. Die Pflanze wird bis zu 1,5 m hoch und bekommt im Juni-Juli weiße bis rosa Blüten. Mag Halbschatten mit feuchter Erde. Beet 13.

BARTNELKEN (*Dianthus barbatus*) Blüht ein Jahr nach der Aussaat. Fühlt sich in voller Sonne in wasserdurchlässigem Boden wohl. Wird etwa 40 cm hoch. Im März vorkeimen

und im April auspflanzen oder als Staude kaufen, diese kann das ganze Jahr hindurch gepflanzt werden. Beet 13.

BEINWELL (*Symphytum*) Hervorragende Insektennahrung. Blüht von Juni bis August. Fühlt sich in feuchter Humuserde in voller Sonne und im Halbschatten wohl. Vom Frühjahr bis Herbst pflanzen. Beet 10 am Kompost.

CHRISTROSE (*Helleborus niger, Helleborus orientalis* und *Helleborus x hybrides*) Christrosen fühlen sich in wasserdurchlässiger, humusreicher Erde wohl. Ist der Boden sehr lehmig, sollte ein großes Pflanzenloch gegraben und mit einem Gemisch aus Sand/Kies und Erde aufgefüllt werden. Nach dem Einpflanzen wird Kompost, Laub oder anderes organisches Material zum Abdecken verwendet. Christrosen fühlen sich in voller Sonne und im Halbschatten wohl. Der frisch geerntete Samen kann ins Beet gesät werden. Sie blühen von Dezember bis Februar. Töpfe im Beet 12.

CHRYSANTHEME siehe Mutterkraut

DUFTVEILCHEN (*Viola odorata*) Duftveilchen werden mithilfe von Ameisen, die sich auch von den ölhaltigen Samenständen ernähren, verbreitet; die Pflanze bildet aber auch Ausläufer. Die Blüten sind essbar und blühen im April. Als Pflanze kaufen. Kann das ganze Jahr hindurch gepflanzt werden.

EDELPFINGSTROSE (*Paeonia officinalis*) Im Frühjahr als Wurzelstock kaufen oder als Pflanze während des gesamten Jahres. Darf nicht tiefer gepflanzt werden, als sie im Topf stand. Fühlt sich an sonnigen und halbschattigen Plätzen in lehmiger Erde wohl. Die frühesten Pfingstrosensorten blühen schon im Mai. Hier gewählt: 'Sarah Bernhardt', eine Edelpfingstrose mit rosa Blüten im Juni-Juli. 'Kansas', eine Edelpfingstrose mit roten Blüten im Juni-Juli. Beet 7, 8, 13.

EHRENPREIS (*Veronicastrum virginicum*) Wird bis zu 1,2 m hoch. Blüht von Juli bis September. Fühlt sich in feuchter, nährstoffreicher Erde in Sonne und im Halbschatten wohl. Es gibt weiße, lila und hellrote Blütenachsen. Kann das ganze Jahr hindurch gepflanzt werden. Beet 13.

FETTHENNE (*Sedum spectabile*) Mag sandige Humuserde in voller Sonne. Die Pflanze toleriert Trockenheit und kann das ganze Jahr gepflanzt werden. Blüht von August bis Oktober. Hier ausgewählt: *Sedum hybrid*, 'Herbstfreude', mit feinen rotbraunen Blüten. *Sedum spectabile/Hylotelephium spectabile*, 'Carmen' lila-rosa, 'Brilliant', purpurrot. Beet 8, 13.

FINGERHUT (*Digitalis*) Fingerhut wird im Herbst gesät und blüht dann im folgenden Jahr. Fühlt sich in üblicher Humuserde an sonnigen bis halbschattigen Plätzen wohl. Sät sich auch selbst aus. Beet 7, 13.

FRAUENMANTEL (*Alchemilla vulgaris*) Eine Staude, die sich an den meisten, auch leicht feuchten, Orten wohlfühlt. Mag Sonne und Schatten, ist selbst aussäend. Kann das ganze Jahr hindurch gepflanzt werden, am besten im Herbst. Blüht von Mai bis Juni. Beet 13.

GELENKBLUME (*Physostegia virginiana*) Als Pflanze kaufen und im Herbst pflanzen. Fühlt sich in üblicher, auch etwas lehmiger Gartenerde an sonnigen Plätzen wohl. Eine schöne Sorte ist 'Vivid', eine dunkelrosa Ausgabe, die von August bis Oktober blüht. Beet 13.

GOLDLACK (*Cheiranthus cheiri*) Im April vorziehen oder im Mai direkt ins Beet säen. Die Pflanze ist zweijährig, eine grundständige Blattrosette entwickelt sich im ersten Jahr, im folgenden Jahr blüht sie ab Mai mit herrlich duftenden Blüten. Die Pflanze wird bis zu 50 cm hoch, sie fühlt sich in wasserdurchlässiger Erde in voller Sonne wohl. Sät sich auch selbst aus. Beet 8.

IRIS (*Iris x hollandica*) Fühlt sich in üblicher Humuserde in Sonne und im Halbschatten wohl. Zwischen Herbst und Frühjahr pflanzen. Hier ausgewählt: *Iris x hollandica* 'Carmen', helllila Sorte. *Iris regelio-cyclus* 'Dardanus', lila Sorte. *Iris x hollandica* 'Purple Sensation', dunkelvioletter Typ. Beet 7, 8, 13.

JAKOBSLEITER (*Polemonium caeruleum*) Als Pflanze kaufen. Kann das ganze Jahr hindurch gepflanzt und vom Frühjahr bis Herbst ausgesät werden. Neue Blüten Juni bis August. Fühlt sich in voller Sonne wohl. Beet 13.

JOHANNISKRAUT, ECHTES (*Hypericum perforatum*) Die Pflanzen werden knapp 1 m hoch und gedeihen in fast allen Böden. Blüht am reichhaltigsten in voller Sonne, verträgt aber auch Halbschatten. Blüte von Juli bis September wie goldene Sterne. Kann das ganze Jahr hindurch gepflanzt werden. Beet 9.

KATZENMINZE, ECHTE (*Nepeta cataria*) Fühlt sich in üblicher Humuserde in voller Sonne wohl. Vom Frühjahr bis Herbst pflanzen. Kann im März vorgekeimt werden, wird üblicherweise als Pflanze gekauft. Blüht von Juni bis Herbst. Beet 6, 13.

KAUKASUS-VERGISSMEINICHT (*Brunnera macrophylla*) Blüht von April bis Mai. Wenn die Pflanzen zu trocken werden, bekommen sie welke Stellen an den Blättern. Zwischen Herbst und Frühjahr pflanzen. Fühlen sich in üblicher Gartenerde wohl. Am besten an Nordseiten zwischen Bäumen und Sträuchern pflanzen. Beet 8.

KRÖTENLILIE (*Tricyrtis hirta*) Die Blüten sind weiß mit feinen, violetten Tupfen. Am besten gedeiht sie im Halbschatten und lichtem Schatten in einem feuchtigkeitsspeichernden Waldboden. Sie kann das ganze Jahr hindurch gepflanzt werden. Blüte im August/September. Beet 13.

LAVENDEL, ECHTER (*Lavandula angustifolia*) Hier ausgewählt: 'Munstead', mit hellblauen Blüten, sowie 'Hidcote', tiefviolett. Fühlt sich in wasserdurchlässiger, sandiger Humuserde in voller Sonne wohl. Pflanze toleriert Trockenheit. Vom Frühjahr bis Herbst pflanzen. Auch als Gewürzkraut zu verwenden. Beete 7, 10, 12, 13.

LERCHENSPORN (*Corydalis*) Eine kleine, feine Staude, etwa 20–40 cm hoch, sie sät sich selbst aus. Im Frühjahr ein herrlicher Bodendecker. Fühlt sich in Sonne und Schatten in üblicher Humuserde wohl. Als Pflanze kaufen, kann das ganze Jahr hindurch gepflanzt werden. Blüht von April bis Mai. Beet 8.

LÖWENMÄULCHEN (*Antirrhinum majus*) Hier ausgewählt: 'Black Prince' bekommt schöne, tiefrote Blüten, 'Orange Glow' orangefarbene Blüten, 'Royal Bride' schneeweiße Blüten, 'Rose Princess' rosa Blüten, 'Admiral Pink' feine, zartrosa Blüten, 'Purple' pink/violett/lila Blüten. In der Nähe von gepflanzten Löwenmäulchen kommt es zur Selbstaussaat, werden die Samenstände nicht abgeschnitten. Im Laufe des Winters verschwinden die Pflanzen, im Frühjahr kommen neue. Im April vorkeimen oder im Mai pflanzen. Fühlt sich in üblicher Gartenerde in Sonne und im Halbschatten wohl. Beet 7, 10, 13.

MARGERITE (*Leucanthemum vulgare*) Eine wilde Margeritenart. Fühlt sich in üblicher, wasserdurchlässiger Humuserde wohl. Blüht von Mai bis Juni. Als Pflanze kaufen. Kann das ganze Jahr hindurch gepflanzt werden oder wird im April direkt in die Erde gesät. Beet 8.

MAUERPFEFFER siehe Fetthenne

MARIENBLATT (*Tanacetum balsamita* syn. *Chrysanthemum majus*) Eine 80 cm hohe, mehrjährige Duftpflanze mit vielen aromatisch riechenden Blättern. Bekommt kleine, gelbe Blüten. Fühlt sich in üblicher Humuserde an sonnigen bis halbschattigen Orten wohl. Als Pflanze kaufen. Kann das ganze Jahr hindurch gepflanzt werden. Beet 6.

MUTTERKRAUT (*Chrysanthemum parthenium*) Kann vorgekeimt, gesät oder als Pflanze gekauft werden. Sehr zarte Pflanze, mag die meisten Stellen, gern in voller Sonne. Blüht ab Juni. Selbstaussäend. Beet 10 am Kompost.

NACHTVIOLE, GEMEINE (*Hesperis matronalis*) Wird mindestens 1m hoch. Sie blüht weiß oder lila und sät sich selbst aus. Vermehrung und Ausbreitung eventuell eindämmen. Fühlt sich in üblicher Humuserde in voller Sonne und im Halbschatten wohl. Im Herbst oder Frühjahr ins Beet säen oder pflanzen. Beet 13.

PFINGSTROSE siehe Edelpfingstrose

PHLOX (*Phlox*) Fühlt sich in üblicher Gartenerde in voller Sonne wohl. Phlox kann das ganze Jahr hindurch gepflanzt werden. Wird in der Regel als Pflanze gekauft, kann aber auch gesät oder aus Stecklingen gezogen werden. Blüte je nach Art von Mai bis zum ersten Frost. Beet 13.

PORZELLANBLÜMCHEN (*Saxifraga urbium*) Bekommt winzig kleine, weiß-hellrote Blüten an einem roten Blütenstängel von Mai bis Juni. Es gibt sie sowohl mit grünen, weiß gefleckten als auch gelb gefleckten Blättern. Zwischen Herbst und Frühjahr in übliche, wasserdurchlässige Humuserde pflanzen. Mag volle Sonne und Halbschatten. Beet 7.

PRIMEL (*Primula x pubescens*) Auch Bastard-Aurikel. Als Pflanze kaufen und zwischen Herbst und Frühjahr in übliche, wasserdurchlässige Gartenerde pflanzen. Blüht von April bis Juni. Beet 7, 8, 13.

PURPURGLÖCKCHEN (*Heuchera*) Bodendeckende Pflanze, die effektiv Unkraut unterdrückt. Als Pflanze kaufen. Fühlt sich an sonnigen und halbschattigen Plätzen in wasserdurchlässiger Erde wohl. Im Herbst pflanzen. Beet 8.

RIESEN-GLOCKENBLUME (*Campanula lactiflora*) Fühlt sich in nährstoffreicher Humuserde in voller Sonne wohl. Kann das ganze Jahr hindurch gepflanzt werden, am besten im Herbst. Blüht von Juni bis August. Beet 13.

RITTERSPORN (*Delphinium*) Fühlt sich in üblicher Humuserde in voller Sonne wohl. Zwischen Herbst und Frühjahr pflanzen. Blüte ab Juni bis in den Herbst. Beet 13.

SCHAFGARBE, GEMEINE (*Achillea millefolium*), In freier Natur wild wachsend mit weißen Blüten. Samen auch für Pflanzen mit gelben, rosa, orangefarbenen und roten Blüten zu kaufen. Wächst fast überall und verbreitet sich stark. Kann das ganze Jahr gepflanzt werden. Blüht von Juli bis September. Beet 8.

SCHILDBLUME (*Chelone obliqua*) Blüht von August bis September mit creme- bis rosafarbenen, röhrenförmigen Blüten. Die Pflanze steht gern vollsonnig in Gartenerde. Je nach Sorte 60–80 cm hoch. Sie kann das ganze Jahr hindurch gepflanzt werden. Beet 8.

SONNENHUT (*Rudbeckia hirta*) Einige Sorten sind winterhart, während andere einjährig sind. Fühlt sich in Humuserde in voller Sonne und im Halbschatten wohl. Zwischen Herbst und Frühjahr als Pflanze kaufen und pflanzen. Blüht Juli-Oktober. Beet 7.

SONNENHUT, ROTER (*Echinacea purpurea*) Blüht von Juli bis September mit rosa Blüten. Zieht Sommervögel an. Fühlt sich in voller Sonne in wasserdurchlässigem Boden wohl. Wird etwa 60–75 cm hoch. Als Pflanze kaufen und zwischen Herbst und Frühjahr pflanzen. Oder im März vorkeimen. Beet 8.

STORCHSCHNABEL (*Geranium*) Ausgewählt wurden: *Geranium oxonianum* 'Rose Clair', blüht von Juni bis September rosa, und *Geranium sanguineum* var. *striatum*, der etwa 15 cm hoch wird und im Juni/Juli blüht. Fühlt sich an den meisten Plätzen wohl. Optimal steht der Storchenschnabel in wasserdurchlässiger Erde in voller Sonne oder leichtem Schatten. Fühlt sich aber auch in vollem Schatten und nährstoffarmen Boden wohl. Die Blüten sind essbar und eine wunderschöne Verzierung auf Kuchen. Kann das ganze Jahr hindurch gepflanzt werden. Beet 13.

TRÄNENDES HERZ (*Dicentra spectabilis*) Mag nährstoffreiche, wasserdurchlässige Humuserde und volle Sonne. Als Pflanze kaufen und zwischen Herbst und Frühjahr pflanzen. Blüht April–Juni. Beet 13.

WEISS-KLEE (*Trifolium repens*) Direkt ins Beet säen. Mehrjährige, stickstoffbindende Pflanze. Fühlt sich in üblicher Humuserde in voller Sonne und im Halbschatten wohl. Im Frühjahr oder Herbst ins Beet säen. Beet 5.

WERMUT, GEMEINER (*Artemisia absinthium*) Wird bis zu 1 m hoch, mit schönen, gezackten, graugrünen Blättern. Um die graue Blattfarbe zu erhalten, muss jedes Jahr zurückgeschnitten werden. Blüht Juli/August mit kleinen, gelben »Knospen« am obersten Trieb und in den Blattachseln. Mag sandige Erde in voller Sonne. Frühjahr bis Herbst. Beet 6.

WIESENKRAUT (*Thalictrum delavayi*) Blüht mit kleinen, blaulila Blüten von Juli bis September. Die Pflanze steht gern im Halbschatten. Je nach Sorte werden die Pflanzen 100–180 cm hoch. Beet 7, 8.

WINTERLINGE (*Eranthis hyemalis*) Im Herbst setzen. Fühlen sich an den meisten Plätzen wohl, wo sie nicht mit anderen Pflanzen um Licht, Wasser und Nahrung konkurrieren müssen. Winterlinge werden entweder durch Samen oder Teilung vermehrt. Der Samen wird im März – wenn er gute Streufähigkeit hat, aber immer noch grün ist – sofort ins

Beet gesät. Nun ist Geduld erforderlich, es kann 4–5 Jahre dauern, bis die neuen Pflanzen blühen. Knollen im September in Humuserde legen. Blüht ab Januar. Beet 8.

WOLLZIEST (*Stachys byzantina*) Wollziest ist ein hervorragender Bodendecker, die Staude bildet einen dichten Blätterteppich, der den Boden vor Licht und damit vor Unkrautwachstum schützt. Kann vom Frühjahr bis Herbst gepflanzt werden und fühlt sich an den meisten Plätzen in Sonne und im Halbschatten wohl. Wollziest toleriert Trockenheit. Beet 7, 13.

ROSEN

ABDECKUNG IM WINTER: Rosen werden angehäufelt, mit einer dicken Laubschicht gemulcht und dann mit Tannenzweigen abgedeckt. Da ein Risiko für Frostschäden in jedem Winter besteht, sollten die Rosen in dieser Jahreszeit sicherheitshalber immer abgedeckt werden.

DÜNGEN: Rosen bekommen einen organischen Dünger, der aus getrocknetem und zu Granulat/Tabletten gepresstem Kuh- und Hühnermist besteht und leicht zu verteilen ist. Die Nährstoffe werden mithilfe der Mikroorganismen im Boden nur langsam freigegeben, sodass eine konstante Versorgung der Pflanzen während der gesamten Wachstumsperiode gesichert ist. Das Granulat wird im Frühjahr und dann noch einmal im Juni auf dem Beet ausgebracht. Sehr gut zu verwenden ist es auch in Töpfen, Krügen und an Stellen, wo das Verteilen von Kompost, Pferdemist, Champost und Ähnlichem kompliziert ist. Es ist wichtig, die Rosen bis in den Spätsommer zu düngen, so können die Pflanzen die Nährstoffe ausreichend verwenden, bevor ihr Wachstum in dieser Saison abgeschlossen ist. Wird über diesen Zeitpunkt hinaus gedüngt, kommt es zu einem Auswaschen der Nährstoffe in den Boden und ins Grundwasser. Außerdem beenden die Pflanzen ihr Wachstum nicht rechtzeitig und infolgedessen können die noch im Herbst ausgebildeten neuen Triebe im Laufe des Winters verrotten.

HISTORISCHE ROSEN: Alle Gartenrosen im Küchengarten sind historische Rosen oder Englische David-Austin-Rosen, also Rosen mit den ursprünglichen Eigenschaften bezüglich Duft und Aussehen und den Eigenschaften moderner Rosen bezüglich Haltbarkeit und langer Blüte.

KRANKHEITSBEKÄMPFUNG: Bekommen Rosen schwarze Flecken an den Blättern, sollten die befallenen Pflanzenteile sofort entfernt und in den Restmüll gegeben werden und die Pflanze mit Schachtelhalmtee – einem Auszug aus Wermut und Schachtelhalm besprüht werden. Sobald der Tee abgekühlt ist, werden die Kräuter abgeseiht und der Auszug direkt auf die Pflanzen gesprüht. Wermut enthält Bitterstoffe, die Blattläuse nicht mögen, und hat außerdem einen kräftigen Geruch, der auf Schädlinge abschreckend wirkt. Schachtelhalm wirkt allgemein stärkend aufgrund seines hohen Gehaltes an Mineralien, insbesondere der Kieselsäure. Mit den Spritzungen wird also die Pflanze gestärkt und die Schädlinge verjagt. Um Läuse von Pflanzen zu entfernen, werden sie mit kaltem Wasser abgespült. Ein Knoblauchauszug wirkt ebenso abschreckend auf die ungebetenen Gäste.

STANDORT: Rosen stehen gerne in wasserdurchlässiger, nährstoffreicher Humuserde in voller Sonne und eventuell lichtem Schatten (Pflanzhinweise beachten).

UNREGELMÄSSIGE GARTENPFLEGE: Kann der Garten in der heißen Jahreszeit für einen kurzen Zeitraum einmal nicht ausreichend gewässert werden, sollte vorgebeugt werden: So kann aus einem Wasserschlauch über mehrere Stunden tröpfchenweise Wasser im Boden versickern oder in einen großen Eimer ein kleines Loch gebohrt werden, dieser dann mit Wasser gefüllt an den zu wässernden Platz gestellt werden. Es ist wichtig, dass das Wasser langsam in den Boden sickert und sich nicht nur oberflächlich in alle Richtungen ausbreitet.

WURZELNACKTE PFLANZEN: Wurzelnackte Pflanzen haben beste Startbedingungen für ihr Leben im Garten. Sie durften ihre Wurzeln ohne Einschränkungen entwickeln, dementsprechend gut können sie sich in einem Garten eingewöhnen. Pflanzen in Töpfen haben Wurzeln, die im Kreis gewachsen sind, entsprechend lange brauchen diese Pflanzen, um neue Wurzeln zu entwickeln. Pflanzen mit einem Wurzelballen konnten zwar ursprünglich frei wachsen, bei der Herausnahme aus dem Zuchtbeet wurden die Wurzeln jedoch zurückgeschnitten. Wurzelnackte Rosen werden am besten im Herbst gepflanzt, die Veredelungsstelle liegt dabei etwa 10 cm unter der Erdoberfläche. Das Pflanzloch muss so tief sein, dass die Wurzeln beim Einpflanzen der Rosen nicht abknicken. Es wird kein Düngemittel oder Kompost ins Pflanzloch gegeben, aber die Rosenpflanzen werden abschließend mit einer guten Lage Kompost oder Champost angehäufelt.

ZURÜCKSCHNEIDEN: Sollte von April bis Mai geschehen. Regelmäßig zurückgeschnittene Rosen werden im Laufe der Jahre immer schöner. Kletterrosen nur wenig zurückschneiden. Welke und lange, dünne Zweige sollten zum Schutz der Rosen entfernt werden. Viele Kletterrosen blühen an den Zweigen, die sie im Vorjahr ausgebildet haben. Bis zum Frühjahr sollten die Rosen immer wieder kontrolliert und durch Frost geschädigte Zweige entfernt werden.

'ABRAHAM DARBY', kleine Strauch- oder niedrige Kletterrose. Hat gefüllte kupfer-/aprikosenfarbige Blüten mit einem kräftigen Duft. Historische Rose. Beet 7.

'CHARLES AUSTIN', aprikosenfarbige, schmale Strauchrose. Die Pflanze kann kräftig zurückgeschnitten werden. Beet 7.

'COMTE DE CHAMBORD', mittelgroße Strauchrose, die dunkelrosa gefüllte Blüten mit einem kräftigen Duft bekommt. Stammbaum. Historische Rose. Beet 7.

'FALSTAFF', mittelgroße Strauchrose, Austinrose, bekommt viele große, dunkelpurpurrote gefüllte Blüten mit einem starken Duft. Blüht von Juni bis September. Beet 13

'FANTIN-LATOUR', nicht remontierend. Hellpink gefüllte Rose. Widerstandsfähige, schmale Strauchrose. Historische Rose. Beet 13

'GERBE ROSE', Kletterrose mit schönen rosa Blüten. Herrlich duftend. Steht gerne in Sonne und Halbschatten. Beet 12.

'GERTRUDE JEKYLL', mittelgroße Strauchrose oder niedrige Kletterrose mit dunkelrosa Blüten, stark duftend. Remontierend. Beet 7.

'GHISLAINE DE FELIGONDE', Strauchrose oder Kletterrose, die kleine, gefüllte apriko-senfarbige Blüten bekommt. Starker Duft. Sehr gut zurückzuschneiden. Historische Rose. Beet 7.

'GLOIRE DE DIJON' (*R. noisettiana*). Historische Strauch-/Kletterrose mit bis zu 12 cm großen, dicht gefüllten kupfergelben/aprikosenfarbenen Blüten mit hellrosa Nuancen und einem starken, angenehmen Duft. Blüht von Mitte Juni bis lange in den Herbst hinein. Die Blüten sind sehr haltbar und gut zu zurückzuschneiden. Kann bis zu 4 m hoch und 120 cm breit werden. Beet 12.

'HERITAGE', mittelgroße Strauchrose oder niedrige Kletterrose mit hellrosa Blüten, die einen angenehmen Duft aufweist. Remontierend. Beet 7.

'JACQUES CARTIER', remontierende historische Rose. Bekommt rosa Blüten, die mit einem kräftigen, angenehmen Duft aufwarten. Mittelgroße Strauchrose. Beet 12.

'JANE AUSTIN', Austinrose. Mittelgroße Strauchrose. Die Blüten sind 10–15 cm groß und doppelt gefüllt. Die Farben sind gelb/weiß. Beet 7.

'LOUISE ODIER', mittelgroße, historische Strauch- oder niedrige Kletterrose. Blüht mit schönen rosafarbenen Blüten, bis der Frost einsetzt. Duftet herrlich. Beet 10.

'MAIDENS BLUSH', nicht remontierend. Schmale Strauchrose, die helle, pinkfarbene, gefüllte Blüten bekommt. Historische, widerstandsfähige Rose. Beet 12.

'MARY ROSE', sehr widerstandsfähige, mittelgroße Strauchrose mit rosafarbenen gefüllten Blüten mit einem herrlichen Duft. Beet 7.

'NEW DAWN', feine Kletterrose mit zart-rosa Blüten und feinem Duft. Blüht, bis der erste Frost einsetzt. Beet 12.

'NOBLE ANTHONY', mittelgroße Strauchrose, die karminrote bis dunkelrosa, mittelgroße gefüllte Blüten bekommt. Diese weisen einen schönen Duft auf. Beet 10.

'REDOUTÉ', schöne, mittelgroße Strauchrose. Bekommt zartrosa, gefüllte Blüten mit einem leichten Duft. Beet 7.

'RHEINE DE VIOLETTES', schmale, historische Strauchrose mit gefüllten Blüten in blaulila bis violett. Feiner Duft. Beet 7.

'ROSE DE RESCHT', remontierende historische Rose mit karminroten Blüten und kräftigem Duft. Mittelgroße Strauchrose. Beet 12.

'SHARIFA ASHMA', mittelgroße Strauchrose mit zartrosa Blüten und einem herrlichen Duft. Remontierend. Beet 7.

'SOUVENIR DE LA MALMAISON', Austinrose. Bourbonrose. Eine kleine und sehr zarte historische Strauchrose, die im Sommer schöne, gefüllte rosa Blüten bekommt. Die Rose hat einen starken, sehr angenehmen Duft. Beet 10.

'THE INGENIOUS MR. FAIRCHILD', Strauchrose, die gefüllte Blüten bekommt, die an Pfingstrosen erinnern. Die Blüten sind innen lilarosa gefärbt und werden nach außen hin etwas heller. Beet 7.

'THE PRINCE', Austinrose 1990, eine kleine Strauchrose mit vielen schönen tiefroten bis lilaroten Blüten. Die Blüten strömen einen angenehmen, sehr kräftigen Rosenduft aus. Beet 7.

'WINCHESTER CATHEDRAL', mittelgroße Strauchrose, die wunderschöne, weiße Blüten mit einem herrlichen Duft bekommt. Die Rose ist remontierend. Beet 7.

'WINDFLOWER', schöne, mittelgroße Strauchrose, lilarosa Blüten. Die Rose verströmt einen herrlichen Duft, der an Zimt und Äpfel erinnert. Beet 7.

SOMMERBLUMEN

Sommerblumen sind in der Regel einjährig. Sobald die ausgesäten und gekeimten Pflänzchen etwas größer und kräftiger geworden sind, werden sie in Töpfen vereinzelt, bevor sie endgültig ins Beet gepflanzt werden. Hierzu werden kleine Blumentöpfe mit feuchter Saaterde gefüllt. Mit einem dünnen Pflanzholz wird ein kleines Loch in die Erde gebohrt. Die Pflanzen werden behutsam aus dem Saatbehälter herausgehoben und voneinander getrennt. Die kleinen Wurzeln werden in das Loch gegeben und mit Erde angehäufelt. Sind alle Pflanzen eingetopft, werden sie vorsichtig gegossen, so kann sich die Erde gut an die Wurzeln anschmiegen.

BIENENFREUND (*Phacelia tanacetifolia*) Die Sommerblume, die sich an den meisten Plätzen in voller Sonne und im Halbschatten wohlfühlt, wird vom Frühjahr bis Mitte September gesät. Bienenfreund ist eine sehr gute Zwischenfrucht, die nach der Ernte in einem Beet gesät wird. Die Pflanzen bedecken schnell den Boden, so werden die Nährstoffe im Laufe des Herbstes und des Winters nicht aus dem Boden gewaschen und dessen Struktur bleibt erhalten. Im Frühjahr bis Sommer gesäter Bienenfreund blüht bereits nach einem Monat. Die Blüten sind ein hervorragendes Futter für Insekten, die ihrerseits eine große Hilfe im Kampf gegen Blattläuse sind. Im Herbst gesäter Bienenfreund blüht nicht mehr, sondern wirkt ausschließlich als Gründünger. Die verwelkten Pflanzen werden im Winter und Frühjahr langsam zersetzt. Die Samen sind im August fertig entwickelt und können dann von den trockenen, komplett verwelkten Samenständen geerntet werden. Samen sollten stets trocken und kühl aufbewahrt werden. Beet 2, 5.

BORRETSCH (*Borago officinalis*) Die Sommerblume fühlt sich an den meisten Plätzen in voller Sonne wohl. Bekommt sternförmige, essbare Blüten. Aussaat von April bis Mai. Auch selbstaussäend. Beet 1 – 5, 10.

BUNTSCHOPFSALBEI (*Salvia viridis*) Blüht von Juni bis September. Wird 40 – 50 cm hoch. Fühlt sich in üblicher Gartenerde in voller Sonne wohl. Von April bis Mai ins Beet säen. Sät sich auch selbst aus. Hier ausgewählt: 'Pink Sundae' (hellrot), 'Oxford Blue' (blaulila). Beet 1, 4, 5.

DAHLIEN (*Dahlia hybrid*) Hier ausgewählt: 'Thomas A. Edison', pink, 100 cm, 'Lilac Time', 100 cm, 'Bishop of Leicester', 75 cm, 'Silver Years', 100 cm, 'Noordwijks Glorie' 100 cm, 'Orsett Beauty' 100 cm, 'Pink Skin' 100 cm und 'Napels' 100 cm. Dahlien haben eine lange Entwicklungszeit, sie sollten im Haus zwischen März und April vorgekeimt werden. Sobald der erste Trieb erscheint, sollten die Keimlinge sehr viel Licht bekommen, damit sie nicht dünn und lang werden. Die Pflanze fühlt sich sowohl in Töpfen als auch im Beet wohl. Im Mai auspflanzen. Die Knollen sind nicht winterhart, sie müssen vor dem ersten Nachtfrost ausgegraben und trocken und kühl aufbewahrt werden. Beet 3, 4.

DUFTSTEINRICH (*Lobularia maritima*) Eine kleine einjährige Pflanze mit dichten hellroten, weißen oder lila Blüten ab Juni und während des gesamten Sommers. 10 – 30 cm hoch. Die Pflanze fühlt sich in üblicher Humuserde in voller Sonne wohl. Sie ist eine hervorragende Insektennahrung. Duftsteinrich kann sowohl vorgezogen als auch im Frühjahr direkt ins Beet gesät werden. Beet 2.

GLOCKENREBE (*Cobaea scandens*) Einjährige Kletterpflanze mit glockenartigen, violetten Blüten, die von Juli bis Oktober erscheinen. Sollte in voller Sonne stehen, um zu blühen. Vorkeimen von März bis April, im Mai auspflanzen. Braucht eine Kletterhilfe. Steht an der Terrasse.

GRÜNDÜNGUNG Klee, Wicke, Bienenfreund. Gründüngung sollte in keinem (Küchen-)Garten fehlen, sie schützt und stabilisiert die Bodenstruktur, schafft optimale Wachstumsbedingungen für alle Pflanzen und ist hervorragende Nützlings- und Insektennahrung. Gründüngerpflanzen fördern die Humusentwicklung und halten die Nährstoffe in der Erde. Sie müssen so ausgewählt werden, dass sie zum Boden und der Folgekultur passen. So braucht lehmiger Boden beispielsweise tief wurzelnde Pflanzen, ein sandiger Boden hingegen eher viele grüne Pflanzen. Alle Kleearten speichern Stickstoff und geben diesen an den Boden ab. Sie werden bei Starkzehrern gesät. Um Erde zu lockern, sollten Lupinen und Ölrettich ausgesät werden. Zur schnellen Einrichtung eines Bodendeckers sind Bienenfreund oder Buchweizen geeignet. Auf Mais- und Kohlbeete werden zur Abdeckung Kleesorten gesät: Bodenfrüchtiger Klee, Weiß-Klee oder Rosenklee. Soll ein Beet ruhen, wird es mit Gründungung bepflanzt. Hier gibt es Mischungen verschiedener, schöner Gründüngerpflanzen. Gründüngung lässt sich zum Beispiel mit Flachs, Persischem Klee, Kornblumen und Mohn mischen. Gründüngersamen sind als einzelne Sorte oder als Mischungen im Gartenhandel erhältlich. Gründünger fühlt sich an den meisten Plätzen in voller Sonne und im Halbschatten wohl. Aussaat vom Frühjahr bis September auf ruhende oder abgeerntete Beete.

HORNVEILCHEN (*Viola cornuta*) Ähnelt dem Stiefmütterchen, hat aber kleinere Blüten. Die Pflanze ist widerstandsfähiger als ihre Verwandte und eignet sich daher gut für Blumentöpfe im frühen Frühjahr. Kann im Herbst vorkeimen, am einfachsten ist es jedoch, sie im frühen Frühjahr als Pflanze zu kaufen. Blüht Frühjahr und Sommer. Beet 13.

JUNGFER IM GRÜNEN (*Nigella damascena*) Eine zarte einjährige Pflanze, die 20–90 cm hoch wird, mit grünen, netzartigen Blättern.

Aussaat von April bis Mai. Fühlt sich in üblicher Gartenerde in voller Sonne wohl. Blüht ab Juni. Kann mehrmals nachgesät werden, so sind die Blüten länger zu sehen. Beet 1–5, 10.

KAPUZINERKRESSE (*Tropaeolum majus und Tropaeolum minus*) Blüht ab Juni bis der Frost einsetzt. Die Pflanze sollte in voller Sonne stehen und fühlt sich in nährstoffreicher Humuserde wohl. Ab April vorkeimen und ab Mai auspflanzen oder direkt ins Beet säen, sobald kein Nachtfrost mehr zu erwarten ist. Sät sich auch selbst aus. Hier ausgewählt: *Tropaeolum minus* 'Black Velvet', eine kleine – etwa 30 cm hohe –, kompakte Pflanze von mit dunkelroten Blüten (ab Juni). Außerdem ausgewählt: *Tropaeolum majus* 'Moonlight', eine kräftig wachsende Pflanze, die lange Ranken mit feinen, cremegelben Blüten ab Juni ausbildet. Die unreifen, grünen Samen der Pflanze können wie Kapern eingemacht werden (siehe Rezept S. 138). Beet 2, 4, 10.

KLEE, BODENFRÜCHTIGER (*Trifolium subterraneum*) Fühlt sich in üblicher Humuserde in voller Sonne und im Halbschatten wohl. Aussaat Frühjahr bis Herbst. Gut als Untersaat zwischen Pflanzen des Küchengartens geeignet. Beet 5.

LATHYRUS (siehe Platterbsen)

PLATTERBSEN (*Lathyrus odoratus*) Pflanzen ab März vorkeimen und im Mai auspflanzen oder im April direkt ins Beet säen. Platterbsen werden am besten an einem Gestell (als Rankhilfe) im Abstand von 25 cm gepflanzt. Fühlen sich in üblicher, wasserdurchlässiger Gartenerde in voller Sonne wohl. In milden Wintern können Platterbsen im November an einem geschützten Platz ins Beet gesät werden und dort bis zum Frühjahr überwintern. Hier ausgewählt: 'Beaujolais', weinrote, duftende Blüten an langen Stängeln, 'Lizbeth', hellrote, duftende Blüten an langen Stängeln, 'Mollie Rilstone', cremefarbene Blüten mit ei-

ner feinen, altrosa Kante an langen Stängeln, 'Painted Lady', alte, zweifarbige Sorten mit weißen und hellroten Blüten. 'Wiltshire Ripple', weiße, duftende Blüten mit dunkelroten Punkten und Rändern sowie in vermischten Farben. Beet 12, 13.

PRUNKWINDE (*Ipomoea tricolor*) Im Frühjahr ins Beet säen. Fühlen sich in nährstoffreicher Humuserde in voller Sonne an windstillen Plätzen wohl. Stehen hier bei der Terrasse.

RINGELBLUME (*Calendula officinalis*) Fühlt sich in voller Sonne und im Halbschatten wohl. Aussaat von März bis Mai. Selbst aussäend. Blüht ab Juni bis zum ersten Nachtfrost. Beet 1–5, 10.

SAATWICKE (*Vicia sativa ssp Nigra*) Sommerblume/Gründüngung. Aussaat direkt ins Beet von April bis Mitte September. Gedeiht in den meisten Böden in voller Sonne. Die Blüten sind essbar. Blüht von Juni bis zum Herbst. Beet 2, 5.

SCHLEIFENBLUME (*Iberis umbellata*) 'Fairy Mix'. Fühlt sich in üblicher, wasserdurchlässiger Humuserde an sonnigen bis halbschattigen Plätzen wohl. Blüht vom Juli bis zum Herbst. Aussaat direkt ins Beet von April bis Mai. Beet 13.

SCHMUCKKÖRBCHEN (*Cosmos bipinnatus*) Hier ausgewählt: 'Dazzler', (pink/rötlich), 'Purity', (weiß), 'Picotee', (weiß mit rosafarbenen Kanten). Vorkeimen ab Anfang April oder direkte Aussaat ab Ende April. Fühlt sich in üblicher Humuserde in voller Sonne wohl. An einen windstillen Platz stellen, dann muss sie nicht festgebunden werden. Beet 2.

SIBIRISCHER MOHN/ISLANDMOHN (*Papaver croceum* 'Summer Breeze') Mohnsamen sind reif zum Ernten, wenn die Samenkörnchen sich quasi selbst ausstreuen, nun ist der Samenstand braun und getrocknet und hat sich leicht vom Blütenboden gelöst. Von April bis Mai direkt ins Beet säen. Mohn fühlt sich in voller Sonne wohl. Beet 1–5, 7, 8, 10.

SILBERBLATT (*Lunaria annua*) Sät sich selbst aus und wuchert stark, ab Mai eine herrlich duftende Frühjahrsblume. Kann zwischen Sträuchern und Stauden stehen, ohne deren Wachstum zu behindern. Aussaat im Frühjahr und im Herbst. Beet 7, 8, 13.

SKABIOSE (*Scabiosa atropurpurea*) 'Magic Night' hat von Juli bis September dichte, gefüllte, dunkelpurpurfarbene, duftende Blüten. Einjährig. Höhe etwa 80 cm. Im April in üblicher Gartenerde aussäen. Mag windstille Plätze in voller Sonne. Beet 13.

STIEFMÜTTERCHEN (*Viola* x *wittrockiana*) Blüht im zweiten Jahr. Selbstaussäend, mit Nachkommen, die nicht zwangsläufig der Mutterpflanze ähneln. Im Herbst ins Beet säen, wenn sie im nächsten Frühjahr blühen soll, oder im Frühjahr als Pflanze kaufen. Mag Sonne bis Halbschatten. Beet 13.

TAGETES (*Tagetes tenuifolia*) Bekommen orangefarbene, gelbe, rote oder gesprenkelte Blüten auf großen, dichten Sträuchern ab Juni. Die Pflanzen werden etwa 30 cm hoch, bei ausreichend Platz und guten Bodenverhältnissen wachsen sie sogar bis zu einem Durchmesser von 50 cm heran. *Tagetes erecta* 'Vanilla', die Pflanzen werden 30–40 cm hoch mit cremeweißen Blüten. Beet 13. Lakritz-Tagetes 'Tagetes filifolia', *Tagetes lucida*, auch als Winterestragon bezeichnet, wird bis zu 60 cm hoch mit kleinen, gelben Blüten, die kleine Trauben bilden.

Tagetes können – bei ausreichendem Platz – schon im Februar ins Beet gesät werden. Stehen die Samen zum Vorkeimen zu lange im Haus, treiben sie möglicherweise an dünnen Stängeln hoch aus. Sobald die Keimlinge im März das zweite komplette Blattpaar haben, können sie behutsam in Papiertöpfe umgepflanzt werden. Dazu werden die Töpfe mit Aussaaterde gefüllt und gut gewässert, die Erde muss durchfeuchtet sein. Mit einem dünnen Pflanzholz wird ein kleines Loch in die Erde gebohrt. Die Pflanzen werden behutsam aus dem Saatbehälter herausgehoben und voneinander getrennt. Mit dem Pflanzhölzchen werden die kleinen Wurzeln in das Loch gegeben und Erde angehäufelt. Sind alle Pflanzen eingetopft, werden sie vorsichtig gegossen, am besten mit einer Blumenbrause, so kann sich die Erde sich gut an die Wurzeln anschmiegen. Tagetes vertragen keinen Frost, daher erst im Mai auspflanzen. Zwischen Beet 1 und 2.

TRICHTERMALVE (*Malope trifida*) Kleine Blüten vom Juli bis zum Herbst. Im März vorkeimen oder im April direkt ins Beet säen. Fühlt sich in voller Sonne in üblicher, wasserdurchlässiger Gartenerde wohl. Selbstaussäend. Die Blüten sind essbar. Beet 7.

VERBENE (*Verbena rigida*) 'Polaris' wird 30–40 cm hoch und bekommt viele, zartlila Blüten. Außerdem hier ausgewählt *Verbena* x *hybrida*, 'Peaches and Cream', sie wird etwa 20–25 cm hoch mit aprikosen- und lachsfarbenen Blütenschirmen. Weiterhin ausgewählt: *Verbena hybrida* in unterschiedlichen Farben. Die Pflanze fühlte sich in üblicher, wasserdurchlässiger Gartenerde in voller Sonne wohl. Im April vorkeimen und im März auspflanzen. Blüht ab Juni. Beet 8.

ZIERTABAK (*Nicotiana sanderae*) 'Lime Green' etwa 60 cm hoch, bekommt feine, limettengrüne Blüten. Im April vorkeimen und im Mai auspflanzen. Blüht vom Juli bis zum Herbst. Fühlt sich in voller Sonne in üblicher, wasserdurchlässiger Erde wohl. Beet 13.

BEEREN

WÄSSERN: Die Beerenpflanzen müssen stets ausreichend gewässert werden, nur so können sich die Früchte gut entwickeln. Beerensträucher – am besten frühmorgens – tiefgründig und unmittelbar am Boden gießen, so werden die Sträucher nicht nass. Bei Bedarf wird auch tagsüber gegossen.

BEERENSTRÄUCHER ZURÜCKSCHNEIDEN: Die fruchttragenden, abgeernteten Zweige der Sträucher müssen spätestens nach der Ernte zurückgeschnitten werden, die abgeschnittenen Teile werden dann gehäckselt auf den Kompost gegeben. Beerensträucher bleiben jung und fruchtbar, wenn sie jedes Jahr regelmäßig in Verbindung mit der Beerenernte oder kurz danach zurückgeschnitten werden. Die ältesten Zweige werden möglichst bodennah gekürzt. Ein guter Beerenstrauch sollte etwa acht Zweige haben, so werden Zweige und Früchte ausreichend mit Licht und Luft versorgt. Die zwei- bis dreijährigen Ruten tragen am besten.

SOMMERHIMBEEREN: Sie entwickeln Früchte am zweijährigen Holz. Die abgeernteten Ruten werden sofort zurückgeschnitten, so können neue Triebe, an denen sich im darauf folgenden Jahr Beeren entwickeln, nachwachsen. Sommertragende Himbeeren gelten allgemein als süßer, sind jedoch öfter von Würmern befallen.

HERBSTHIMBEEREN: Sie entwickeln Früchte am einjährigen Holz, nach der Ernte – spätestens im Februar – werden alle Triebe bodennah eingekürzt. Dann eine Schicht Kompost auf dem Beet verteilen.

BROMBEEREN (*Rubus fruticosus*) Es gibt verschiedene Sorten mit dornlosen Trieben, beispielsweise die Sorte 'Thornless Evergreen', ein immergrüner Strauch mit dunklen, blanken Blättern in Form von Feigenblättern. Fühlt sich in üblicher Humuserde in Sonne und im Halbschatten wohl. Zwischen Herbst und Frühjahr pflanzen. Die Früchte entwickeln sich am zweijährigen Holz, die abgeernteten Triebe werden abgeschnitten. Beet 12.

ERDBEEREN (*Fragaria x ananassa*) Wachsen in fast jedem Boden, am besten in leicht saurer, feuchter Humuserde in voller Sonne. Um eine möglichst gute Ausbeute bei der ersten Erdbeerernte zu sichern, sollten die Pflanzen im Juli oder August gepflanzt werden. Nach der Ernte wird das Beet mit halb verrottetem Kompost gedüngt. Im August wird das Laub der Erdbeerpflanzen zurückgeschnitten, um Platz für die jungen nachwachsenden Triebe zu schaffen. Die Ableger werden zunächst abgeschnitten und aus dem Beet genommen, sollen weitere Erdbeeren gesetzt werden, können hierfür die bewurzelten Ableger verwandt werden. Im Erdbeerbeet darf keine Feuchtigkeit stehen bleiben, es muss stets gut

belüftet sein. Es wird noch eine dünne Schicht Kompost zwischen die Pflanzen gegeben. Hier ausgewählt: 'Dybdahl', bekommt kleine bis mittelgroße Beeren mit einem süßen Geschmack. Schwaches Wachstum. Frühe Sorte. Ebenfalls ausgewählt 'Korona', sie bekommt große, dunkelrote Beeren mit einem intensiven Erdbeergeschmack. Die Beeren sind saftig und lassen sich sehr gut einfrieren. Mittelspäte bis späte Sorte. Beet 3.

HIMBEEREN (*Rubus idaeus*) Fühlen sich an den meisten Plätzen in wasserdurchlässiger Erde wohl. Im Frühjahr oder Herbst pflanzen. Je nährstoffreicher die Erde, desto höher wachsen die Pflanzen. Die Beeren müssen gegebenenfalls hochgebunden werden. Hierzu wird in jeder Ecke des Beetes ein Pfosten eingegraben. Nun wird ein Drahtseil oder eine kräftige Schnur an jedem Pfosten fixiert und um das gesamte Beet gezogen. Die Höhe, in der die Schnur platziert wird, richtet sich nach der Größe der Pflanzen. Herbsthimbeeren werden etwas größer als die sommertragenden Sorten, und sie haben den Vorteil, dass sie nicht von Schädlingen befallen werden. Die herbsttragenden Himbeeren

tragen am einjährigen Holz, die abgeernteten Triebe werden bis spätestens Februar zurückgeschnitten. Je mehr Sonne sie bekommen, desto süßer werden die Beeren. Am besten stehen die Pflanzen an einem windstillen Platz. Früchte bis zum Frost ernten. Beet 8, 9.

ROTE JOHANNISBEEREN (*Ribes rubrum*) Die Sträucher können das ganze Jahr hindurch gepflanzt werden. Fühlen sich in nährstoffreicher Erde in voller Sonne und im Halbschatten wohl. Die Beeren werden vom Juli bis zum August geerntet, der Rückschnitt kann bei der Ernte erfolgen. Beet 10, 13.

SCHWARZE JOHANNISBEEREN (*Ribes nigrum*) Sträucher können das ganze Jahr hindurch gepflanzt werden, am besten im Herbst. Fühlen sich nährstoffreicher Erde in Sonne und im Halbschatten wohl. Die Beeren werden im Juli und August geerntet. Beet 10.

STACHELBEEREN (*Ribes uva-crispa*) Sträucher können das ganze Jahr hindurch in nährstoffreiche Erde gepflanzt werden. Stehen gerne in voller Sonne und Halbschatten. Beerenernte von Juni bis Juli. Beet 10.

FRÜHJAHRSBLUMENZWIEBELN

Blumenzwiebeln können im gesamten Garten gepflanzt werden. Tulpenzwiebeln und andere Frühjahrsblumenzwiebeln können eingepflanzt werden, solange der Boden frostfrei ist, je eher die Zwiebeln gesetzt werden, desto gesünder und blühfreudiger sind sie im kommenden Jahr. Ist der Boden lehmig, wird zuerst eine Lage Kies oder grober Sand in das Pflanzloch gegeben, so ist der Untergrund wasserdurchlässiger. Die Zwiebeln vertragen keine Staunässe, sie können leicht verrotten. In der Regel werden sie im September in einer

Tiefe gesetzt, die ihrer doppelten Höhe entspricht. Zum Graben der Pflanzlöcher wird ein spezielles Pflanzholz verwendet. Sollen mehrere Zwiebeln dicht beieinanderliegen, wird ein entsprechend großes Pflanzloch mit einer Schaufel oder einem Spaten gegraben. Zwiebeln von Krokus, Perlhyazinthen, unterschiedlichen Narzissen und Tulpen können schichtweise in Töpfe mit Erde und Kies gesetzt werden. Dabei werden die größten Zwiebeln nach unten gegeben, die kleinen Krokus- und Perlhyazinthenzwiebeln liegen zuoberst.

ATLANTISCHES HASENGLÖCKCHEN (*Hyacinthoides non-scripta*) Zwiebeln im Herbst in übliche, wasserdurchlässige Erde legen.

Hängende Blüten in kräftigem Lila erscheinen von Mai bis Juni. Hier in Beet 10 vor den Herbsthimbeeren sowie in Beet 7, 8, 13.

GLADIOLE (*Gladiolus x hortulanus*) Die Zwiebeln werden von März bis Mai an sonnigen bis halbschattigen Plätzen in übliche Humuserde gesetzt. Möglicherweise müssen die Pflanzen festgebunden werden. Die Blumenzwiebeln sind nicht winterhart, sie müssen unbedingt vor dem ersten Nachtfrost ausgegraben und dann trocken und kühl aufbewahrt werden. Die Sorte 'Fidelio' blüht dunkelpink. Beet 2.

HERBSTZEITLOSE (*Colchicum autumnale*) Die Zwiebeln werden im Herbst gesetzt. Fühlt sich in wasserdurchlässiger Humuserde in voller Sonne oder im Halbschatten wohl. Blüht im Herbst des Folgejahres. Beet 8.

HYAZINTHEN (*Hyacinthus orientalis*) Präparierte Zwiebeln. Sollen Hyazinthenzwiebeln das erste Mal zum Blühen gebracht werden, bietet es sich an, präparierte Zwiebeln zu kaufen. Sie haben bereits eine Kälteperiode hinter sich und können sofort Blüten entwickeln. Die Zwiebeln müssen zunächst etwa zehn Wochen unter einem Hut abgedunkelt und kühl (bei 7–10 °C) stehen. Sobald die Keimlinge etwa 5 cm groß sind, werden die Pflanzen bei Zimmertemperatur aufgestellt, sind die ersten Blüten zu sehen, werden die Hüte entfernt. Nach weiteren drei Wochen steht die Pflanze in voller Blüte. Sollen ausgetriebene Zwiebeln noch einmal blühen, können sie an einem milden Frühlingstag ausgepflanzt werden. Sollen Hyazinthen im Garten wachsen, werden sie im Herbst in wasserdurchlässige Erde an einem sonnigen bis halbschattigen Platz etwa 20 cm tief ins Beet gepflanzt.

KROKUS, KLEINER (*Crocus crysanthus*) Hier ausgewählt: 'Jeanne d'Arc', mit großen, weißen Blüten, 'Flower Record', dunkellila, 'Blue Pearl', hellblau mit orangefarbener Mitte, 'Pickwick', hat große, weißlila gestreifte Blüten. Krokus kann sehr gut in Rasenflächen gepflanzt werden, so leuchten Farbtupfer auf der ansonsten eher etwas tristen Fläche. Wird der Rasen im Frühjahr das erste Mal gemäht, sind die Krokusse längst verblüht und verwelkt. Fühlt sich in üblicher Gartenerde in Sonne und im Halbschatten wohl. Im Herbst

können die Zwiebeln in Töpfe gesetzt werden: Im Freien können sie sehr dicht – mit nur ein paar Zentimetern Abstand zueinander – gepflanzt werden, sie können aber auch großzügig gestreut werden, je nachdem, welcher Effekt erzielt werden soll. Die Zwiebeln werden mit einer etwa 5 cm hohen Erdschicht bedeckt. Die Blüte hängt von der Witterung, dem Standort und der Sorte ab. Je mehr Sonne die Pflanzen bekommen, desto eher blühen sie, mit etwas Glück bereits im Februar. Steht in Krügen im Mistbeet Beet 2.

KEGELBLUME (*Puschkinia scilloides*) Mögen am liebsten leichte Erde, tolerieren aber auch lehmigeren Boden, der jedoch unbedingt wasserdurchlässig sein muss. Können sonnig oder im Halbschatten stehen. Blühen im Mai. Die Zwiebeln im Herbst setzen. Beet 7, 8, 13.

LILIE (*Lilium orientalis*) 'Casablanca' und 'Journey's end', fühlten sich in üblicher, wasserdurchlässiger Humuserde in voller Sonne wohl. Zwiebeln im Herbst setzen oder im Frühjahr auspflanzen. Hier ausgewählt: *Lilium asiatic* 'Medaillon' und 'Rodeo', in Staudenbeete/Beet 7, 8, 13 gepflanzt.

NARZISSEN (*Narcissus*) Hier ausgewählt: Strauß-Narzisse (*Narcissus tazetta* 'Smiling Twin'), eine schöne Narzisse, die diskret leuchtet, die große, hellgelbe Mittelblüte schmiegt sich an die bis zu sechs weißen Kronblätter, die um sie herum einen Kranz bilden. Im Herbst in wasserdurchlässige Erde an einen sonnigen oder halbschattigen Platz setzen. Die Mini-Narzisse 'Tête a Tête' blüht von März bis April mit mehreren kleinen Blüten an jedem Stiel. Wird bis zu 30 cm hoch, blüht im April/Mai. Wird in wasserdurchlässigen Boden an einen sonnigen bis halbschattigen Platz gesetzt.

NARZISSEN, WEISSE (*Narcissus poeticus*) Im Herbst in wasserdurchlässige Humuserde vollsonnig oder im Halbschatten pflanzen.

Blüte von April bis Mai. Hier ausgewählt: 'Salome', weiß mit orangefarbener Krone, die während der Blüte zu pink- bis lachsfarben wechselt. Das 'Fasanenauge', weiß mit gelber Krone mit dunkler Mitte und rotem Rand. Beet 7, 8, 13.

OSTERGLOCKEN/TROMPETENNARZISSEN (*Narcissus pseudonarcissus*) Sie bekommen weiße Kronblätter und cremegelbe Trompeten, deren Farbe zu Weiß wechseln kann. Zwiebeln im Herbst in übliche, wasserdurchlässige Humuserde legen. Beet 7, 8, 10, 13.

PERLHYAZINTHEN/TRAUBENHYAZINTHEN (*Muscari*) Es gibt etwa 60 verschiedene, wild wachsende Arten Perlhyazinthen in Europa. Blüte von April bis Mai. Im Herbst in Krüge mit wasserdurchlässiger Erde setzen und in die volle Sonne stellen. Beet 7, 8, 13.

SCHACHBRETTBLUME, (*Fritillaria meleagris*) Die Pflanzen sind an ihren zarten, glockenförmigen »Röcken« zu erkennen. Die hier ausgewählte Persische Schachbrettblume (*Fritillaria persica*) bekommt von April bis Mai dunkelpurpurfarbene, glockenförmige Blüten. Die Blütenstängel werden etwa 60 cm hoch. Die Zwiebeln werden im Herbst in übliche, wasserdurchlässige Gartenerde gepflanzt. Schachbrettblumen fühlen sich in voller Sonne bis Halbschatten wohl. Beet 7, 13.

SCHNEEGLÖCKCHEN, GROSSES (*Leucojum vernum*) Fühlt sich üblicher Gartenerde in voller Sonne und im Halbschatten wohl. Da die Blumen sehr früh im Jahr blühen, passen sie hervorragend unter Bäume und Sträucher. Die Zwiebeln werden im Herbst gesetzt oder unmittelbar nach der Blüte gepflanzt. Blühen – je nach Witterung – bereits Ende Februar. Passen gut in Staudenbeete. Beet 7, 8, 13.

SCHNEEGLÖCKCHEN, KLEINES (*Galanthus nivalis*) Schneeglöckchen werden schnellstmöglich im Herbst eingepflanzt, langes Liegen und Trockenheit schadet den Zwiebeln. Sie bevorzugen eine wasserdurchlässige, gerne etwas lehmige Humuserde und halbschattige bis schattige Standorte. Die Zwiebeln sollten regelmäßig ausgegraben und geteilt werden, am besten während oder kurz nach der Blüte, also von Januar bis März.

SIBIRISCHER BLAUSTERN (*Scilla sibirica*) 'Spring Beauty'. Kleine, feine Zwiebelpflanze, von 10–15 cm Höhe, mit blauen Blüten. Blausterne fühlen sich fast überall wohl. Blüte von März bis April. Zwiebeln im Herbst setzen. Beet 7, 8, 13.

TAZETTEN/MEHRBLÜTIGE NARZISSEN siehe Narzissen

TULPEN (*Tulipa*) Tulpen werden in 15 unterschiedliche Gruppen eingeteilt. Wildtulpen oder Botanische Tulpen sind die widerstandsfähigsten und fühlen sich an den meisten Plätzen wohl. Tulpenzwiebeln werden im Herbst gepflanzt, dann blühen sie im April und Mai.

Tulpenzwiebeln werden in frostfreiem Boden gepflanzt, aber je früher die Zwiebeln gesetzt werden, desto eher und üppiger blühen sie. Pflanzlöcher in lehmigem Boden werden zuerst mit Kies oder groben Sand ausgekleidet, so sind sie wasserdurchlässig. Tulpen mögen keine saure Erde und bevorzugen volle Sonne oder Halbschatten. Die meisten Arten werden nach der Blüte ausgegraben, um ihre Blühfähigkeit zu bewahren.

Hier wurden verschiedene Tulpenarten ausgewählt: 'Annelinde': gefüllte, späte, päonienblütige Tulpe mit rosa bis hellroten Blüten und gescheckten Blättern, 'Trés Chic': weiße, lilienblütige Tulpe, 'Charming Lady': gefüllte, späte Tulpe mit gelb-orangefarbenen Blüten, 'Apricot Beauty': einfache, frühe Tulpe mit pfirsich-/aprikosenfarbenen Blüten, 'Lilac Perfection': gefüllte, späte, päonienblütige Tulpe mit blau-lila Blüten. 'Verona': gefüllte, frühe Tulpe mit cremefarbigen Blüten. 'Angelique': gefüllte, späte päonienblütige Tulpe mit violett- bis pinkfarbenen Blüten, 'Weber's Parrot': Papageien-Tulpe mit pink-

weißen Blüten, 'Pink Fountain': fransige Tulpe in weiß/hellrot, 'Queen of Night': einfache, späte Tulpe mit sehr dunklen, schwarzroten Blüten, 'Blue Diamond': gefüllte, späte Tulpen mit lila Blüten, 'Pink Diamond': einfache, späte Tulpen mit pinkfarbenen Blüten, 'Holland Chic': lilienblütige Tulpe in weiß/rosa, 'Grönland': Viridifora-Tulpe mit einfachen Blüten in grün/rosa, 'Purple Prince': einfache, frühe Tulpe mit lila Blüten, 'Tulipa turkestancica': kleine, wilde Tulpe, die nur 10–20 cm hoch wird. Die Blüten entfalten sich zu weißen Sternen mit gelber Mitte. Botanische Tulpen sind Frühblüher mit einfachen, großen Blütenköpfen. Die Blätter sind oft gefleckt oder gestreift. Beet 7, 8, 10, 13.

ZIERLAUCH (*Allium*) Hier ausgewählte Sorten: 'Round and Purple', bekommt von Mai bis Juni große, runde, lila Blütenkugeln. 'Mount Everest', bekommt von Mai bis Juni weiße, runde Blütenkugeln. Im Herbst in wasserdurchlässige, gerne sandige Humuserde in voller Sonne pflanzen.

ANDERE STRÄUCHER UND BÄUME

BUCHSBAUM (*Buxus sempervirens*) Ein langsam wachsender Strauch mit kleinen, immergrünen Blättern. Kann bis zu 3 x 3 m groß werden. Fühlt sich an sonnigen bis schattigen Plätzen in üblicher, nährstoffreicher Humuserde wohl. Kann das ganze Jahr hindurch gepflanzt oder als Steckling gezogen werden. Der Strauch wird allmählich geformt, indem ein- bis zweimal pro Wachstumsphase die Spitzen der Triebe abgeschnitten werden. Ein Buchs der Sorte 'Faulkner' steht im Topf auf der Terrasse.

FLIEDER, GEMEINER (*Syringa vulgaris*) Sehr genügsam. Fühlt sich in den meisten Böden wohl. Blüht im Juni am besten in voller Sonne. Bildet viele Wurzeltriebe, kann aber

auch als gepfropfte Pflanze gekauft werden, die sich nicht unkontrolliert ausbreitet. Am besten zwischen Herbst und Frühjahr pflanzen. Beet 13.

HORTENSIE (*Hydrangea macrophylla*) Die Hortensie bekommt große Blütenschirme, die Blütenfarbe hängt vom pH-Wert des Bodens ab. Ein saurer Boden fördert eher blaue, ein neutral-basischer eher rosa Blüten. Die Hortensie toleriert Kälte sehr gut. Sie wird im Frühjahr zurückgeschnitten. Hortensien fühlen sich in wasserdurchlässiger Humuserde in voller Sonne und im Halbschatten wohl. Der Boden wird saurer – und die Blüten möglicherweise blau –, wenn ihm Torfmoos (Sphagnum) zugesetzt wird. Hier ausgewählt:

Hydrangea macrophylla (rotviolet), 'Clara' (hellrosa), blüht von Juli bis Oktober, 'Endless Summer', blüht von Juli bis September. Die beiden letzten Sorten sind sehr widerstandsfähig, sie benötigen keine Winterabdeckung. Beet 8, 13.

KLEMATIS (*Clematis*) Hier: *Clematis viticella* 'Royal Velour'. Kletterpflanze. Blüht von Juli bis September mit purpurroten, einfachen Blüten. Sollte jedes Jahr bis spätestens März auf 10–20 cm über dem Boden zurückgeschnitten werden, sodass sie von unten nachwachsen kann und Blüten in Augenhöhe bildet. Wird sie nicht zurückgeschnitten, wird sie zwar hoch, aber sie ist danach nur an der Spitze schön anzusehen, in Bodennähe ver-

kahlt sie zunehmend. Zurückgeschnitten werden jedoch nur Klematis der Gruppe 3, den spätblühenden Pflanzen. Fühlt sich in wasserdurchlässiger Erde wohl. Mag einen windstillen Platz. Sollte im Freien 10 cm tiefer als im Blumentopf stehen. Stets feucht halten. Beet 12.

KIRSCHAPFELBAUM (*Malus baccata*) Im Herbst entwickelt der Baum rote Äpfel. Fühlt sich an sonnigen Plätzen und im Halbschatten in üblicher, wasserdurchlässiger Gartenerde wohl. Am besten entwickeln sich die Bäume, wenn sie im Herbst als wurzelnackte Pflanze in den Boden gesetzt werden. Soll der

Baum eine bestimmte Wuchshöhe nicht überschreiten, müssen die Spitzen der Äste jedes Jahr zurückgeschnitten werden, so bleiben die Schnittwunden relativ klein. Der Ast wird entweder am Stamm abgeschnitten, direkt über einer Knospe oder einem Seitentrieb, so bleibt kein »Kleiderhaken« übrig. Beet 7

GEWÜRZKRÄUTER

Die meisten Gewürzkräuter werden als ausgewachsene Pflanzen gekauft, so können sie sofort ins Beet gesetzt werden. Bereits vorhandene Pflanzen können entweder durch Aussaat oder durch Stecklinge vermehrt werden, dies ist allerdings ein sehr langwieriger Prozess. Petersilie und Basilikum bilden hier die Ausnahmen, sie müssen jedes Jahr gesät werden.

Die meisten Gewürzkräuter sind sehr genügsam und tolerieren auch etwas Trockenheit. Wird ein neues Kräuterbeet eingerichtet, sollte der Boden mit einer Harke oder einem Sauzahn gelockert werden, bevor die Kräuter gepflanzt werden. Besteht schon ein Beet, muss der Boden gut kultiviert und gelockert werden. In handelsüblicher Humuserde, die weder zu sandig noch zu lehmig ist, fühlen sich in der Regel alle Gewürzkräuter wohl, sie brauchen keine weitere Pflege. Ist der Boden sehr lehmig, sollte ihm etwas Kies hinzugefügt werden, so bleibt kein Wasser stehen. Gewürzkräuter mit großen grünen Blättern, wie etwa Liebstöckel, Petersilie und Minze, mögen in der Regel

nährstoffreiche Humuserde. Haben sich diese Pflanzen im Garten gut eingelebt, tolerieren sie auch trockene Perioden. In einer Pflanzenschule gekaufte Pflanzen können bei jedem Wetter ins Beet gesetzt werden, denn sie sind bereits daran gewöhnt, im Freien zu stehen. Pflanzen, die Trockenheit tolerieren, sind unter anderem an grauen oder kleinen Blättern zu erkennen, zum Beispiel Salbei oder Thymian. Jedes Gewürzkraut bekommt ein eigenes Namensschild – so sind Verwechselungen ausgeschlossen! Blüten und Blätter der Kräuter können gleichermaßen verwendet werden.

Welke Blüten und Pflanzenteile werden regelmäßig abgeschnitten. Gewürzkräuter, die nicht besonders oft geerntet werden, sollten zwischen Juli und August ebenfalls zurückgeschnitten werden, so können sich neue Triebe bilden. Blühen die Pflanzen, dann haben Sommervögel und Insekten eine zusätzliche Nahrungsquelle. Die meisten Gewürzkräuter benötigen keine Winterdecke, ausgenommen Rosmarin und Lorbeer, sie vertragen keine Kälte und keinen Frost.

ANANASSALBEI/HONIGMELONENSALBEI (*Salvia elegans*) Hat nach Ananas duftende Blätter und bildet im Laufe des Sommers rote Blüten. Kann im Laufe von mehreren Jahren bis zu 2 m hoch werden, wenn die Pflanze im Winter frostfrei steht. Hat die Ananassalbeipflanze im Haus überwintert, sollte sie im Frühjahr in Töpfe gepflanzt und dann wieder ans Freie gewöhnt werden, hierzu wird sie jeden Tag etwas länger nach draußen an einen schattigen Ort gestellt. Nach einem langen Winter mit wenig Licht sind die Blätter noch empfindlich gegenüber Sonne, daher sollten sie nicht vollsonnig stehen, sonst können die Blätter eine Art »Sonnenbrand« bekommen.

Fühlt sich in nährstoffreicher Humuserde in voller Sonne und im Halbschatten wohl. Darf nicht austrocknen. Wird gepflanzt, sobald die Gefahr für Nachtfrost vorbei ist. Wird entweder als Steckling gezogen oder als ausgewachsene Pflanze gekauft. Steht hier in Töpfen zwischen den Beeten 3 und 4.

ANISYSOP (*Agastache foeniculum*) Blüht von Juni bis September. Fühlt sich in nährstoffreicher Humuserde in voller Sonne und im Halbschatten wohl. Darf nicht austrocknen. Kann gesät, aus Stecklingen gezogen oder als Pflanze gekauft werden. Sät sich auch selbst aus. Beet 11a.

BASILIKUM (*Ocimum basilicum*) Basilikum ist ein Kraut, das viel Wärme benötigt. Basilikum sollte im April vorkeimen und erst im Mai in den Garten gepflanzt werden. Die Samen sind sehr klein und müssen nicht mit Erde abgedeckt werden. Die Keime benötigen sehr viel Licht, die Erde darf nicht austrocknen. Basilikum kann auch als ausgewachsene Pflanze gekauft werden. Fühlt sich in nährstoffreicher Humuserde in voller Sonne oder im Halbschatten wohl. Werden die Blätter von oben abgeerntet, bilden sich kontinuierlich neue Seitentriebe. Hier ausgewählt: *Ocimum basilicum* 'lime' und 'Neopolitana'. Beet 11a.

BERGMINZE (*Calamintha nepeta*) 'Blue Cloud'. Fühlt sich in sandiger Humuserde in voller Sonne wohl. Von Frühjahr bis Herbst pflanzen. Blüht von Juli bis zum ersten Frost. Als Pflanze kaufen oder aus Stecklingen ziehen. Jedes Frühjahr bis etwa 5 cm über dem Boden zurückschneiden. Beet 11b.

CURRYKRAUT (*Helichrysum italicum*) Schmeckt eher wenig nach Curry, duftet aber danach. Fühlt sich in sandiger Humuserde in voller Sonne wohl. Vom Frühjahr bis zum Herbst pflanzen. Kann das ganze Jahr geerntet werden. Blüht im Juli mit gelben Knopfblüten. Mag trockene Erde. Mit Tannenzweigen im Winter vor Frost schützen. Beet 6.

DEUTSCHER ESTRAGON (*Artemisia dracunculus*) Fühlt sich in üblicher Humuserde in voller Sonne und im Halbschatten wohl. Vom Frühjahr bis zum Herbst pflanzen, ab Ende April ernten. Die Pflanze wird bis zu 1 m hoch und hat kleine, schmale Blätter. Beet 6.

DILL (*Anethum graveolens*) Dill fühlt sich in üblicher Humuserde in voller Sonne wohl. Ab April ins Beet säen und ab Mai ernten. Beet 5.

FENCHEL (*Foeniculum vulgare*) Im April vorkeimen und im Mai auspflanzen oder als Gewürzkraut kaufen, das dann vom Frühjahr bis Herbst ausgepflanzt werden kann. Fühlt sich in üblicher Gartenerde in voller Sonne wohl. Ab Mai ernten. Beet 5.

GROSSBLÜTIGE BERGMINZE (*Calamintha grandiflora*) Mit etwas Glück blüht sie bis in den November, wenn die Pflanzen an einem Platz in wasserdurchlässiger Humuserde und vollsonnig stehen. Jedes Frühjahr sollte die Pflanze zurückgeschnitten werden, so wird sie dichter. Beet 6 und am Rand von Beet 10.

JOHANNISBEERSALBEI (*Salvia microphylla*, *S. grahamii*) Ein sehr schöner, fein belaubter Strauch, der den ganzen Sommer über leuchtende, rote Blüten trägt. Die Pflanze entwickelt sich am besten direkt im Beet, kann aber auch in Töpfen stehen. Sie fühlt sich in nährstoffreicher Humuserde in voller Sonne und im Halbschatten wohl. Darf nicht austrocknen. Kann im Frühjahr gepflanzt werden. Mag keinen Frost. Steht in Töpfen im Beet 11a.

KNOBLAUCH-SCHNITTLAUCH (*Allium tuberosum*) Kann vom Frühjahr bis zum Herbst gepflanzt oder im Frühjahr gesät werden. Fühlt sich in üblicher Humuserde in voller Sonne und im Halbschatten wohl. Vom Frühjahr bis zum Herbst zu ernten. Beet 9.

KORIANDER (*Coriandrum sativum*) Fühlt sich in üblicher Humuserde in voller Sonne wohl. Mehrmals vom Frühjahr bis Herbst ins Beet säen. Blüht ab Juni. Beet 10.

KRAUSE MINZE (*Mentha spicata* var. *crispa*) Fühlt sich in nährstoffreicher Humuserde in voller Sonne und im Halbschatten wohl. Vom Frühjahr bis Herbst pflanzen. Ab April bis Jahresende ernten. Beet 11a.

KREUZKÜMMEL (*Cuminum cyminum*) Fühlt sich in üblicher Humuserde in voller Sonne wohl. Kann vom Frühjahr bis zum Herbst gesät werden. Blüten und Samenentwicklung erfolgen zu unterschiedlichen Zeitpunkten. Bekommt rosa-weiße Schirmblüten. Beet 6.

KÜMMEL (*Carum carvi*) Im Frühjahr ins Beet säen. Fühlt sich in üblicher wasserdurchlässiger Humuserde in voller Sonne wohl. Reife Samen von einer eigenen Pflanze sollte sofort nach der Ernte wieder ausgesät werden. Blüht und entwickelt im Juni und Juli des zweiten und dritten Jahres Samen. Beet 11b.

LIEBSTÖCKEL (*Levisticum officinale*), Auch als »Maggikraut« bekannt, da es ähnlich wie das gleichnamige Gewürz riecht. Mag gut gedüngte Humuserde an halbschattigen Plätzen. Auf Trockenheit reagiert das Kraut mit gelben Blättern. Fühlt sich in nährstoffreicher Humuserde in voller Sonne und im Halbschatten wohl. Darf nicht austrocknen. Vom Frühjahr bis zum Herbst pflanzen. Beet 9.

LORBEER (*Laurus nobilis*) Lorbeer sollte zum Winterquartier in Töpfe gepflanzt werden, im Haus überwinterte Pflanzen müssen wieder langsam ans Freie gewöhnt werden. Hierzu wird die Pflanze jeden Tag etwas länger nach draußen an einen schattigen Ort gestellt. Nach einem langen Winter mit wenig Licht sind die Blätter noch empfindlich gegenüber Sonne, daher sollten sie anfangs nicht vollsonnig stehen, sonst können die Blätter eine Art »Sonnenbrand« bekommen. Fühlt sich in üblicher wasserdurchlässiger Humuserde in voller Sonne und im Halbschatten wohl. Am besten steht Lorbeer in einem Topf, der im Winter ins Haus geholt werden kann.

MAJORAN (*Origanum majorana*) Fühlt sich in voller Sonne und im Halbschatten in üblicher Gartenerde wohl. Mag auch trockenere Plätze. Selbstaussäend. Von März bis April ins Beet säen oder als Gewürzkraut kaufen, das dann das ganze Jahr hindurch gepflanzt werden kann. Blüht im Juli. Nach Blüte zurückschneiden. Beet 1.

OREGANO (*Origanum vulgare*) Fühlt sich in sandiger Humuserde in voller Sonne wohl. Toleriert Trockenheit. Vom Frühjahr bis zum Herbst pflanzen. Ernte: Frühjahr bis Winter. Blüht im Juli und August. Beet 6.

PETERSILIE (*Petroselinum crispum*) 'Gigante d'Italia'. Hohe, breitblättrige, aromatische Pflanze. Petersilie ist zweijährig, sie bildet im ersten Jahr Blätter und blüht im Jahr darauf. Nach der Blüte sind die Blätter nicht mehr genießbar. Wird jedes Jahr neue Petersilie gesät, können immer die einjährigen Blätter geerntet werden; die Pflanzen bleiben als Insektennahrung stehen. Da dieses Küchenkraut mit sich selbst unverträglich ist, muss es jedes

Jahr an einer anderen Stelle ausgesät werden. Kann im Herbst gesät oder ab dem Frühjahr als Pflanze gekauft und dann gepflanzt werden. Fühlt sich in den meisten Böden in Sonne und im Halbschatten wohl. Beet 1.

PFEFFERMINZE (*Mentha x piperita*) Fühlt sich in nährstoffreicher Humuserde in voller Sonne und im Halbschatten wohl. Vom Frühjahr bis Herbst pflanzen. Ab April bis Jahresende ernten. Siehe auch unter anderen Minzen. Beet 11a + b.

RÖMISCHE KAMILLE, (*Anthemis nobilis*) Die Heil- und Teepflanze fühlt sich an den meisten Plätzen in voller Sonne wohl. Kann im Frühjahr direkt in die Erde gesät werden. Beet 11b.

ROSMARIN (*Rosmarinus officinalis*) Blüht jeden Sommer mit hellblauen Blüten. Steht Rosmarin an einem geschützten Platz, kann die Pflanze im Freien überwintern und wird mit der Zeit eventuell ein großer Busch von 1 m Höhe – optimale Bienennahrung! Fühlt sich in sandiger wasserdurchlässiger Humuserde in voller Sonne wohl. Im Frühjahr pflanzen. Toleriert trockene Erde. Beet 6.

SALBEI (*Salvia officinalis*) Salbei ist eine immergrüne Pflanze mit hellblauen bis lila Blüten in den Monaten Mai und Juni, sehr gute Bienennahrung. Sollte jedes Jahr nach der Blüte zurückgeschnitten werden, so wird die Pflanze dichter. Wird Salbei im Frühjahr zurückgeschnitten, schadet das der Blüte. Fühlt sich in wasserdurchlässiger, sandiger Humuserde in voller Sonne wohl. Toleriert Trockenheit. Vom Frühjahr bis zum Herbst pflanzen. Verträgt ab und zu eine Gabe Steinmehl. Magnesiummangel (Magnesium ist Bestandteil des Steinmehls) ist an gelben Flecken oder verwelkten Blättern zu erkennen. Hier ausgewählt: *Salvia officinalis* 'Tricolor' (dreifarbige Blätter in rosa, weiß und grün), und *Salvia officinalis purpurascens* (purpurne Blätter). Beet 6.

SCHNITTLAUCH (*Allium schoenoprasum*) Wenn der Schnittlauch geblüht hat, wird er zurückgeschnitten und kann neue Blätter ausbilden. Am besten geschieht das zu unterschiedlichen Zeiten, so kann stets frischer Schnittlauch geerntet werden. Die Blüten sind essbar. Fühlt sich an den meisten Plätzen in voller Sonne wohl. Im Frühjahr pflanzen oder ins Beet säen. Beet 1.

SCHOKOLADENMINZE (*Mentha x piperita*) Bekommt die Pflanze keine Wurzelsperre, verbreitet sie sich rasch mit unterirdischen Ausläufern. Fühlt sich in nährstoffreicher Humuserde in voller Sonne und im Halbschatten wohl. Vom Frühjahr bis zum Herbst pflanzen. Ernte ab April bis zum Jahresende. Beet 11b.

SOMMER-BOHNENKRAUT (*Satureja hortensis*) Fühlt sich in üblicher Humuserde in voller Sonne wohl. Von April bis Mai direkt ins Beet säen. Blüht von Juli bis zum Einsatz des Frostes. Selbstaussäend. Beet 4.

THYMIAN (*Thymus vulgaris* und *Thymus praecox*) Hier ausgewählt: Zitronenthymian, *Thymus x citriodorus* 'Silver Queen', Höhe 15 cm mit weiß gefleckten Blättern, helllila Blüten; 'Pink Chintz', Höhe 10 cm kriechend mit hellrosa Blüten; 'Doone Valley', Höhe 10 cm kriechend mit gelb gefleckten Blättern und helllila Blüten. Oreganothymian, *Thymus longicaulis*, 'Odoratus', Höhe 15 cm, kriechend mit helllila Blüten; Zierthymian, *Thymus praecox,* 'Albiflorus', Höhe 5 cm und 'Maren', Höhe 5 cm kriechend mit weißen Blüten. Behaarter Thymian (*Thymus praecox* var. *pseudolanuginosus),* Höhe 5 cm, kriechend mit gräulichen, behaarten Blättern und hellroten bis lila Blüten. Thymian verträgt ab und zu eine Gabe Steinmehl. Magnesiummangel ist an gelben Flecken oder verwelkten Blättern zu erkennen. Vom Frühjahr bis zum Herbst pflanzen. Toleriert Trockenheit und mag sandige Erde und direkte Sonne. Kontinuierli-

ches Ernten fördert das Wachstum. Die Blüten sind eine hervorragende Bienennahrung. Nach der Blüte zwischen Juli und August zurückschneiden, damit sich neue Blätter bilden. Beet 6, 11b.

YSOP (*Hyssopus officinalis*) Wird sie jedes Jahr im Frühjahr zurückgeschnitten, dann bleibt die blaue Pflanze dicht und schön. Fühlt sich in sandiger Humuserde in voller Sonne wohl. Vom Frühjahr bis zum Herbst pflanzen. Selbstaussäend, wenn die Samenstände über Winter belassen werden. Beet 6.

ZITRONENMELISSE (*Melissa officinalis*) Verbreitet sich nicht über ihre Wurzeln, sondern über ihre Samen. Sie ist unkompliziert zu pflegen: Ein ein- bis zweimaliger Rückschnitt im Laufe einer Wachstumsphase, und sie sieht nicht nur gut aus, auch der Geschmack wird besser. Fühlt sich an Plätzen in Sonne und im Halbschatten wohl. Im Frühjahr ins Beet säen oder auspflanzen. Beet 10.

ZITRONENTHYMIAN (*Thymus citriodorus*) Ein Gewürzkraut, das Trockenheit sehr gut toleriert und sich für sandigen Boden und sehr sonnige Plätze eignet. Je mehr geerntet wird, desto mehr treibt die Pflanze aus. Nach der Blüte im Juli zurückschneiden. Fühlt sich in wasserdurchlässiger, sandiger Humuserde in voller Sonne wohl. Hier in Beet 6.

ZITRONENVERBENE (*Aloysia triphylla*) Duftet und schmeckt nach Zitrone. Frostfrei überwintern, im Beet muss der Boden mit einer dicken Lage Stroh abdeckt werden. Zitronenverbene sollte zum Winterquartier in Töpfe gepflanzt werden, im Haus überwinterte Pflanzen müssen wieder langsam ans Freie gewöhnt werden. Nach einem langen Winter mit wenig Licht sind die Blätter noch empfindlich gegenüber Sonne, daher sollten sie anfangs nicht vollsonnig stehen. Steht gerne warm und windstill. Im Frühjahr pflanzen Steht in Töpfen zwischen Beet 3 und 4.

GEMÜSE

BUSCHBOHNEN (*Phaseolus vulgaris var. nanus*) Eventuell ab Ende April vorkeimen. Die vorgezogenen Pflanzen können ins Beet gesetzt oder das Gemüse direkt ausgesät werden. Die Pflanzen fühlen sich in nährstoffreicher, auch lehmiger Humuserde in voller Sonne wohl. Vorgezogene Bohnen sollten an einem windstillen Tag ausgepflanzt werden. Der Wind kann sich leicht in den zarten Spitzen verfangen, sodass diese sich dann verdrehen und verwelken können. Sowohl die Pflanzen als auch die Samen werden in der ersten Woche mit einem Pflanzenvlies abgedeckt, um sie vor Wind und hungrigen Vögeln zu schützen. Die Pflanzen müssen täglich nach Schnecken abgesucht werden. Bohnen werden ab Juli geerntet. Beet 2.

CHILI (*Capsicum frutescens*) Chili kann bereits ab Februar oder sogar früher vorkeimen, braucht dabei jedoch zusätzliches Licht, da die Entwicklungsperiode vom Samen bis zum Keimling, der ausgepflanzt werden kann, sehr lange dauert. Die Samen werden in feuchte Aussaaterde gesät. Mit etwas Erde abdecken, gießen und dann an einen hellen Platz stellen. Die Samen beginnen oft nach einer Woche zu keimen, aber die Keimzeit kann sehr unterschiedlich sein, es ist nicht weiter erstaunlich, wenn einige Samen erst nach einem Monat aufgehen. Im Mai auspflanzen. Die ersten Chilifrüchte können – je nach Witterung – ab Ende Juni geerntet werden. Hier: in Töpfen auf der Terrasse.

EICHBLATTSALAT (*Lactus sativa var. crispa*) Bekommt lange, schmale, unregelmäßig gezackte Blätter, sie sind dunkelgrün bis bräunlich. Ab März vorkeimen oder im April direkt ins Beet säen. Fühlt sich in üblicher Humuserde in voller Sonne wohl. Ab Juli ernten. Die Nachsaat von Salat im Sommer ist möglicherweise etwas kompliziert, denn die Samen keimen bei hohen Außentemperaturen kaum oder nicht besonders gut. Die beste Keimtemperatur für Salat liegt bei 18–22 °C, aber selbst noch bei einer Temperatur von nur 4 °C kann der Samen keimen. Die Schwierigkeiten können umgangen werden, wenn die Samen an einem kühleren Ort vorkeimen, die Keimlinge dann pikiert und schließlich ausgepflanzt werden. So wachsen auch sehr schöne, einzelne Salatköpfe heran! Beet 1, 2, 5, 13.

FELDSALAT (*Valerianella locusta*) Der Salat kann ab dem frühen Frühjahr geerntet werden, er hat kleine, dunkelgrüne, knackige Blätter. Im August direkt ins Beet säen, dann wächst die Pflanze während des Winters. Ab Februar kann mit der Ernte der ersten leckeren Blätter begonnen werden. Um große Blattrosetten zu erhalten, müssen die Keimlinge ausgedünnt werden. Gewöhnlicher Feldsalat ist leicht anzubauen, er fühlt sich in üblicher Humuserde in voller Sonne oder Halbschatten wohl. Beet 5.

GARTENBOHNEN/GRÜNE BOHNEN (*Phaseolus vulgaris var. vulgaris* 'Borlotto') Eine italienische Spezialität mit großen, breiten rot gestreiften Hülsen und ebensolchen Bohnen, sie werden ab Juli geerntet. Gartenbohnen/Grüne Bohnen gibt es sowohl als Kletter- als auch als Zwergpflanzen, die wie Buschbohnen wachsen. Entweder können vorgezogene Pflanzen (ab Mai) ins Beet gesetzt werden oder direkt in den Boden gesät werden. Die Pflanzen fühlen sich in nährstoffreicher, auch lehmiger Humuserde in voller Sonne wohl. Vorgezogene Bohnen sollten an einem windstillen Tag ausgepflanzt werden. Der Wind kann sich leicht in den zarten Spitzen verfangen, sodass diese sich dann verdrehen und verwelken können. Sowohl die Pflanzen als auch die Samen werden in der ersten Woche mit einem Pflanzenvlies abgedeckt, um sie vor Wind und hungrigen Vögeln zu schützen. Die Pflanzen müssen täglich nach Schnecken abgesucht werden. Bohnen werden ab Juli geerntet. Beet 4.

GRÜNKOHL (*Brassica oleracea convar. acephala var. sabellica*) Ab Ende März vorkeimen, im April umtopfen und im Mai auspflanzen. Zum Schutz vor Schnecken sollte der Grünkohl vorkultiviert und Ende Mai ausgepflanzt werden. Fühlt sich nährstoffreicher Humuserde in voller Sonne wohl. Der vorgekeimte Kohl muss getrennt und jede Pflanze in einen eigenen Topf gesetzt werden. Hierzu kann übliche Pflanzerde auf den Boden und nur Aussaaterde als oberste Lage in den Topf gefüllt werden, so stehen den Pflänzchen mehr Nährstoffe zur Verfügung, sobald die Wurzeln herangewachsen sind. Mit einer Blumenbrause wässern. Grünkohl ist ein Starkzehrer, ausreichende Nahrung bietet eine Lage Kompost oder Pferdemist zwischen den Reihen. Bohnen oder Erbsen als Vorkultur führen der Erde Stickstoff zu. Der im November geerntete Kohl wird in Zeitungspapier gewickelt und in einem Holzkasten mit Luftlöchern gelagert. Sind alle Kohlköpfe geerntet, wird das Beet mit einer Schicht Pferdemist abgedeckt. Hier ausgewählt: 'Baltischer Roter' (Roter Grünkohl): Beet 8. Eine alte Sorte mit dunkelvioletten, gekräuselten Blättern. Wird von Kohllarven nicht so massiv geschädigt wie andere Sorten. 'Pentland Brig': eine alte, winterharte Sorte mit feinen, hellgrünen, gewellten Blättern. Fühlt sich in nährstoffreicher Humuserde in voller Sonne wohl. Braucht Kompost als Bodendecker oder Bodenfrüchtigen Klee als Untersaat. 'Westlands Winter': krause, grüne Blätter. Halbhoch. Winterhart, wächst bis April/Mai. 'Redbor': sehr schöne, dunkelviolette, gekräuselte Blätter. Halbhoch bis hoch. Am besten frisch verwenden, da er durch Kochen grau-grün wird. Beet 2.

HÖRNCHENKÜRBIS (*Cyclanthera pedata*) Gehört zur Familie der Gurken und ist genauso anzubauen – ab April vorkeimen und auspflanzen, sobald die Gefahr für Nachtfrost vorüber ist oder direkt ins Beet säen. Im August wachsen die 5 x 2 cm grünen, saftigen Früchte, die im September geerntet werden können. Die Pflanze braucht einen windstillen Platz und gute, nährstoffreiche Humuserde, im Laufe des Sommers wird Kompost oder Pferdemist auf das Beet gegeben. Boden darf nicht austrocknen. Beet 2.

KARTOFFELN (*Solanum tuberosum*) Pflanzkartoffeln werden im Februar zum Vorkeimen in Eierkartons gelegt. Kartoffeln müssen nicht unbedingt vorgekeimt werden, aber es beschleunigt das Wachstum und fördert eine frühere Ernte. Je mehr Licht die Kartoffeln während des Vorkeimens erhalten, desto kräftiger werden die Keimlinge. Kleine, dichte, dunkelgrüne Keimlinge sind optimal, sie knicken nicht ab, wenn sie in die Erde gelegt werden. Lehmboden erschwert das Setzen der Saatkartoffeln, aber üblicherweise werden die meisten wasserdurchlässigen Böden von den Pflanzen akzeptiert. Sobald die vorgekeimten Kartoffeln dicke grüne Keimlinge haben, werden sie im April ins Beet auf eine dünne Schicht halb verrotteten Kompost gesetzt und mit einem Folientunnel abgedeckt. Kartoffelbeete sollten zwischen jeder neuen Pflanzung mindestens drei Jahre ruhen, um Krankheiten zu vermeiden. Kartoffeln werden in eine etwa 10 cm tiefe Rinne im Abstand von 30 cm gepflanzt. Der Reihenabstand sollte etwa 50 cm betragen. Dann werden die Pflanzkartoffeln behutsam mit Erde bedeckt, damit die Keimlinge nicht verletzt werden. Regelmäßiges, tiefgründiges Gießen am Morgen ist wichtig, direkt in den Boden, keinesfalls auf die Pflanzen. Eine goldene Regel besagt, dass Kartoffeln geerntet werden können, wenn die ersten Blumen blühen. Die kleinen, leckeren Frühkartoffeln werden geerntet, sobald sie blühen. Da sie schlecht zu lagern sind, wer-

den die Früchte lediglich bei Bedarf geerntet, der Rest verbleibt vorübergehend im Boden. Die späteren Sorten sind von Ende Juli bis September erntereif. Das Kartoffelbeet wird am besten schon im Herbst des Vorjahres bereitet, hierzu wird Kompost und gegebenenfalls auch noch verrotteter Pferdemist in den Boden eingearbeitet. Die Pflanzen dürfen auf keinen Fall überdüngt werden, das schwächt sie und macht sie anfällig für Krankheiten. Zuviel Kalk im Boden erhöht das Risiko eines Kartoffelschorfbefalls an der Knolle. Kartoffeln sollten bei trockenem Wetter geerntet und die ausgegrabenen Pflanzenteile sofort aus dem Kartoffelbeet entfernt werden. Die Pflanzen sollten jeden Tag kontrolliert werden, so kann ein Pilzbefall möglichst früh entdeckt werden. Damit sich die Krautfäule nicht ausbreiten kann, müssen die befallenen Pflanzenteile umgehend entfernt und im Restmüll – keinesfalls im Kompost – entsorgt werden, denn eine Pilzinfektion kann sich im Laufe weniger Tage auf dem gesamten Beet ausbreiten und auch die Knollen schädigen. Hier ausgewählt: 'Marabel', Bio-Kartoffel, gesunde Sorte, wächst gut, selbst bei kühler Witterung. Die Pflanzen mögen wasserdurchlässige Böden. Sie werden im frühen Frühjahr gesetzt. Diese Sorte hat eine sehr feine Kochqualität und einen guten Geschmack. Beet 4.

KNOLLENFENCHEL (*Foeniculum vulgare var. azoricum*), Im April vorkeimen oder im Mai direkt ins Beet säen. Von September bis Oktober ernten. Fühlt sich in nährstoffreicher, leicht feuchter Erde in voller Sonne wohl. Knollenfenchel hat eine verhältnismäßig lange Entwicklungszeit, von der Saat bis zur Ernte können bis zu dreieinhalb Monate vergehen. Er kann bereits im April vorgekeimt werden oder gekaufte Pflänzchen von Mai bis Juli ausgepflanzt werden. Regelmäßig gießen, damit sich die Knollen gut entwickeln. Kann nach Zwiebeln und Karotten gepflanzt werden. Knollenfenchel ist frostempfindlich und muss in der kalten Jahreszeit mit ei-

nem Pflanzenvlies abgedeckt werden. Auch eine Lage Heu schützt vor zu großer Kälte, so versorgt können die Früchte noch einige Zeit im Boden bleiben. Die Pflanzen müssen vor dem ersten Nachtfrost geerntet werden, dabei werden Wurzeln und Spitze abgeschnitten, sodass nur die Knolle bleibt. Die Knollen werden aufrecht stehend in einem Kasten mit Sand an einem trockenen und kühlen Ort aufbewahrt. Beet 5.

KAROTTEN (*Daucus carota subsp. sativus*), Sommer-/Herbstkarotten sind z. B. 'Nantes 2/fanal'. Fühlen sich in einer Mischung aus Sand und Humuserde in voller Sonne wohl. Ab April direkt ins Beet säen. Karotten mögen Tangmehl, einen organischen Dünger, der aus Seealgen oder Braunalgen hergestellt wird. Dieser Dünger führt der Erde unter anderem Stickstoff und Kalium, Mineralien und Mikronährstoffe zu, aber er unterstützt auch den Humusaufbau der Erde. Karotten werden im Mai ausgedünnt, stehen die Pflanzen zu dicht, können sie keine kräftigen Früchte ausbilden. Die kleinen Karotten, die dabei entfernt wurden, werden als Zutat in einem Salat verwendet. Karotten sind sehr gute Nachbarn von Porree. Ab Juli ernten. Beet 4, 5.

KNOBLAUCH (*Allium sativum*) Die einzelnen Zehen werden im Oktober im Abstand von 10 cm ein paar Zentimeter tief in wasserdurchlässigen Boden gepflanzt. Ist die Erde sehr lehmig, sollte ein größeres Loch gegraben und dies zuerst mit Sand oder Kies gefüllt werden, so verfault der Knoblauch nicht, bevor er geerntet wird. Sehr gut geeignet, um zwischen anderen Pflanzen zu wachsen, beispielsweise zwischen Erdbeeren oder Gewürzkräutern. Der Knoblauch sollte im Juni – spätestens wenn die Spitzen welken – geerntet werden. Die Knoblauchpflanze wird mit einer Hacke gelockert und aus der Erde gezogen. An einer trockenen Stelle aufhängen oder luftig lagern. Die frischen, grünen Spitzen, die während des Wachstums aus dem

Boden sprießen, können immer wieder geerntet werden – aber in Maßen, sonst wird die Entwicklung des Knoblauchs gehemmt. Hier ausgewählt: 'Transsylvanian', 'Rebberg Knoblauch', 'Estnisch Rot'. Beet 1, 2.

KNOLLENSELLERIE (*Apium graveolens rapaceum*) 'Bergers Weiße Kugel'. Knollenselleriesamen brauchen viel Zeit für ihre Entwicklung, es ist durchaus sinnvoll, die Aussaat im Haus vorkeimen zu lassen und erst später auszupflanzen. Die entwickelten Keimlinge werden pikiert, sobald sich das zweite Blattpaar zu öffnen beginnt (das erste Blattpaar – die Keimblätter – dient zur Nahrungsversorgung der Pflanze). Hierzu werden die Sämlinge einzeln in kleine Töpfe gesetzt. Die Erde sollte wasserdurchlässig sein, einen größeren Humusanteil haben und nährstoffreich sein, Lehm- oder Sandboden sind völlig ungeeignet. Die jungen Pflanzen sollten windgeschützt stehen. Gelingt die Züchtung von Knollensellerie nicht, kann das unterschiedliche Gründe haben. So muss beim Umsetzen der Pflänzchen unbedingt darauf geachtet werden, dass sie auf keinen Fall zu tief eingepflanzt werden. Es ist besser, die Pflanzen eher etwas höher einzusetzen, damit sie Knollen ausbilden können.

Knollensellerie hat hohe Ansprüche an den Boden: Sellerie benötigt eine gut durchfeuchtete Humuserde ohne Unkraut, muss stets gleichmäßig gewässert werden und braucht zahlreiche Mikronährstoffe, um nicht von innen her zu verfaulen. Das Beet wird ein- bis zweimal im Sommer mit Beinwell- oder Farnblättern – beide enthalten das für Sellerie notwendige Kali – abgedeckt, das ist die einfachste Art, richtig zu düngen und gleichzeitig den Feuchtigkeitsverlust der Erde gering zu halten. Zudem gibt es verschiedene organische Dünger, denen Tang/Meeresalgen zugesetzt wurden, auch sie sind zur Nährstoffversorgung geeignet. Die Knollen müssen unbedingt vor dem ersten Frost geerntet werden.

KÜRBIS (*Cucurbita*) Hier ausgewählt: 'Golden Zucchini' mit langen, gelben Früchten. *Cucurbita pepo*, Mandelkürbis mit flachen oder runden Früchten sowie 'Gourmet Globe' mit flachen Früchten. Kürbis wird von April bis Mai vorgekeimt und im Mai ausgepflanzt oder direkt ins Beet gesät. Fühlt sich in nährstoffreicher, auch lehmiger Humuserde in voller Sonne wohl. Kürbispflanzen dürfen nicht austrocknen. Die Früchte müssen kontinuierlich geerntet werden, damit die Pflanze ihre Energie nicht zur Ausbildung einer einzelnen Riesenfrucht verwendet. Kürbis wird von Juli bis September geerntet. Im Mistbeet in Beet 1.

MAIRÜBCHEN (*Brassica rapa subsp. rapa* var. *majalis*) 'Market Express', Weißes Mairübchen. Ähnelt einem sehr großen, milden, knackigen Radieschen. Kann ab Ende März gesät werden, von der Aussaat bis zur Ernte dauert es zwischen sechs und acht Wochen. Mairübchen sollten geerntet werden, wenn sie einen Durchmesser von 5–8 erreicht haben, der Erntezeitpunkt hängt davon ab, wann sie gesät wurden. Fühlt sich in üblicher Humuserde in voller Sonne wohl. Braucht ausreichend Wasser. Beet 2.

MANDELKÜRBIS (*Cucurbita pepo*) 'Gourmet Globe F1'. Kleiner, kugelrunder Kürbis mit einem herrlichen Geschmack und guter, fester Konsistenz. Die Sorte wurde aus einer uralten indianischen Sorte, 'Mongogo', entwickelt. Fühlt sich in guter, nährstoffreicher Humuserde – gerne mit einer Lage Kompost abgedeckt – wohl. Im April vorkeimen und im Mai auspflanzen oder direkt im Mai ins Beet säen. Von Juli bis September ernten. Steht hier im Mistbeet.

MANGOLD (*Beta vulgaris* var. *cicla*) 'Bright lights'. Im April vorkeimen oder im Mai direkt ins Beet säen oder die vorgezogenen Triebe auspflanzen. Zu früh ausgepflanzte Mangoldkeimlinge blühen entsprechend früh und bilden nicht die gewünschten Blätter aus. Mangold gibt es mit gelben, weißen, roten, pinkfarbenen, orangen und dunkelroten Stängeln. Beim Stielmangold werden vor allem die Stängel, beim Blattmangold die Blätter verwendet. Sie haben einen sehr milden Geschmack – ähnlich wie Rote Bete – und können sowohl roh als auch gekocht gegessen werden. Kann ab Juni bis zum Einsatz des Frostes geerntet werden. Beet 10.

MARKERBSEN (*Pisum sativum*) Fühlen sich in üblicher Humuserde in voller Sonne wohl. Vor dem Aussäen ins Beet werden die Erbsen über Nacht in handwarmem Wasser vorgeweicht, so können sie sich vollsaugen und Samen, die nicht keimfähig sind, aussortiert werden. Die Pflanzen sollten eine Rankhilfe bekommen. Die Erbsen werden vom Frühjahr bis Sommer im Abstand von 5–8 cm in die Erde gesetzt, ab Juli wird geerntet. Beet 2.

PAK CHOI/SENFKOHL (*Brassica rapa ssp. chinensis*) Asiatischer Salat, mit dem die Küchengartensaison gut abgeschlossen werden kann. Wird ab Ende Juli gesät und kann sehr lange geerntet werden, da er Nachtfrost toleriert. Steht im Mistbeet, Beet 2.

PASTINAKEN (*Pastinaca sativa*) 'Tender & True'. Von April bis Mai in gute, lockere, nährstoffreiche Humuserde in ein vollsonniges Beet säen. Von September bis November ernten. Beet 5.

PFLÜCKSALAT (*Lactuca sativa var crispa*) 'Red Salad Bowl'. Ab März vorkeimen oder im April direkt ins Beet säen. Pflücksalat fühlt sich in nährstoffreicher Humuserde in voller Sonne wohl. Kann während des ganzen Sommers geerntet werden. Beet 1, 4, 5.

PORREE/LAUCH (*Allium porrum*) Gute Sorten sind 'Blaugrüner Winter' und 'Husky'. Winterporree mit schönen blaugrünen Blättern. Fühlt sich in nährstoffreicher Humuserde in voller Sonne wohl. Die jungen Porreepflänzchen müssen ausreichend Zeit haben, um ein gesundes Wurzelnetz entwickeln zu können – bevor sie gedüngt werden. Porree ist ein Starkzehrer und kann eine Lage Kompost oder Pferdemist zwischen den Reihen gut vertragen, gleichzeitig ist der Boden bedeckt und unerwünschtes Unkraut kann sich nicht so leicht ausbreiten. Spinat ist eine ausgezeichnete Vorkultur, er hält den Boden bedeckt, so wird die Struktur nicht durch Regen zerstört, und Nährstoffe werden nicht ausgewaschen, sondern bleiben erhalten. Soll der Porree ausgepflanzt werden, wird der Spinat geerntet oder verpflanzt. Porree wird im Abstand von 8–10 cm gesetzt. Anschließend gut wässern und die Pflanzen anhäufeln. Der Porree bleibt im Winter in der Erde, dort hält er sich am besten. Das Beet wird mit Stroh abgedeckt, so friert der Boden nicht und der Porree kann einfach ausgegraben werden. Ist der Boden sehr locker, kann der Porree mit einer Hacke gelockert und herausgezogen werden, ansonsten wird er ausgegraben.

Winterporree ist kräftiger und gröber als Sommer-Herbst-Porree. Winterporree wird ab März im Haus in einer Schale mit feuchter Aussaaterde ausgesät. Die Samen leicht festdrücken und dann eine dünne Lage Sand oder Humus darüber streuen. Vorsichtig gießen und hell bei 16-20 °C aufstellen. Während der Keimzeit die Erde leicht feucht halten. Wenn die Samen gekeimt haben, sollte die Erdoberfläche zwischen dem Gießen immer leicht antrocknen. Ist kein Frost mehr zu erwarten, dürfen die Pflänzchen ins Freie gesetzt werden, ansonsten blühen sie möglicherweise, ohne zuvor kräftige Porreestangen ausgebildet zu haben. Beet 4.

RHABARBER (*Rheum rhabarbarum*) Fühlt sich in wasserdurchlässiger, nährstoffreicher Humuserde in voller Sonne und im Halbschatten wohl. Im Herbst pflanzen oder im Frühjahr vorkeimen. Bekommt er im Frühjahr eine Lage Kompost oder Pferdemist, belohnt der Rhabarber das mit sehr großen und saftigen Blättern und Stängeln. Rhabarberpflanzen sind teuer, sollen sie vermehrt werden, können sie einfach geteilt werden. Dazu wird eine Pflanze, die mindestens drei bis vier Jahre alt ist, entweder im Frühjahr oder Herbst ausgegraben und mit einem scharfen Spaten geteilt, sodass mindestens ein Auge an jedem Wurzelstück sitzt. Die Pflanzen können auch im Frühjahr selbst gesetzt werden. Neue Pflanzen werden erst im zweiten Jahr ab Mai geerntet. Kontinuierlich wässern. Gekaufte Pflanzen vom Frühjahr bis zum Herbst ins Beet setzen. Beet 10.

RADIESCHEN (*Raphanus sativus L. var. sativus*) Bei 'French Breakfast 3' erfolgt die Aussaat von März bis September. Radieschen müssen während ihrer Entwicklung immer genügend Wasser haben, sonst werden sie zu scharf. Können ab dem frühen Frühjahr und dann den ganzen Sommer hindurch gesät werden. Fühlen sich sowohl im Garten als auch im Gewächshaus wohl. Hier auch ausgewählt: *Raphanus sativus var. radicula*, 'Sparkler'. Steht hier im Mistbeet, Beet 2.

ROMANASALAT (*Lactuca sativa var. romana*), ussaat im Frühjahr und Sommer. Vorgekeimt können die Pflanzen einzeln in die Beete gesetzt werden. Ist die Erde zu warm, keimt Salat sehr schlecht. Kontinuierlich feucht halten. Ernte ab Juli. Hier ausgewählt: 'Pinokkio' und *Lactuca sativa var. longifolia* 'Freckles', hellgrüner Eichblattsalat mit roten Flecken. Hier im Mistbeet, Beet 2.

ROSENKOHL (*Brassica oleracea L.*) 'Masterline'. Rosenkohl kann Ende März vorgekeimt werden, im April werden die Keimlinge pikiert: Die Pflänzchen werden getrennt, einzeln in einen eigenen Topf mit einem Durchmesser von etwa 8 cm mit Aussaaterde gesetzt und gut angegossen. Im Mai auspflanzen. Er mag einen nährstoffreichen Boden und ein sonniges Beet. Unter einer dünnen Kompostschicht und mit einer Untersaat aus Bodenfrüchtigem Klee versorgt gedeiht er besonders gut, denn so steht ausreichend Stickstoff zur Verfügung. Rosenkohl wird in Reihen gesetzt und die Erde am Wurzelhals gut angedrückt. Um die Pflanzen herum wird eine dünne Schicht Grasschnitt aufgebracht und tiefgründig angegossen. Das Beet kann zusätzlich mit einer transparenten Plastikplane gegen Wind und Wetter geschützt werden, regelmäßig nach Schnecken absuchen. Es gibt sowohl winterharte Sorten als auch solche, die keinen Frost mögen. Die winterharten Sorten schmecken bitter, wenn sie keinen ausreichenden Frost bekommen haben, sie sollten erst ab Januar geerntet werden. Die frühen Herbstsorten können von November bis Dezember geerntet werden. Die winterharten Sorten wachsen langsam, im Herbst haben sie noch winzig kleine Röschen. Rosenkohl wird nach Bedarf geerntet. Soll er eingefroren werden, muss er zuvor – ebenso wie Spinat – blanchiert werden. Beet 2.

ROTE BETE (*Beta vulgaris subsp. vulgaris var. conditiva*) 'Bulls Blood', 'Rote Kugel 2' und 'Chioggia' (rot-weiß gestreift). Ab Mai in übliche Humuserde in ein vollsonniges Beet säen. Nicht zu früh säen, da Rote Bete keine Kälte verträgt. Nach früh geernteten Kartoffeln können als Folgekultur Rote Bete gesät werden, im Herbst ernten. Beet 4, 5.

ROTKOHL (*Brassica oleracea convar. capitata var. rubra*), Hier ausgewählt: 'Roodkop' und 'Marner lagerrot'. Winterharte Sorte mit tiefroten, festen Köpfen. Fühlt sich in nährstoffreicher Humuserde in voller Sonne wohl. Im März vorkeimen, im April pikieren und im Mai auspflanzen. Jede Pflanze muss in einen eigenen Topf gesetzt werden. Zum Pflanzen kann übliche Pflanzerde auf den Boden und nur Aussaaterde als oberste Lage in den Topf gefüllt werden, so stehen den Pflänzchen mehr Nährstoffe zur Verfügung, sobald die Wurzeln herangewachsen sind. Mit einer Blumenbrause wässern. Beet 2.

RUCOLA (*Diplotaxis tenuifolia*) Rucola fühlt sich in üblicher Gartenerde in voller Sonne wohl. Mehrere Male von Februar bis September ins Beet säen. Kann schon nach ein paar Wochen geerntet werden, wenn die Erde locker und feucht ist. In Salaten auch die Blüten verwenden. Beet 8.

SALATMISCHUNG (*Misticanza Saladini*) enthält verschiedene Salatsorten, unter anderem Romanasalat, Chicorée, Frisée, Eichblattsalat, Rucola. Ab März vorkeimen oder im April direkt ins Beet säen. Kann mehrmals nachgesät werden. Beet 5.

SCHALOTTEN (*Allium cepa* var. *aggregatum*) Sind kleiner als übliche Zwiebeln und haben einen milderen Geschmack. Im März vorkeimen, Ende April auspflanzen oder Anfang Mai als Steckzwiebel setzen. Zwiebeln sollten nicht zu früh gesetzt werden (bei Kälte blüht die Zwiebel und bildet keine Früchte aus). Fühlt sich an den meisten Plätzen in nährstoffreicher Erde wohl, jedoch nicht in fettem, lehmigen Boden. Mag volle Sonne. Beim Kauf sollte darauf geachtet werden, dass die Brutzwiebeln möglichst klein sind, so ist das Risiko, dass sie blühen, anstatt Zwiebeln zu bilden, geringer. Es wird eine Rille von ein paar Zentimetern Tiefe gezogen, gewässert und dann die Zwiebeln in einem Abstand von etwa 10 cm hineingesetzt. Die Pflanzrille wird so mit Erde bedeckt, dass knapp ein Drittel der Zwiebel aus dem Boden herausschaut. Beet 5.

SELLERIE/STAUDENSELLERIE (*Apium graveolens* var. *dulce*) Echter Sellerie – oder Stangensellerie – stellt die gleichen Anforderungen an die Pflege wie Knollensellerie, toleriert aber mehr Kälte bei der Auspflanzung und im Herbst. Wird von März bis April vorgezogen oder als Pflanze gekauft. Erst auspflanzen, wenn die Bodentemperatur mindestens 14 °C beträgt, so wird das Blühen der Pflanze vermieden. Fühlt sich in nährstoffreicher,

wasserdurchlässiger Humuserde und voller Sonne wohl. Kann ab August geerntet werden. Beet 4.

SENFKOHL siehe Pak Choi

SPARGEL (*Asparagus officinalis*) Anfang April ins Beet säen. Pflanzen werden Ende April bis Mai gesetzt. Spargelbeete dürfen nicht gejätet werden, da die Wurzeln sehr oberflächlich liegen und Schaden nehmen können. Ab und zu sollte die Erde gelockert und gemulcht werden. Spargel gedeiht gut in einem Boden mit höherem pH-Wert, daher wird ab und zu etwas Steinmehl auf das Beet gegeben. Neu gepflanzter Spargel muss drei bis vier Jahre heranwachsen, bevor er das erste Mal geerntet wird. Am Johannistag ist die letzte Ernte, danach ruht er, um neue Energie für das kommende Jahr zu sammeln. Spargel mag einen windstillen Platz mit sandiger und wasserdurchlässiger Humuserde. Er wird auch bei Windstille gepflanzt. Weißer Spargel kann geerntet werden, wenn die Pflanzen im April angehäufelt werden, so bleiben die Keimlinge weiß. Beet 1.

SPINAT (*Spinacia oleracea*) Es gibt viele Spinatsorten. 'Tarpy' fühlt sich in den meisten nährstoffreichen Böden in Sonne und im Halbschatten wohl. Kontinuierlich wässern. Vom März bis zum Herbst ins Beet säen. Kann bei Hitze schnell verwelken. Ab Mai ernten. Dient auch als Vorkultur für Kohl. Beet 1, 2, 4.

SPITZKOHL (*Brassica oleracea capitata* var. *conica*) 'Filderkraut'. Spitzkohl wird vorgekeimt und im Mai ausgepflanzt. Die Erde muss wasserdurchlässig und humusreich sein. Eine Lage Kompost oder Pferdemist auf das Beet geben, so stehen dem Kohl während des ganzen Sommers genügend Nährstoffe zur Verfügung. Im August ernten. Beet 2.

STANGENBOHNEN (*Phaseolus vulgaris*) Hier ausgewählt: 'Borlotto linqua di fuoco', sie

entwickelt gefleckte, gestreifte Bohnen. 'Blauhilde', bekommt kleine lila Bohnen. Bohnen werden von April bis Mai vorgezogen und im Mai ausgepflanzt oder direkt ins Beet gesät. Sie fühlen sich in nährstoffreicher, auch lehmiger Humuserde in voller Sonne wohl. Vorgezogene Bohnen sollten an einem windstillen Tag ausgepflanzt werden. Der Wind kann sich leicht in den zarten Spitzen verfangen, sodass diese sich dann verdrehen und verwelken können. Bohnen werden ab Juli geerntet. Beet 4.

TOMATEN (*Solanum lycopersicum*) Können Tomaten nicht im Gewächshaus angebaut werden, empfiehlt es sich, auf Sorten, die speziell für den ungeschützten Anbau gezüchtet wurden, zurückzugreifen, beispielsweise die Sorte 'Matina'. Diese Tomaten tolerieren Kälte und vertragen Wind und reifen frühzeitig heran. Sie können ab Ende März im Haus vorgezogen werden und kommen im Mai ins Freie. Am besten wachsen sie in wasserdurchlässiger, nährstoffreicher Humuserde. Tomatenstangen aus Metall stützen die Pflanzen ab. Der Erntezeitpunkt wird von der Sorte vorgegeben, in der Regel beginnt die Ernte im Juli. Tomaten müssen regelmäßig ausgegeizt werden, sonst verwenden sie ihre Energie zur Ausbildung von Seitentrieben. Beet 1.

TOPINAMBUR (*Helianthus tuberosus*) Im Frühjahr oder Herbst in nährstoffreiche Erde pflanzen. Je nach Sorte wird von Herbst bis Juli oder im Frühjahr geerntet. Der Erntezeitpunkt ist gekommen, sobald die Knollen gut entwickelt sind und nicht zu viele »Astlöcher« haben. Stehen gern vollsonnig oder im Halbschatten. Um gegebenenfalls einige Topinamburpflanzen zum Einsetzen zur Verfügung zu haben, sollten Knollen mit einer möglichst glatten Oberfläche ausgewählt werden. Wird diese Auswahl jedes Jahr wiederholt, werden die Knollen insgesamt mit der Zeit zunehmend glatt und lassen sich einfacher reinigen. Beet 10.

WEISSKOHL (*Brassica oleracea* var. *capitata alba*) 'Dithmarscher Früher'. Im März vorkeimen, im April pikieren und im Mai auspflanzen. Fühlt sich in nährstoffreicher Humuserde in voller Sonne und im Halbschatten wohl. Ab Ende Juni ernten. Beet 2.

WINTERPORREE siehe Porree

ZWIEBELN, ROTE (*Allium cepa*) Haben einen milderen, süßeren Geschmack als übliche Zwiebeln. Im März vorkeimen, Ende April in Reihen auspflanzen oder Anfang Mai als Stecklinge setzen. Zwiebeln sollten nicht zu früh gesetzt werden (bei Kälte blüht die Zwiebel und bildet keine Früchte aus). Fühlen sich an den meisten Plätzen in nährstoffreicher Erde wohl, jedoch nicht in fettem, lehmigem Boden. Mag volle Sonne. Beim Kauf sollte darauf geachtet werden, dass die Brutzwiebeln möglichst klein sind, so ist das Risiko, dass sie blühen, anstatt Zwiebeln zu bilden, geringer. Es wird eine Rille von ein paar Zentimetern Tiefe gezogen, gewässert und dann die Zwiebeln in einem Abstand von etwa 10 cm hineingesetzt. Die Pflanzrille wird so mit Erde bedeckt, dass knapp ein Drittel der Zwiebel aus dem Boden herausschaut. Beet 5.

ZWIEBELN, WEISSE (*Allium cepa*) Weiße Zwiebeln sind schärfer im Geschmack als übliche Zwiebeln. Zwiebeln sollten nicht zu früh gesetzt werden (bei Kälte blüht die Zwiebel und bildet keine Früchte aus). Fühlen sich an den meisten Plätzen in nährstoffreicher Erde wohl, jedoch nicht in fettem, lehmigen Boden. Weiße Zwiebeln mögen volle Sonne. Beim Kauf sollte darauf geachtet werden, dass die Brutzwiebeln möglichst klein sind, so ist das Risiko, dass sie blühen, anstatt Zwiebeln zu bilden, geringer. Es wird eine Rille von ein paar Zentimetern Tiefe gezogen, gewässert und dann die Zwiebeln in einem Abstand von etwa 10 cm hineingesetzt. Die Pflanzrille wird so mit Erde bedeckt, dass knapp ein Drittel der Zwiebel aus dem Boden herausschaut. Beet 5.

ZUCKERERBSEN (*Pisum sativum* var. *macrocarpon*) Zuckererbsen sind süß und können mit Hülse gegessen werden. Vom Frühjahr bis zum Sommer säen, sie fühlen sich in üblicher Humuserde in voller Sonne wohl. Die Erbsen werden über Nacht in handwarmem Wasser eingeweicht, so quellen sie auf, bevor sie in die Erde gelegt werden. Das Einweichen beschleunigt nicht nur den Keimvorgang, es sind auch diejenigen Erbsen zu erkennen, die nicht keimfähig sind und entsorgt werden können. Am nächsten Tag werden die Erbsen in einem Abstand von 5-8 cm – am besten entlang einer Rankhilfe – ins Beet gesetzt. Hier zwischen Beet 2 und 3.

RICHTIG DÜNGEN

CHAMPOST Champost ist wie Kompost ein organischer Dünger, er gibt die in ihm enthaltenen Nährstoffe nach und nach an den Boden ab. Sowohl Kompost als auch Champost verbessern den Boden, sie tragen dazu bei, dass die Feuchtigkeit im Boden verbleibt und unterdrücken nachwachsendes Unkraut. Champost besteht aus Pferde- oder Hühnermist und Pflanzenfasern und ist völlig frei von Unkrautsamen und Krankheitserregern, da er bei der Herstellung einen Wärmeprozess durchmacht, seine Struktur ist absolut einzigartig.

KOMPOST Kompost aus dem eigenen Garten ist ein überaus vitales Produkt – voller Leben, das der Boden unbedingt braucht. Grundlage eines gesunden Komposts sind seine »Zutaten«: Wird das Material nicht sorgfältig ausgewählt oder kranke Pflanzenteile zur Kompostierung verwendet, sind möglicherweise noch Unkrautsamen oder Krankheitserreger enthalten. Die Struktur ist je nach Reifegrad unterschiedlich.

KUNSTDÜNGER Kunstdünger wird synthetisch hergestellt und düngt ausschließlich die Pflanze mit denjenigen Nährsalzen, die dem Produkt zugesetzt sind. Die Düngung wirkt sofort und es besteht die Gefahr einer Überdüngung. Auf lange Sicht büßen die Pflanzen ihre Widerstandskraft ein, werden anfälliger für Krankheiten und die Bodenqualität verschlechtert sich insgesamt. Kunstdünger nutzt ausschließlich den Pflanzen, keinesfalls jedoch dem Bodenleben insgesamt.

ORGANISCHER DÜNGER Organischer Dünger wirkt langfristig, er ist quasi ein Abfallprodukt aus dem Garten, der Landwirtschaft oder der Tierhaltung. Er wird in fester oder flüssiger Form in den Boden gegeben und kann im Gegensatz zu Kompost und Champost nicht zum Abdecken des Bodens verwendet werden. Dieser Dünger lässt sich gut in Krügen, Töpfen, auf Rasen oder in einem dicht bepflanzten Staudenbeet ausbringen.

PFERDEMIST Pferdemist ist sehr gut im (Küchen-)Garten zu verwenden. Besteht keine Möglichkeit, den Pferdemist in einer Reitschule oder bei einem Bauern zu besorgen, kann stattdessen Champost verwendet werden.

GARTENGLOSSAR

ANHÄUFELN Erde wird um Pflanzen herum zu einem kleinen Hügel angehäuft, so werden Wurzeln und der untere Stängel vor Licht geschützt. Kartoffeln werden angehäufelt, um grüne Knollen zu vermeiden, Porree, der lange, weiße Schäfte haben soll, muss im Laufe des Sommers zwei- bis dreimal angehäufelt werden.

AUSSAATERDE Erde, die extra für die kleinen, pikierten Pflanzen hergestellt wird, enthält weniger Dünger als übliche Pflanzerde.

BODENANALYSE Eine Bodenanalyse gibt Auskunft über physikalische, chemische und biologische Eigenschaften des Bodens, beispielsweise den pH-Wert (Säuregrad) und den Nährstoffgehalt. Dazu wird eine Bodenprobe aus dem Garten entnommen (hierzu sollten die Hinweise des Labors beachtet werden) und an ein entsprechendes Labor gesendet. Anhand der ermittelten Werte kann dann der Boden den Bedürfnissen der Pflanzen entsprechend gepflegt werden. Pflanzenschulen oder Gärtnereien kennen in der Regel Adressen solcher Labore.

CHAMPOST Champost wird aus Kompost, Pferde-, Hühnermist, Güllefasern und Kalk hergestellt und sowohl als Beetabdeckung, zur Bodenverbesserung als auch als Langzeitdünger verwendet. Da Champost auf 70 °C erhitzt wird, ist das fertige Produkt frei von Krankheitserregern, Schädlingen und Unkrautsamen. Champost ist einzigartig in Konsistenz und Farbe und sehr leicht zwischen Pflanzen zu verteilen. Eine gute Alternative zu Kompost.

ENTLAUBEN Larven können während ihrer Entwicklung innerhalb kürzester Zeit sämtliche Blätter einer Pflanze fressen, diese sind dann entlaubt.

FREILAND Im Freien, im Garten, im Beet.

FRUCHTWECHSEL Fruchtwechsel bedeutet, dass sich die Pflanzreihenfolge unter Berücksichtigung des unterschiedlichen Nährstoffbedarfs abwechselt, üblicherweise folgen auf Starkzehrer mittel- oder schwachzehrende Pflanzen. So wird das Risiko für Krankheiten verringert und die Bodennährstoffe optimal genutzt, da die verschiedenen Gemüse unterschiedliche Nahrung benötigen. Kohl und Kartoffeln dürfen nicht in einem Beet stehen, es müssen mindestens drei Jahre vergehen, bevor sie hier wieder gepflanzt werden.

HUMUS Humus ist das Stoffwechselprodukt, das von zahlreichen Bodenorganismen permanent produziert wird – also zersetzte organische Substanzen im Boden. Er gibt der Erde Struktur, hält sie locker und luftig und gewährleistet ein gutes Gedeihen der Pflanzen.

KOHLHERNIE Kohlhernie ist eine ansteckende Pilzkrankheit, die die Wurzeln des Kohls angreift und die Wasserversorgung der Pflanzen behindert.

KOMPOSTBEHÄLTER Ein Kompostsystem, das aus zwei (oder mehr) Kammern besteht, hat den Vorteil, dass in einer Kammer der Kompostierungsprozess abläuft, während in die andere Kammer kompostierfähiges Material gefüllt wird. Ist die erste Kammer gefüllt, kann der gesamte Kompost umgesetzt werden: Der Kompost wird in die zweite Kammer gegeben, sodass die oberste, frische Schicht nach unten gelangt. Frische Brennnesseln oder Grasschnitt können in dünnen Schichten zugesetzt werden, um Stickstoff hinzuzufügen, er beschleunigt den Kompostierungsprozess. Der Kompostierungsprozess darf nicht zum Stillstand kommen, eventuell muss Kompost etwas gewässert werden.

KORBKEGEL Gestell aus Korb in Kegelform, daran können Pflanzen emporranken, aber auch als Schmuck im Garten.

KULTIVIEREN Pflege und Auflockerung des Gartenbodens um die Erde feinkrümelig zu machen, sodass sie wasserdurchlässiger wird. Gleichzeitiges Entfernen von Unkraut und Säubern des Bodens (beispielsweise von Steinen).

MISTBEET Ein Holzrahmen mit durchsichtiger Haube (alten Fenstern) wird direkt auf das Beet gestellt, hier sind kleine Pflanzen besonders geschützt. Es ist eine Art Mini-Gewächshaus, hier können Pflanzen bereits sehr viel früher im Jahr gesetzt werden, als im Freien. Sollte mit Humuserde oder üblicher Gartenerde, die weder zu sandig noch zu lehmig ist, gefüllt sein.

PAPIERTOPFPRESSE Gerät zum Herstellen von Papiertöpfen (zur Anzucht) aus Zeitungspapier.

PFLANZENFOLIE Folie zur Beetabdeckung zum Schutz vor Kälte, hungrigen Vögeln und Schädlingen.

PRÄPARIERTE ZWIEBELN Präparierte Zwiebeln haben eine künstliche Kälteperiode durchlaufen, so blühen sie eher, angewandt beispielsweise bei Hyazinthen.

REMONTIERENDE PFLANZEN Pflanzen, die mehrmals im Jahr blühen können, beispielsweise einige Rosenarten.

SAMENSTAND Der Samenstand enthält den Samen für die nächste Generation, er schützt und entwickelt die Samen nach der Bestäubung. Ohne Bestäubung bleibt der Samenstand klein und fällt ab. Wenn die Kronenblätter der Blüte abfallen, beginnt sich der Samen zu entwickeln und der Samenstand wächst. Allgemein bekannte Samenstände haben beispielsweise Beeren, Nüsse, Kapseln und Steinobst.

SCHMIERSEIFENLÖSUNG Um Blattläuse, Spinnmilben und Weiße Fliegen zu vertreiben, können die betroffenen Pflanzen mit einer Lösung aus reiner Schmierseife ohne Zusätze gespritzt werden. Dies kann im Gewächshaus, bei Zimmerpflanzen und im Freien geschehen. Das Mittel ist für den ökologischen Anbau zugelassen und kann ohne Probleme bei Gemüse angewendet werden, es schadet den Pflanzen nicht und sie bleiben vollkommen genießbar. Um der eigenen Gesundheit und den Pflanzen keinen Schaden zuzufügen, sollte die Schmierseifenlösung im Gartenfachhandel bezogen werden.

SCHNITTBLUMENBEET Ein Schnittblumenbeet ist ein Bereich, der ausschließlich für Blumen reserviert ist, aus denen Blumensträuße zusammengestellt werden. Eine Schnittblumenrabatte kann aus Stauden und Sommerblumen bestehen. Lieblingsfarben und -pflanzen in unterschiedlichen Größen und Formen, vielleicht auch mit farbigem Laub finden hier Platz. Die Blumen sollten so ausgewählt werden, dass vom frühen Frühjahr bis in den späten Herbst stets schöne Bouquets zusammengestellt werden können. Von jeder Pflanze sollten mehrere Exemplare in diesem Beet stehen, so gibt es immer genügend Blumen für üppige Sträuße.

SOMMERBLUMEN Einjährige Blumen, die nur einen Sommer blühen und nach der Samenbildung eingehen.

STAUDEN Pflanzen, die jedes Jahr wieder blühen und verwelken im Winter.

STERNRUSSTAU Auch Schwarzfleckenkrankheit, eine Pilzkrankheit, die überwiegend auf Rosen beschränkt ist. Zu einem Befall kommt es üblicherweise bei Regen und kühler Witterung. Wenn der Sommer sehr regenreich ist, kann der Befall früher auftreten. Die Blätter werden von Pilzsporen befallen, die zuerst als schwarze Flecken auftauchen. Später bilden sich gelbe Flecken, die schließlich zusammenwachsen, und dann fallen die Blätter ab. Befallene Blätter sollten umgehend entfernt und in den Restmüll gegeben werden, keinesfalls auf den Kompost! Gegenmaßnahmen können sein: Widerstandsfähige Sorten wählen und Vorgaben für ein gesundes Pflanzenwachstum berücksichtigen. Niemals die Pflanzen gießen – ausschließlich den Boden!

TANNENZWEIGE Üblicherweise werden die Tannenzweige vom Weihnachtsbaum verwendet: Sobald der Baum »abgeschmückt« ist, werden seine Zweige in kleine Stücke zerschnitten, die dann im Garten als Schutz für zarte Pflanzen verwendet werden können. Da größere Kälte und strenger Frost selten vor Weihnachten kommen, benötigen die Pflanzen vor der Jahreswende keinen Schutz – das perfekte Recycling des Weihnachtsbaums.

TIEFGRÜNDIG WÄSSERN Ausgiebiges, behutsames Wässern des Bodens mit dem Gartenschlauch oder Eimer, sodass die Wurzeln komplett benetzt werden.

TREIBEN VON ZWIEBELN Blumen- oder Gemüsezwiebeln werden vorgetrieben, damit sie früher blühen. Ausgetriebene Zwiebeln stehen während des Winters im Haus als Zimmerpflanze, im frühen Frühjahr können viele von ihnen wieder ins Freie gestellt werden. Zwiebeln, die im Haus überwintert haben, dürfen nicht direkt in die Erde gesetzt

werden, sie müssen langsam an die kälteren Temperaturen im Beet gewöhnt werden.

VEREDELUNGSSTELLE Stelle an einer Pflanze, an der eine andere Pflanze aufgepfropft wird. Die Stelle ist an der Verdickung am Stamm oder Zweig zu erkennen, ist es eine neue Veredelungsstelle, erkennt man sie an einem blauen Band, das mit der Zeit von Wind und Wetter aufgelöst wird. Bei Rosen liegt die Veredelungsstelle maximal 10 cm unter der Erdoberfläche, bei Obstbäumen liegt sie immer über der Erde.

VORKULTUR Vorkulturen sind Pflanzen, die bereits im frühen Frühjahr gesät oder gepflanzt werden können. Vor allem bei Gemüse, das sehr kälteempfindlich ist, wird eine Vorkultur – häufig Salat – ins Beet gebracht, später folgt dann die Hauptkultur.

VORKEIMEN Samen in Saatgefäße aussäen und im Haus vortreiben; Knollen im Haus zum Keimen bringen und später mit gewachsenen Trieben auspflanzen.

WURZELNACKTE PFLANZEN Pflanzen ohne Erde und Topf, werden im Herbst im Pflanzenfachhandel gekauft. Wurzelnackte Pflanzen konnten ihre Wurzeln ohne Begrenzung entwickeln und sind so hervorragend geeignet für die Pflanzung im Freiland, Topfpflanzen hingegen wurzeln im Kreis. Wurzelnackte Pflanzen sollten sofort nach dem Kauf eingepflanzt werden, ist das nicht möglich, müssen die Wurzeln komplett feucht gehalten werden, damit sie auf keinen Fall austrocknen.

ZIERLAUCH Lauch-/Zwiebelart, die dem Schmuck dient. Die Kugel besteht aus vielen kleinen Blüten, die von Mai bis Juni blühen. Bildet Samen, der sehr gut keimt.

WINTERABDECKUNG Beete werden mit einer Mulchschicht aus organischem Material (Kompost, Laub) abgedeckt, um den Boden vor Frost und dem Auswaschen der Nährstoffe zu schützen und so die Bodenstruktur zu erhalten.

WINTERHARTE PFLANZEN Winterharte Pflanzen vertragen Kälte und Bodenfrost und benötigen keine schützende Winterdecke.

ZWEIJÄHRIGE PFLANZEN Zweijährige Pflanzen entwickeln erst in der zweiten Saison nach der Anzucht/Aussaat Blüten. Sie werden im frühen Herbst gesät, dann keimen sie und entwickeln während des Winters noch eine Blattrosette. So sind sie im Frühjahr des darauffolgenden Jahres bereit für eine Blüte. Im Frühjahr ausgesäte Samen brauchen ein ganzes Jahr, bevor sich Blüten entwickeln. Typische zweijährige Pflanzen sind Fingerhut *Digitalis*, Königskerze *Verbascum*, Bartnelken *Dianthus barbatus* und Stockrosen *Alcea*.

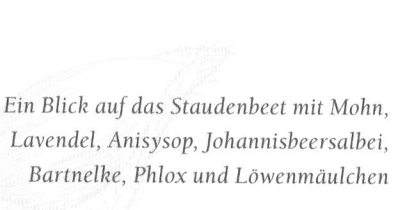

Ein Blick auf das Staudenbeet mit Mohn, Lavendel, Anisysop, Johannisbeersalbei, Bartnelke, Phlox und Löwenmäulchen

REGISTER

Unser Verlagsprogramm finden Sie unter www.christian-verlag.de

Übersetzung aus dem Dänischen: Dr. Annette Hempel
Textredaktion: Textarbeit, Brigitte Fenner
Korrektur: Dr. Michael Schenkel
Satz: Studio Fink, Krailling
Umschlaggestaltung: Caroline Daphne Georgiadis, Daphnedesign

Die Deutsche Nationalbibliothek verzeichnet diese Publikation in der Deutschen Nationalbibliografie; detaillierte bibliografische Daten sind im Internet über http://dnb.d-nb.de abrufbar.

Gesamtherstellung Verlagshaus GeraNova Bruckmann GmbH

ISBN 978-3-86244-139-6

Alle Angaben in diesem Werk wurden von der Autorin sorgfältig recherchiert und auf den aktuellen Stand gebracht sowie vom Verlag geprüft. Für die Richtigkeit der Angaben kann jedoch keinerlei Haftung übernommen werden. Für Hinweise und Anregungen sind wir jederzeit dankbar. Bitte richten Sie diese an:
Christian Verlag
Postfach 400209
80702 München
E-Mail: lektorat@verlagshaus.de